세상이 변해도
배움의 즐거움은
변함없도록

시대는 빠르게 변해도
배움의 즐거움은
변함없어야 하기에

어제의 비상은
남다른 교재부터
결이 다른 콘텐츠
전에 없던 교육 플랫폼까지

변함없는 혁신으로
교육 문화 환경의 새로운 전형을
실현해왔습니다.

비상은 오늘, 다시 한번
새로운 교육 문화 환경을 실현하기 위한
또 하나의 혁신을 시작합니다.

오늘의 내가 어제의 나를 초월하고
오늘의 교육이 어제의 교육을 초월하여
배움의 즐거움을 지속하는 혁신,

바로, 메타인지 기반 완전 학습을.

상상을 실현하는 교육 문화 기업 비상

메타인지 기반 완전 학습

초월을 뜻하는 meta와 생각을 뜻하는 인지가 결합한 메타인지는
자신이 알고 모르는 것을 스스로 구분하고 학습계획을 세우도록 하는
궁극의 학습 능력입니다. 비상의 메타인지 기반 완전 학습 시스템은
잠들어 있는 메타인지를 깨워 공부를 100% 내 것으로 만들도록 합니다.

한 권 으 로 끝 내 기

한끝

중등 역사 ①-2

구성과 특징

진도 교재

단원별 내용 학습

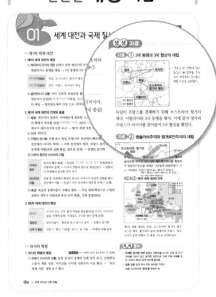

문제로 실력 쌓기

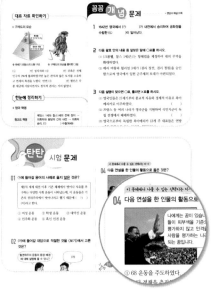

대단원 마무리

---

1 **교과 내용 정리**
역사 교과서에서 다루는 내용을 상세하고 이해하기 쉽게 정리하였습니다.

2 **생생 자료**
교과서 자료들을 철저하게 분석하여 시험 출제 가능성이 높은 사료, 지도, 사진, 도표 등 중요 자료만 콕콕 찍어 알기 쉽게 설명하였습니다.

3 **쏙쏙 용어**
교과서에 등장하는 주요 용어를 읽기만 해도 쉽게 이해할 수 있도록 친절하게 설명하였습니다.

1 **꼼꼼 개념 문제**
중단원에서 학습한 내용을 간단한 문제를 통해 확인해 보세요. '대표 자료로 확인하기 / 한눈에 정리하기'로 주요 학습 요소를 잘 이해했는지 점검할 수 있습니다.

2 **탄탄 시험 문제**
학교 시험에 꼭 나오는 핵심 문제들을 엄선하여 구성하였습니다. 다양한 유형의 문제로 여러분의 실력을 탄탄하게 다져 보세요.

3 **학교 시험에 잘 나오는 서술형 문제**
학교 시험에 자주 출제되는 유형의 서술형 문제를 선별하여 구성하였습니다.

1 **연표와 표로 정리하는 대단원**
대단원별 학습 내용을 체계적으로 정리하고 학습 목표에 따라 주요 개념을 잘 이해했는지 점검할 수 있습니다.

2 **쏙쏙 마무리 문제**
단원 통합형 문제를 확실히 대비할 수 있도록 다양한 문제 유형을 제공하였습니다.

시험 대비 교재

시험 대비 문제집

시험 전 한끝

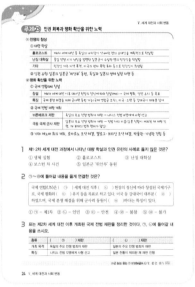

정답과 해설

1 핵심 정리
단원별 핵심 내용을 콕 집어 정리한 시험 대비 문제집으로 개념을 익혀 보세요. 아무리 시험 범위가 많아도 쉽고 빠르게 학습할 수 있습니다.

2 100점 도전 실전 문제
학교 시험 기출 문제를 철저하게 분석하여 빈출 유형의 문제들로 구성하였습니다. 실전 문제로 실력을 키워 학교 시험 100점에 도전해 보세요.

3 서술형 문제
빈출 유형의 서술형 문제로 실력을 쌓으면, 학교 시험에서도 자신 있게 답안을 작성할 수 있습니다.

● 시험에 자주 나오는 주제를 빠짐없이 정리하였습니다. 단원별 핵심 내용을 익히고 문제를 풀며 시험 직전 소중한 시간을 알차게 사용해 보세요.

● 한끝에 수록된 모든 문제에 대한 답과 상세한 풀이가 담겨 있습니다. 해설을 꼼꼼히 읽으면 오답의 이유에 대해서도 정확하게 이해할 수 있습니다.

한끝과 내 교과서
단원 비교하기

이 책의

차례

VI 현대 세계의 전개와 과제

제국주의 침략과 국민 국가 건설 운동

01 유럽과 아메리카의 국민 국가 체제(1)

•• 영국 혁명

1. 청교도 혁명

(1) 청교도 혁명의 전개

배경	• 16세기, 17세기 이후 상공업과 도시 발달: 시민 계급 성장, 농촌에서 *젠트리의 세력 강화 → 대부분 *청교도, 의회에서 다수 차지 • 제임스 1세, 찰스 1세의 전제 정치: 의회의 권리 무시, 청교도 탄압
전개	찰스 1세가 의회의 승인 없이 세금 부과 → 의회의 *권리 청원 제출, 찰스 1세의 승인(1628) → 찰스 1세가 의회 해산 후 전쟁 비용 마련을 위해 의회 재소집 → 의회가 세금 부과 반대 → 찰스 1세의 의회 탄압 → 의회파와 왕당파 사이의 내전 발생(청교도 혁명, 1642) → 크롬웰이 이끄는 의회파 승리
결과	찰스 1세 처형, 공화정 수립(1649)

(2) **크롬웰의 정치**: 엄격한 청교도 윤리를 앞세운 독재 정치 실시, 왕당파의 거점인 아일랜드 정복, 항해법 제정, 의회 해산 → 국민의 불만 고조 (자료 ①)

(3) **왕정 부활**: 크롬웰 사후 찰스 2세 즉위

2. 명예혁명

배경	찰스 2세와 제임스 2세의 전제 정치 강화
전개	의회가 제임스 2세 폐위 → 제임스 2세의 딸 메리와 그녀의 남편 윌리엄 3세를 공동 왕으로 추대(명예혁명, 1688) → 의회가 권리 장전 제정, 왕이 권리 장전 승인(1689) (자료 ②)
결과	절대 왕정 붕괴, 의회를 중심으로 한 *입헌 군주제의 토대 마련

3. 의회 정치의 발전
앤 여왕이 잉글랜드와 스코틀랜드를 병합하여 대영 제국 수립 → 앤 여왕 사후 독일의 하노버 공 조지 1세 즉위(1714), '왕은 군림하나 통치하지 않는다.'라는 영국식 전통 형성, *내각 책임제 시작

•• 미국 혁명

1. 미국 혁명의 배경

(1) **영국인의 북아메리카 이주**: 17세기부터 영국인들이 종교의 자유와 경제적 이유로 북아메리카로 이주 → 북아메리카 동부에 13개의 식민지 건설 → 독자적인 의회를 구성하여 영국의 간섭 없이 자치를 누림

(2) **영국의 식민지 정책 변화**: 프랑스와의 7년 전쟁으로 영국의 재정 악화 → 중상주의 정책 강화(설탕·차 등에 세금 부과, 인지세법 제정), 식민지에 대한 통제 강화

2. 미국 혁명의 전개 (자료 ③)

(1) **독립 전쟁의 발단**: 식민지인들의 납세 거부 → 보스턴 차 사건 발발(1773) → 영국 정부의 강경 대응(보스턴항 봉쇄, 식민지 주민 탄압 등) → 식민지 대표들이 대륙 회의를 열어 영국에 항의

생생 자료

자료 ① 크롬웰의 정치

크롬웰은 음주, 도박 등을 금지하는 등 엄격한 청교도 윤리를 앞세운 독재 정치를 실시하는 한편, 항해법을 제정하여 대외 무역을 확대하였다.

└─ 영국과 교역하는 나라에서는 상품을 수송할 때 영국과 영국 식민지의 배를 이용해야 한다는 법률이야.

자료 ② 권리 장전

> 제1조 국왕은 의회의 동의 없이 법의 효력을 정지하거나 법의 집행을 막을 수 없다.
> 제4조 국왕이 의회의 승인 없이 세금을 징수하는 것은 위법이다.
> 제6조 의회의 동의 없이 왕국 내에서 군대를 징집, 유지하는 것은 위법이다.

영국 의회는 메리 여왕과 윌리엄 3세로부터 권리 장전을 승인받았다. 권리 장전은 의회에서 제정한 법이 국왕의 권력보다 앞선다는 것을 강조하였다. 권리 장전은 미국 독립 선언문과 프랑스의 인권 선언에도 영향을 끼쳤다.

자료 ③ 미국 혁명의 전개

└─ 식민지 주민들은 '대표 없는 곳에 과세할 수 없다.'라며 반발하였어.

프랑스와의 7년 전쟁으로 재정이 어려워진 영국 정부가 식민지에 세금을 부과하자 식민지 주민들이 반발하였다. 그 과정에서 인디언으로 변장한 식민지 주민들이 보스턴항에 정박 중이던 영국 동인도 회사의 배에 침입하여 실려 있던 차 상자를 바다에 던져 버렸다(보스턴 차 사건).

쏙쏙 용어

* **젠트리** 귀족과 자영농 사이의 지주층으로, 모직물 산업을 배경으로 경제력을 확대함

* **청교도** 영국에 거주하던 칼뱅파 신도로, 금욕적인 생활을 중시함

* **권리 청원** 국왕이 의회의 승인 없이 세금을 징수할 수 없다는 내용이 담겨진 문서

* **입헌 군주제**(立─서다, 憲─법, 君─군주, 主─주인, 制─제도) 군주가 있지만 헌법에 의해 군주의 권력이 제한되는 정치 형태

* **내각 책임제** 의회의 다수당이 내각을 구성하여 정치를 주도하는 형태

(2) **독립 전쟁의 전개**: 식민지 민병대와 영국군의 충돌(렉싱턴 전투, 1775) → 식민지 대표들이 대륙 회의에서 조지 워싱턴을 총사령관으로 임명, 독립 선언문 발표(1776) → 초기 식민지 군대의 열세 → 조지 워싱턴의 활약, 프랑스 등의 지원 → 요크타운 전투에서 식민지군 승리, 영국과 파리 조약 체결(13개 식민지의 독립 인정, 1783) 자료④

3. 미국 혁명의 결과

(1) **헌법 제정**: *연방제, 국민 주권, *삼권 분립의 원칙에 기초

(2) **아메리카 합중국(미국) 수립(1789)**: 세계 최초의 민주 공화국 수립, 초대 대통령으로 조지 워싱턴 선출

(3) **미국 혁명의 의의와 영향**: 영국의 지배에서 벗어난 독립 혁명이자 자유와 평등의 이념을 실현한 시민 혁명 → 프랑스 혁명과 라틴 아메리카의 독립운동에 영향을 줌

4. 미국의 성장과 남북 전쟁

(1) **독립 이후 미국의 상황**: 서부 개척, 영토 매입 → 1840년대 태평양 연안까지 영토 확대 → 거대한 영토와 자원, 인구, 시장을 바탕으로 경제 성장

(2) **남북 전쟁(1861~1865)** `서술형 단골` 19세기 미국 남부와 북부의 산업 구조와 노예제도에 대한 입장을 비교하는 문제가 자주 출제돼

① **배경**: 남부와 북부의 경제적 차이, 노예제 문제로 대립 심화 자료⑤

남부	대농장 경영 발달, 자유 무역과 노예제 유지를 주장(면화와 담배를 재배하여 영국에 수출하였기 때문임)
북부	상공업 발달, 보호 무역과 노예제 폐지를 주장(공장에서 상품을 생산하여 영국과 경쟁해야 했기 때문임)

② **전개**: 노예제 확대에 반대한 링컨의 대통령 당선 → 노예제 유지를 바라던 남부의 여러 주가 연방 탈퇴, 북부를 공격하여 남북 전쟁 발발(1861) → 링컨의 노예 해방 선언, 우세한 경제력을 바탕으로 북부 반격 → 게티즈버그 전투에서 북부 승리

(3) **남북 전쟁 이후 미국의 성장**: 국민적 단합 강화, 대륙 횡단 철도 완성(1869), 보호 무역 정책 실시, 이민의 증가로 풍부한 노동력 확보, 철강과 기계 산업의 발달 → 19세기 말 세계 최대의 공업국으로 성장

•• 프랑스 혁명

1. 프랑스 혁명의 배경

(1) ***구제도의 모순** 자료⑥

제1, 2 신분	소수의 성직자와 귀족, 면세 특권, 막대한 토지 소유
제3 신분	국민의 대다수 차지, 과도한 세금 부담, 정치 참여가 제한됨

(2) **시민 계급(부르주아지)의 성장**

시민 계급	상공업의 발달로 부를 축적한 제3 신분
특징	구제도의 모순 비판, 계몽사상과 미국 혁명의 영향으로 자유롭고 평등한 사회의 건설 추구

자료④ 미국의 독립 선언문

> 모든 인간은 평등하게 태어났고, 창조주는 양도할 수 없는 권리를 인간에게 부여하였으며, 거기에는 생명권과 자유권 및 행복 추구권이 포함되어 있다. 이러한 권리를 보장하기 위해 인간은 정부를 만들었으며, 정부의 정당한 권력은 통치를 받는 사람들의 동의로부터 나온다. 어떤 정부라도 이 목적을 훼손하는 경우에는 언제든지 새로운 정부를 수립할 수 있는 권리가 국민에게 있다.

독립 선언문에는 평등권, 생명·자유·행복 추구권 등 인간의 기본권과 국민 주권, 천부 인권, 저항권 등 근대 민주주의의 기본 원리가 담겨 있다.

북부에 인구와 자원이 풍부하였기 때문에 남북 전쟁이 길어질수록 전세가 북부에 유리했어.

자료⑤ 미국의 노예 분포와 산업 구조(1860)

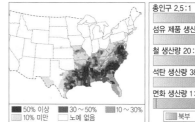

총인구 2.5 : 1
섬유 제품 생산량 17 : 1
철 생산량 20 : 1
석탄 생산량 38 : 1
면화 생산량 1 : 24

■ 50% 이상 ■ 30~50% ■ 10~30% □ 10% 미만 □ 노예 없음
■ 북부 ■ 남부

↑ 지역별 노예 분포   ↑ 산업 구조

19세기 중반 미국 남부에서는 노예를 이용하여 목화를 재배하는 대농장 경영이 발달한 반면, 북부에서는 임금 노동을 바탕으로 한 공업이 발달하였다.

자료⑥ 구제도의 모순

제3 신분의 희생 위에서 특권을 누리는 제1, 2 신분의 모습을 풍자하고 있어.

제1 신분(성직자)
특권층(전 인구의 약 2%)
제2 신분(귀족)
대다수 국민(전 인구의 약 98%)
제3 신분(평민)

↑ 18세기 프랑스의 신분 구조   ↑ 구제도의 모순을 풍자한 그림

소수의 제1, 2 신분인 성직자와 귀족은 높은 관직과 많은 토지를 소유하고 세금을 내지 않는 특권(면세 특권)을 누렸다. 반면 다수의 제3 신분인 평민은 각종 세금에 시달리면서도 정치적 권리는 거의 없었다.

★ **연방제** 각 주에 광범위한 자치를 허용하되 통합적인 연방 정부를 두고, 연방 의회에서 입법·과세 등을 결정하는 제도

★ **삼권 분립** 국가의 권력을 입법, 사법, 행정권으로 분리하여 서로 견제하도록 한 국가의 조직 원리

★ **구제도** 불평등한 신분제의 원리가 지배하는 혁명 이전의 프랑스 사회

2. **프랑스 혁명의 발단** 전쟁과 왕실의 사치로 인한 재정 문제 해결을 위해 루이 16세가 *삼부회(전국 신분회) 소집(1789) → 삼부회 표결 방식 문제로 신분 간 대립(제1, 2 신분은 신분별 표결 주장, 제3 신분은 머릿수 표결 주장)

3. **프랑스 혁명의 전개**
(1) **국민 의회 결성**: 제3 신분이 국민 의회 결성, 테니스코트의 서약 발표 → 국왕의 국민 의회 탄압 → 파리 시민들의 바스티유 감옥 습격 → 국민 의회의 봉건제 폐지 선언, 인간과 시민의 권리 선언(인권 선언) 발표(1789) → 헌법 제정(입헌 군주제와 재산에 따른 제한 선거 등 규정) [자료 7] [자료 8]
(2) **입법 의회 성립**: 새로운 헌법에 따라 입법 의회 구성 → 오스트리아, 프로이센 등이 프랑스를 위협하자 전쟁 선포 → 혁명전쟁 시작 → 물가 상승과 식량 부족으로 민중의 생활 악화 → 파리 민중의 왕궁 습격 → 왕권 정지, 입법 의회 해산, 국민 공회 구성(1792)
(3) **국민 공회 시기** [서술형 단골] 국민 의회가 제정한 헌법과 국민 공회가 제정한 헌법의 내용을 비교하는 문제가 자주 출제돼.
① **활동**: 공화정 선포, 루이 16세 처형, 헌법 제정(공화제와 보통 선거제 등 규정)
② **로베스피에르(급진파)의 정치**

개혁 정치	봉건적 제도 폐지, 귀족의 토지와 국유지 몰수 후 분배 등
공포 정치	공안 위원회와 혁명 재판소를 설치 → 혁명에 반대하는 세력 처형

(4) **총재 정부 수립**: 공포 정치에 대한 국민들의 불만 고조 → 온건파가 로베스피에르 처형 → 총재 정부 수립(5명의 총재가 행정과 외교 담당) → 혼란 지속

4. **나폴레옹의 집권**
(1) **나폴레옹의 등장**: 나폴레옹이 쿠데타(1799)로 총재 정부를 무너뜨리고 통령 정부 수립, 제1 통령에 취임
(2) **나폴레옹의 활동**

대내	중앙 집권적 행정 제도 마련, 국립 은행 설립, 국민 교육 제도 도입, 새로운 시민 사회의 규범을 담은 『나폴레옹 법전』 편찬 등
대외	*대프랑스 동맹 격파, 대외 전쟁 지속

(3) **제정 수립**: 국민 투표로 나폴레옹이 황제에 즉위(1804)
(4) **나폴레옹 전쟁**: 트라팔가르 해전(1805)에서 영국군에 패배, 오스트리아·프로이센·러시아 등을 격파하여 유럽 대부분을 장악 → *대륙 봉쇄령 선포 [자료 9]
(5) **나폴레옹의 몰락**: 러시아의 대륙 봉쇄령 위반 → 러시아 원정 단행(1812) → 러시아 원정 실패, 대프랑스 동맹에 패배 → 나폴레옹 몰락
(6) **나폴레옹 전쟁의 의의**: 유럽에 프랑스 혁명의 정신인 자유주의와 민족주의 확산

생생 자료

자료 7 프랑스 혁명의 시작

↑ 테니스코트의 서약　　↑ 바스티유 감옥 습격

제3 신분은 삼부회의 신분별 표결 방식이 부당하다며 국민 의회를 결성하고 새로운 헌법이 제정될 때까지 해산하지 않겠다고 선언하였다(테니스코트의 서약). 국왕이 국민 의회를 탄압하려 하자 분노한 시민들은 구제도의 상징인 바스티유 감옥을 습격하였다.

자료 8 인간과 시민의 권리 선언(인권 선언)

제1조 인간은 자유롭게 그리고 평등한 권리를 가지고 태어났다.
제2조 자유, 재산, 안전, 그리고 압제에 대한 저항권은 인간이 가진 불가침의 권리이다.
제3조 모든 주권의 원천은 국민에게 있다.

프랑스 혁명의 과정에서 발표된 인권 선언은 천부 인권과 함께 자유, 평등, 국민 주권, 재산권 보호 등 프랑스 혁명의 기본 이념과 근대 민주주의의 원리를 담고 있다.

자료 9 나폴레옹 시기의 프랑스

전쟁에 나선 나폴레옹은 해전에서 영국군에 패하였지만 지상에서는 오스트리아와 프로이센 등을 격파하였다. 이 과정에서 자유주의와 민족주의가 유럽 전역에 전파되었다.

쏙쏙 용어

★ **삼부회** 프랑스 혁명 이전에 성직자, 귀족, 평민 세 신분의 대표가 모여 중요한 문제를 논의하던 프랑스의 신분제 의회
★ **대프랑스 동맹** 영국을 중심으로 한 유럽 국가들이 나폴레옹의 대륙 지배에 대항하기 위해 여러 번에 걸쳐 체결한 군사 동맹
★ **대륙 봉쇄령** 유럽 대륙 어느 나라도 영국과 교역할 수 없도록 항구를 봉쇄한다는 법령

대표 자료 확인하기

◆ 구제도의 모순

↑ 18세기 프랑스의 신분 구조

↑ 구제도의 모순을 풍자한 그림

(①   )인 성직자와 (②   )인 귀족은 전체 인구의 2%에 불과하였지만 높은 관직과 많은 토지를 소유하고 면세의 특권을 누렸다. 반면 (③   )인 평민은 각종 세금에 시달리면서도 정치적 권리는 거의 없었다.

한눈에 정리하기

◆ 영국 혁명

청교도 혁명	제임스 1세와 찰스 1세의 전제 정치 → 의회파와 왕당파 간의 내전 → 의회파 승리, (①) 수립(1649)
(②)	왕정 부활 → (③)가 메리와 윌리엄 3세를 왕으로 추대 → 권리 장전 승인 → 입헌 군주제의 토대 마련

◆ 미국 혁명

배경	영국이 식민지에 대한 통제 강화
전개	보스턴 차 사건 → 식민지 민병대와 영국군의 충돌 → 미국 (④) 발표(1776) → 식민지군 승리 → 13개 식민지의 독립 인정

◆ 프랑스 혁명

혁명의 발단	루이 16세의 삼부회(전국 신분회) 소집 → 삼부회 표결 방식 문제로 신분 간 대립
국민 의회	봉건제 폐지 선언, 인간과 시민의 권리 선언 발표, 헌법 제정
(⑤)	오스트리아, 프로이센과의 전쟁 등으로 민중의 생활 악화 → 파리 민중의 왕궁 습격 이후 해산
국민 공회	공화정 선포, 루이 16세 처형, 헌법 제정, (⑥)의 공포 정치
총재 정부	5명의 총재가 행정과 외교 담당 → 혼란 지속
통령 정부와 제정	(⑦)이 쿠데타로 통령 정부 수립 → 황제로 즉위, 유럽 대부분을 장악 → 대프랑스 동맹에 패배

꼼꼼 개념 문제

• 정답과 해설 0쪽

1 1642년 영국에서 (㉠   )가 내전에서 승리하여 공화정을 수립한 (㉡   )이 일어났다.

2 다음 괄호 안의 내용 중 알맞은 말에 ○표를 하시오.
  (1) (크롬웰, 찰스 1세)은/는 항해법을 제정하여 대외 무역을 확대하였다.
  (2) 메리 여왕과 윌리엄 3세가 (권리 장전, 권리 청원)을 승인함으로써 영국에서 입헌 군주제의 토대가 마련되었다.

3 다음 설명이 맞으면 ○표, 틀리면 ✕표를 하시오.
  (1) 영국인들은 17세기부터 종교적 자유와 경제적 이유로 북아메리카로 이주하였다.   (   )
  (2) 프랑스 등 여러 나라가 영국군을 지원하여 식민지군이 독립 전쟁에서 패배하였다.   (   )
  (3) 영국으로부터 독립한 북아메리카 13개 주 대표들은 연방제를 특징으로 하는 헌법을 제정하였다.   (   )

4 (가)~(라)를 일어난 순서대로 옳게 나열하시오.

  (가) 링컨의 대통령 당선
  (나) 게티즈버그 전투 발발
  (다) 링컨의 노예 해방 선언
  (라) 남부 여러 주의 연방 탈퇴 선언

5 다음 인물과 그 활동을 옳게 연결하시오.
  (1) 나폴레옹   •   • ㉠ 삼부회 소집
  (2) 루이 16세   •   • ㉡ 공포 정치 실시
  (3) 로베스피에르 •   • ㉢ 대륙 봉쇄령 선포

6 다음에서 설명하는 프랑스 정부를 〈보기〉에서 골라 기호를 쓰시오.

  ┤ 보기 ├
  ㄱ. 국민 공회   ㄴ. 국민 의회   ㄷ. 입법 의회

  (1) 인간과 시민의 권리 선언을 발표하였다.   (   )
  (2) 공화정을 수립하고, 루이 16세를 처형하였다.   (   )
  (3) 오스트리아, 프로이센 등과 혁명전쟁을 벌였다. (   )

01 다음 상황이 직접적인 원인이 되어 일어난 사건으로 옳은 것은?

> 제임스 1세와 찰스 1세가 청교도를 탄압하고 의회의 권리를 무시하는 등 전제 정치를 강화하였다.

① 크롬웰이 찰스 1세를 처형하였다.
② 영국에서 절대주의 왕정이 확립되었다.
③ 의회가 국왕에게 권리 청원을 제출하였다.
④ 의회를 중심으로 한 입헌 군주제의 토대가 마련되었다.
⑤ '왕은 군림하나 통치하지 않는다.'라는 전통이 세워졌다.

02 (가)에 들어갈 답변으로 적절한 것은?

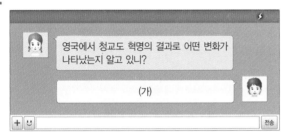

영국에서 청교도 혁명의 결과로 어떤 변화가 나타났는지 알고 있니?

(가)

① 공화정이 수립되었어.
② 왕정이 다시 시작되었어.
③ 찰스 1세가 의회를 해산시켰어.
④ 로베스피에르가 공포 정치를 실시하였어.
⑤ 전쟁 비용을 마련하기 위해 삼부회가 소집되었어.

03 다음에서 설명하는 인물이 추진한 정책으로 옳은 것을 〈보기〉에서 고른 것은?

> 청교도 혁명 당시 의회파를 이끌었으며, 왕당파와의 내전에서 승리를 거둔 후 찰스 1세를 처형하였다.

┤보기├
ㄱ. 항해법 제정
ㄴ. 권리 청원 승인
ㄷ. 독재 정치 실시
ㄹ. 대륙 봉쇄령 선포

① ㄱ, ㄴ ② ㄱ, ㄷ ③ ㄴ, ㄷ
④ ㄴ, ㄹ ⑤ ㄷ, ㄹ

04 (가)에 들어갈 내용으로 옳은 것은?

> 찰스 2세와 그의 뒤를 이은 제임스 2세는 의회를 무시하면서 전제 정치를 다시 강화하려 하였다. 이에 맞서 의회는 제임스 2세를 몰아내고 _____(가)_____

① 청교도를 탄압하였다.
② 대영 제국을 수립하였다.
③ 스코틀랜드를 병합하였다.
④ 메리와 윌리엄 3세를 공동 왕으로 추대하였다.
⑤ 세금 부담에 반대하며 국왕의 실정을 비판하였다.

05 ㉠, ㉡에 들어갈 내용을 옳게 연결한 것은?

> 의회는 '의회의 승인 없이 세금을 징수할 수 없다.'라는 내용의 (㉠)을 제출하여 찰스 1세의 승인을 받았다. 이후 의회는 (㉡)을 제정하여 메리 여왕과 윌리엄 3세에게 승인받았다.

	㉠	㉡
①	권리 장전	권리 청원
②	권리 장전	인권 선언
③	권리 청원	권리 장전
④	권리 청원	인권 선언
⑤	인권 선언	권리 장전

중요해

06 다음 문서에 대한 설명으로 옳은 것은?

> 제1조 국왕은 의회의 동의 없이 법의 효력을 정지하거나 법의 집행을 막을 수 없다.
> 제4조 국왕이 의회의 승인 없이 세금을 징수하는 것은 위법이다.
> 제6조 의회의 동의 없이 왕국 내에서 군대를 징집, 유지하는 것은 위법이다.

① 국민 주권과 저항권이 나타나 있다.
② 절대 왕정을 이념적으로 뒷받침하였다.
③ 북아메리카의 식민지 대표들이 발표하였다.
④ 왕권은 신으로부터 받은 것이라는 주장이 담겨 있다.
⑤ 의회에서 제정한 법이 국왕의 권력보다 앞선다는 것을 강조하였다.

07 다음은 미국 혁명 이전 북아메리카의 상황에 대한 설명이다. ㉠~㉤ 중 옳지 <u>않은</u> 것은?

> 17세기부터 많은 ㉠ 영국인들이 ㉡ 정치적·종교적 탄압을 피하거나 ㉢ 경제적 기회를 찾아 북아메리카로 이주하였다. 이들은 북아메리카 ㉣ 동부에 13개의 식민지를 건설하였지만 ㉤ 독자적인 의회를 구성하지 못하였다.

① ㉠   ② ㉡   ③ ㉢   ④ ㉣   ⑤ ㉤

08 미국 혁명의 배경으로 옳은 것을 <보기>에서 고른 것은?

> ┤보기├
> ㄱ. 영국이 인지세법 등을 제정하였다.
> ㄴ. 영국이 중상주의 정책을 강화하였다.
> ㄷ. 프랑스 혁명의 이념이 널리 전파되었다.
> ㄹ. 남부와 북부 지역 간에 경제 구조 차이로 인한 갈등이 생겼다.

① ㄱ, ㄴ   ② ㄱ, ㄷ   ③ ㄴ, ㄷ
④ ㄴ, ㄹ   ⑤ ㄷ, ㄹ

09 다음 자료에 제시된 (가), (나) 사건 사이에 있었던 사실로 옳은 것은?

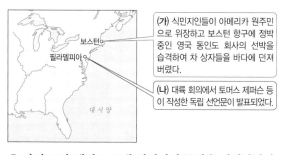

(가) 식민지인들이 아메리카 원주민으로 위장하고 보스턴 항구에 정박 중인 영국 동인도 회사의 선박을 습격하여 차 상자들을 바다에 던져 버렸다.

(나) 대륙 회의에서 토머스 제퍼슨 등이 작성한 독립 선언문이 발표되었다.

① 파리 조약 체결로 13개 식민지의 독립을 인정받았다.
② 요크타운 전투에서 식민지인들이 영국군을 격퇴하였다.
③ 렉싱턴에서 영국군과 식민지 민병대의 무력 충돌이 일어났다.
④ 프랑스 등 여러 나라가 독립 전쟁에서 식민지군을 지원하였다.
⑤ 식민지인들이 '대표 없는 곳에 과세할 수 없다.'라며 영국에 저항하였다.

10 다음 내용이 포함된 선언문에 대한 설명으로 옳지 <u>않은</u> 것은?

중요해

> 모든 인간은 평등하게 태어났고, 창조주는 양도할 수 없는 권리를 인간에게 부여하였으며, 거기에는 생명권과 자유권 및 행복 추구권이 포함되어 있다. 이러한 권리를 보장하기 위해 인간은 정부를 만들었으며, 정부의 정당한 권력은 통치를 받는 사람들의 동의로부터 나온다. 어떤 정부라도 이 목적을 훼손하는 경우에는 언제든지 새로운 정부를 수립할 수 있는 권리가 국민에게 있다.

① 대륙 회의에서 발표되었다.
② 미국 혁명 당시 발표되었다.
③ 인간의 기본권을 강조하였다.
④ 인간과 시민의 권리 선언의 영향을 받았다.
⑤ 인간의 생명·자유·행복 추구권을 명시하였다.

11 밑줄 친 '국가'에 대한 설명으로 옳지 <u>않은</u> 것은?

> 1783년 파리 조약으로 독립을 승인받은 북아메리카의 13개 주는 필라델피아에서 헌법을 제정하였으며, 이 헌법에 따라 1789년 <u>국가</u>를 수립하였다.

① 국민 주권의 원리를 채택하였다.
② 세계 최초의 입헌 군주제를 수립하였다.
③ 조지 워싱턴을 초대 대통령으로 선출하였다.
④ 연방제를 주요 내용으로 하는 헌법을 제정하였다.
⑤ 국가의 권력을 행정·입법·사법권으로 나누는 삼권 분립의 원칙을 규정하였다.

12 (가)에 들어갈 내용으로 옳은 것은?

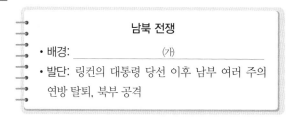

남북 전쟁
· 배경: _____(가)_____
· 발단: 링컨의 대통령 당선 이후 남부 여러 주의 연방 탈퇴, 북부 공격

① 영국의 보스턴항 봉쇄
② 국왕의 의회 권리 무시
③ 시민 계급(부르주아지)의 성장
④ 프랑스와의 7년 전쟁으로 재정 악화
⑤ 노예 제도를 둘러싼 남부와 북부 간 갈등 심화

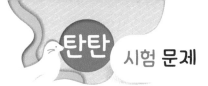

13 다음과 같은 링컨의 선언 이후 나타난 사실로 옳은 것은?

현재 미국에 대하여 반란 상태에 있는 주 또는 주의 일부의 노예들은 1863년 1월 1일 이후부터 영원히 자유의 몸이 될 것입니다.

① 대륙 회의가 개최되었다.
② 링컨이 대통령에 당선되었다.
③ 북부가 남북 전쟁에서 승기를 잡았다.
④ 남부의 여러 주가 연방 탈퇴를 선언하였다.
⑤ 요크타운 전투에서 식민지군이 승리하였다.

14 교사의 질문에 대한 학생의 대답으로 적절하지 <u>않은</u> 것은?

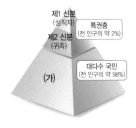

남북 전쟁 이후 미국의 상황에 대해 이야기해 볼까요?

① 대륙 횡단 철도가 개통되었어요.
② 빠른 속도로 국민적 단합을 이루었어요.
③ 이민자가 유입되어 노동력이 증가하였어요.
④ 조지 워싱턴을 초대 대통령으로 선출하였어요.
⑤ 19세기 말 세계 최대의 공업국으로 성장하였어요.

15 다음은 18세기 프랑스의 신분 구조를 나타낸 것이다. (가) 신분에 대한 설명으로 옳은 것은?

제1 신분 (성직자)
특권층 (전 인구의 약 2%)
제2 신분 (귀족)
대다수 국민 (전 인구의 약 98%)
(가)

① 면세의 특권을 누렸다.
② 주요 관직을 독점하였다.
③ 막대한 토지를 소유하였다.
④ 과도한 세금을 부담하고 있었다.
⑤ 삼부회에서 신분별 표결을 주장하였다.

[16~17] 다음 선언을 보고 물음에 답하시오.

제1조 인간은 자유롭게 그리고 평등한 권리를 가지고 태어났다.
제2조 자유, 재산, 안전, 그리고 압제에 대한 저항권은 인간이 가진 불가침의 권리이다.
제3조 모든 주권의 원천은 국민에게 있다.
제6조 모든 시민은 직접, 또는 대리자를 통해 법의 제정에 참여할 권리를 갖는다.

16 위 선언을 발표한 프랑스 정부로 옳은 것은?
① 국민 공회   ② 국민 의회   ③ 입법 의회
④ 총재 정부   ⑤ 통령 정부

중요해
17 위 선언에 대한 설명으로 옳은 것을 〈보기〉에서 고른 것은?

┤ 보기 ├
ㄱ. 왕권을 법적으로 보장하였다.
ㄴ. 메리 여왕과 윌리엄 3세가 승인하였다.
ㄷ. 프랑스 혁명의 기본 이념을 담고 있다.
ㄹ. 자유와 평등, 재산권 보호, 국민 주권 등이 명시되어 있다.

① ㄱ, ㄴ   ② ㄱ, ㄷ   ③ ㄴ, ㄷ
④ ㄴ, ㄹ   ⑤ ㄷ, ㄹ

이 문제에서 나올 수 있는 선택지는 다~!

18 다음은 프랑스 혁명에서 일어난 사건에 대한 그림이다. 두 사건 사이에 있었던 사실로 옳지 <u>않은</u> 것은?

↑ 바스티유 감옥 습격   ↑ 로베스피에르의 실각

① 루이 16세가 처형되었다.
② 나폴레옹이 쿠데타를 일으켰다.
③ 파리 민중이 왕궁을 습격하였다.
④ 국민 공회가 공화정을 수립하였다.
⑤ 국민 의회가 봉건제 폐지를 선언하였다.
⑥ 헌법이 제정되고 입법 의회가 구성되었다.
⑦ 오스트리아, 프로이센 등과 혁명전쟁을 벌였다.

19 국민 공회의 활동 내용으로 옳지 <u>않은</u> 것은?

① 루이 16세를 처형하였다.

② 봉건적 제도를 폐지하였다.

③ 공안 위원회를 설치하였다.

④ 왕정을 폐지하고 공화정을 선포하였다.

⑤ 재산에 따른 제한 선거 등을 규정한 헌법을 제정하였다.

중요해

20 지도의 원정을 단행한 인물에 대한 설명으로 옳은 것은?

① 삼부회를 소집하였다.

② 총재 정부를 구성하였다.

③ 로베스피에르를 처형하였다.

④ 국민 투표를 통해 황제에 즉위하였다.

⑤ 청교도 윤리를 앞세운 독재 정치를 실시하였다.

21 (가)에 들어갈 내용으로 옳은 것을 〈보기〉에서 고른 것은?

> 나폴레옹은 러시아 원정에 실패하고 대프랑스 동맹에 패배한 뒤 몰락하였다. 그러나 나폴레옹의 정복 전쟁은 _____(가)_____

┤ 보기 ├

ㄱ. 미국 독립 전쟁에 영향을 주었다.

ㄴ. 절대 왕정과 불평등한 신분제 유지에 기여하였다.

ㄷ. 유럽에 자유주의와 민족주의가 확산되는 계기가 되었다.

ㄹ. 유럽 전역에 프랑스 혁명의 이념이 전파되는 계기가 되었다.

① ㄱ, ㄴ ② ㄱ, ㄷ ③ ㄴ, ㄷ

④ ㄴ, ㄹ ⑤ ㄷ, ㄹ

학교 시험에 잘 나오는 서술형 문제

1 ㉠에 들어갈 문서를 쓰고, 이 문서의 승인이 영국 정치 변화에 미친 영향을 서술하시오.

왼쪽 그림은 1689년에 (㉠)을/를 승인하는 메리 여왕과 윌리엄 3세의 모습을 나타낸다.

_____

_____

2 다음 자료를 활용하여 미국에서 남북 전쟁이 일어난 배경을 서술하시오.

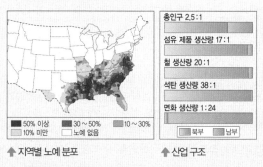

↑지역별 노예 분포   ↑산업 구조

_____

_____

_____

_____

_____

3 다음은 프랑스 혁명의 전개 과정에서 등장한 정부 형태를 나타낸 것이다. 이를 보고 물음에 답하시오.

(가) ➡ 입법 의회 ➡ (나) ➡ 총재 정부

(1) (가), (나)에 들어갈 정부를 각각 쓰시오.

_____

(2) (가), (나) 정부가 제정한 헌법의 내용을 비교하여 서술하시오.

_____

_____

_____

02 유럽과 아메리카의 국민 국가 체제(2)

●● 자유주의와 민족주의의 확산

1. 빈 체제의 성립

(1) 빈 회의(1814~1815): 나폴레옹 몰락 후 오스트리아의 재상 메테르니히가 주도, 유럽의 영토와 정치 체제를 프랑스 혁명 이전으로 되돌리기로 함

(2) 빈 체제: 보수주의 표방, 왕정 부활, *자유주의와 *민족주의 운동 탄압 → 라틴 아메리카 각국과 그리스의 독립으로 빈 체제 균열

2. 프랑스의 자유주의 운동

(1) 7월 혁명(1830) 자료①

배경	부르봉 왕조 샤를 10세의 전제 정치(의회 해산, 언론의 자유 억압)
전개	자유주의자들과 파리 시민들이 샤를 10세 추방 → 루이 필리프를 '시민의 왕'으로 추대, 입헌 군주제 수립

(2) 2월 혁명(1848) **서술형 단골** 7월 혁명과 2월 혁명의 결과 나타난 정치 체제를 비교하는 문제가 자주 출제돼.

배경	7월 혁명 이후 들어선 왕정도 재산 소유 정도에 따라 선거권 제한
전개	중소 시민층과 노동자들이 선거권 확대를 요구하며 혁명 → 루이 필리프 퇴위, 공화정 수립, 성년 남자의 보통 선거 실현
결과	유럽 각국에 자유주의와 민족주의 운동 확산 → 오스트리아에서 혁명 발생, 메테르니히 추방(빈 체제 붕괴), 독일과 이탈리아에서 통일 국가 수립 운동 추진

3. 영국의 자유주의 개혁 의회를 중심으로 점진적 개혁이 이루어짐

(1) 개인의 자유와 권리 확대: 가톨릭교도에 대한 차별 폐지(종교의 자유 인정), 공장법 제정(어린이와 부녀자의 노동 시간 제한)

(2) 선거권 확대

① 제1차 선거법 개정(1832): *부패 선거구 폐지, 도시의 신흥 상공업자를 비롯한 중산 계급까지 선거권 부여

② 차티스트 운동: 영국의 노동자들이 선거권을 요구하며 인민헌장 발표(1838) → 의회에 제출하기 위한 서명 운동 전개 자료②

(3) 자유주의 경제 체제 확립: 19세기 후반 *곡물법과 항해법 폐지 등 정부의 경제 규제 완화

4. 이탈리아의 통일 자료③

(1) 통일 전 상황: 여러 나라로 분열, 오스트리아의 간섭을 받음

(2) 통일 운동 전개: 프랑스 2월 혁명의 영향을 받음, 사르데냐 왕국이 주도

카보우르	내정 개혁 추진, 프랑스의 지원을 받아 오스트리아와의 전쟁에서 승리(1859) → 중북부 이탈리아 병합
가리발디	시칠리아와 나폴리 점령 → 점령지를 사르데냐 국왕에게 바침

(3) 통일의 완성: 이탈리아 왕국 성립(1861) → 베네치아와 로마 교황령 병합(1870)

생생 자료

자료① 미술 작품으로 보는 7월 혁명

— 정장을 입은 부르주아 남성, 셔츠를 풀어헤친 노동자 등을 통해 여러 계층이 혁명에 참여하였음을 알 수 있어.

↑ 들라크루아, 「민중을 이끄는 자유의 여신」

그림은 7월 혁명을 기념하여 들라크루아가 그린 것으로, 자유의 여신이 오른손에는 프랑스 혁명 정신을 상징하는 삼색기를, 왼손에는 총을 들고 민중을 이끌고 있다.

자료② 차티스트 운동 — 인민헌장이 발표된 1838년에는 노동자들의 선거권 요구가 관철되지 못했어.

- 21세 이상 남성의 보통 선거권 보장
- 비밀 투표제 실시
- 의원의 재산 자격 제한 폐지
- 인구 비례에 따른 평등 선거구 설정
- 매년 선거 실시　　　　　　　 – 인민헌장

제1차 선거법 개정 이후 여전히 선거권을 얻지 못한 영국의 노동자들은 '21세 이상 모든 남자의 보통 선거' 등의 요구 사항을 담은 인민헌장을 발표하고, 이를 의회에 제출하기 위한 서명 운동을 벌였다.
　└ 영국 의회가 여러 차례 선거법을 개정하여 참정권이 확대되었고, 1918년에 21세 이상 모든 남자의 보통 선거를 보장하였어.

자료③ 이탈리아의 통일

↑ 이탈리아 통일 과정

사르데냐 왕국의 재상인 카보우르가 오스트리아를 물리치고, 가리발디가 이탈리아 남부를 점령한 후 사르데냐 왕에게 바침으로써 이탈리아 왕국이 성립되었다.
　└ 의용대(붉은 셔츠대)를 거느리고 이탈리아 통일 운동에 참여하였어.

쏙쏙 용어

★ **자유주의 운동** 개인의 자유와 평등을 추구하는 운동
★ **민족주의 운동** 민족의 독립과 통일을 추구하는 운동
★ **부패 선거구** 인구가 크게 줄었는데도 과도한 의석을 차지하고 있던 선거구나, 지역이 사라졌는데도 의원을 선출하던 불합리한 선거구
★ **곡물법** 수입 곡물에 높은 관세를 부과하여 국내 지주를 보호하기 위한 법

5. 독일의 통일

(1) **＊관세 동맹 체결(1834)**: 프로이센의 주도로 경제적 통합 달성

(2) **＊프랑크푸르트 의회(1848)**: 통일 방안 논의 → 의견 차이로 실패

(3) **프로이센 중심의 통일 운동**: 비스마르크의 철혈 정책 추진 → 오스트리아 격파 → 북독일 연방 결성(1866) → 프랑스와의 전쟁에서 승리 → 남독일 통합 자료 ④

(4) **독일 제국 수립(1871)**: 프로이센의 빌헬름 1세가 황제로 즉위

6. 러시아의 개혁

(1) **19세기 러시아의 상황**: 농노제 유지, 차르(황제) 중심의 전제 정치 유지 → 청년 장교들의 봉기 실패(데카브리스트의 봉기, 1825) → 니콜라이 1세가 흑해로 진출하기 위해 영국 등과 크림 전쟁을 벌였으나 패배

(2) **러시아의 개혁 시도**

① **알렉산드르 2세의 개혁(1861)**: 농노 해방령 발표, 지방 의회 구성, 군사 제도 개혁 등 실시 → 알렉산드르 2세 암살 → 전제 정치 강화, 자유주의 운동 탄압 자료 ⑤

② **브나로드 운동 전개**: 지식인들의 농민 계몽 운동 → 성과 미흡

●● 라틴 아메리카의 독립

1. 라틴 아메리카의 독립

(1) **식민 지배**: 16세기 이후 에스파냐와 포르투갈의 지배를 받음

(2) **독립운동의 배경**: 미국 독립·프랑스 혁명·계몽사상의 영향을 받음, 나폴레옹 전쟁으로 식민지에 대한 에스파냐의 간섭 약화

(3) **독립운동의 확산**: 상품 시장 확대를 위해 영국이 라틴 아메리카 독립 지지, 미국의 ＊먼로주의(먼로 선언) 발표 → 독립운동 가속화

(4) **각국의 독립**: ＊크리오요들이 독립운동을 주도함 자료 ⑥

아이티	흑인 노예들의 독립운동(투생 루베르튀르 주도) → 아이티 공화국 수립(라틴 아메리카 최초의 독립국)
멕시코	이달고 신부 등의 지속적인 민중 봉기로 독립 → 공화정 실시
브라질	포르투갈 황태자의 독립 선언 → 헌법 제정, 의회 구성

2. 라틴 아메리카의 변화

(1) **독립 이후의 라틴 아메리카**

정치	독립 이후 크리오요가 권력 독점, 독립 과정에서 세력을 키운 군부 세력 등장, 군사비를 지원한 영국, 미국 등의 정치적 간섭
경제	크리오요가 대지주로 성장(→ 빈부 격차 심화), 미국과 유럽에 식료품과 원료 수출, 공업 제품과 자본 수입(→ 농업과 공업의 불균형 발전, 미국과 유럽에 경제적으로 의존)
사회	원주민, 흑인, 유럽 이주민, 혼혈 등 다양한 주민 구성 → 국민 의식 형성이 어려움

(2) **사회 혼란 해결을 위한 노력**: 유럽의 영향을 받은 정당 정치의 등장, 원주민 문명의 우수성 부각(→ 민족의식 성장)

대표 자료 확인하기

◆ 차티스트 운동

- 21세 이상 남성의 보통 선거권 보장
- 비밀 투표제 실시
- 의원의 재산 자격 제한 폐지
- 인구 비례에 따른 평등 선거구 설정
- 매년 선거 실시

제1차 선거법 개정 이후 선거권을 얻지 못한 (①) 의 노동자들은 (②)을 발표하고, 이를 의회에 제출하기 위한 서명 운동을 벌였다.

◆ 알렉산드르 2세의 개혁

↑ (③)을 발표하는 모습

크림 전쟁에서 패한 후 알렉산드르 2세는 러시아가 낙후되어 있다고 생각하여 (③) 발표, 지방 의회 구성, 군사 제도 개혁 등의 내정 개혁을 실시하였다.

한눈에 정리하기

◆ 자유주의와 민족주의의 확산

(①)의 성립

메테르니히가 주도한 빈 회의의 결과 보수주의를 표방하는 국제 질서 성립 → 자유주의와 민족주의 운동 탄압

↓

자유주의의 확산	• 프랑스: 7월 혁명 → (②) 수립 → 2월 혁명 → 공화정 수립 • 영국: (③)(노동자들의 선거권 요구, 인민헌장 발표), 곡물법·항해법 폐지
민족주의의 확산	• 이탈리아: 카보우르가 중북부 이탈리아 병합 → 가리발디가 점령지를 (④) 국왕에게 바침 → 이탈리아 왕국 수립 • 독일: 비스마르크의 (⑤) 추진 → 오스트리아 격파 → 프랑스와의 전쟁에서 승리 → 독일 제국 수립

◆ 라틴 아메리카의 독립

배경	미국 독립·프랑스 혁명·계몽사상의 영향, 나폴레옹 전쟁으로 에스파냐의 간섭 약화
전개	(⑥)가 최초로 독립, 볼리바르·산마르틴 등의 독립운동 전개 → 여러 나라 독립

1 다음 괄호 안의 내용 중 알맞은 말에 ○표를 하시오.
(1) 빈 체제 아래에서 자유주의와 민족주의 운동이 (지원, 탄압) 을 받았다.
(2) 1848년에 프랑스에서 중소 시민층과 노동자들이 전개한 (2월 혁명, 7월 혁명)의 결과 공화정이 수립되었다.

2 다음 설명이 맞으면 ○표, 틀리면 ×표를 하시오.
(1) 영국에서 제1차 선거법 개정 이후 노동자들이 선거권을 요구하면서 차티스트 운동을 전개하였다. ( )
(2) 19세기 후반 영국은 곡물법과 항해법을 제정하는 등 정부의 규제를 완화하여 자유주의 경제 체제를 확립하였다.
( )

3 다음에서 설명하는 인물을 〈보기〉에서 골라 기호를 쓰시오.

┤ 보기 ├
ㄱ. 가리발디   ㄴ. 카보우르   ㄷ. 비스마르크

(1) 철혈 정책을 펼쳐 군비를 확장하였다. ( )
(2) 점령지인 시칠리아와 나폴리를 사르데냐 국왕에게 바쳤다.
( )
(3) 오스트리아와의 전쟁에서 승리하여 중북부 이탈리아를 병합하였다. ( )

4 다음 빈칸에 들어갈 알맞은 말을 쓰시오.
(1) 러시아의 지식인들은 농민 계몽을 위해 ( )을 전개하였다.
(2) 러시아의 니콜라이 1세는 흑해로 진출하기 위해 영국 등과 ( )을 벌였으나 패배하였다.

5 라틴 아메리카의 국가들이 독립운동을 전개한 배경으로 옳은 것만을 〈보기〉에서 있는 대로 골라 기호를 쓰시오.

┤ 보기 ├
ㄱ. 계몽사상의 영향   ㄴ. 미국의 독립 달성
ㄷ. 프랑스 혁명 발발   ㄹ. 에스파냐의 간섭 강화

6 다음 국가와 관련 있는 내용을 옳게 연결하시오.
(1) 멕시코 •   • ㉠ 이달고 신부 등의 민중봉기
(2) 브라질 •   • ㉡ 포르투갈 황태자의 독립 선언
(3) 아이티 •   • ㉢ 라틴 아메리카 최초의 독립국 수립

01 (가)에 들어갈 내용으로 적절한 것은?

역사 신문
_____

빈 체제가 성립되다
나폴레옹이 몰락한 후 전후의 혼란을 수습하기 위한
회의가 오스트리아의 수도 빈에서 개최되었다. 이 회
의에 참석한 유럽 각국의 대표들은 _____(가)_____

① 그리스의 독립을 추진하기로 결정하였다.
② 자유주의 운동을 지지하기로 결의하였다.
③ 중상주의 정책을 강화하기로 합의하였다.
④ 유럽 각국에 공화정을 수립하기로 결정하였다.
⑤ 유럽의 영토와 정치 체제를 프랑스 혁명 이전으로
되돌리기로 합의하였다.

02 ㉠~㉤ 중 옳지 않은 것은?

㉠ 빈 체제의 성립으로 유럽 여러 나라에서 왕정이 부
활하였다. 프랑스에서는 부르봉 왕조의 ㉡ 샤를 10세
가 의회를 해산하는 등 전제 정치를 실시하였다. 이에
자유주의자들과 파리 시민들은 혁명을 일으켜 ㉢ 샤를
10세를 추방하고, ㉣ 루이 필리프를 새로운 왕으로 추
대하여 ㉤ 공화정을 수립하였다.

① ㉠ ② ㉡ ③ ㉢ ④ ㉣ ⑤ ㉤

03 중요해 다음에서 설명하는 혁명의 영향으로 옳은 것을 〈보기〉에서 고른 것은?

1848년 프랑스에서 재산 소유 정도에 따른 선거권 제
한에 불만을 품은 중소 시민층과 노동자들이 선거권
확대를 요구하며 혁명을 일으켰다.

┤보기├
ㄱ. 빈 체제가 붕괴되었다.
ㄴ. 영국에서 차티스트 운동이 전개되었다.
ㄷ. 독일과 이탈리아에서 통일 국가 수립 운동이 추진되
   었다.
ㄹ. 프랑스에서 왕정이 폐지되고 입헌 군주제가 수립되
   었다.

① ㄱ, ㄴ ② ㄱ, ㄷ ③ ㄴ, ㄷ
④ ㄴ, ㄹ ⑤ ㄷ, ㄹ

04 (가)에 들어갈 대답으로 적절한 것은?

프랑스의 2월 혁명과 영국의 차티스트 운동의 공통점을 알고 있니?

그럼, _____(가)_____

① 인민헌장이 발표되었어.
② 메테르니히의 지지를 받았어.
③ 많은 시민들의 참여로 성공하였어.
④ 노동자들이 선거권 확대를 요구하였어.
⑤ 곡물법과 항해법이 제정되는 데 영향을 주었어.

05 이 문제에서 나올 수 있는 선택지는 다~! 다음 학습 목표에 부합하는 내용으로 옳지 않은 것은?

• 학습 목표: 영국에서 점진적 개혁을 통해 자유주의가
  발전한 과정을 설명할 수 있다.

① 곡물법과 항해법이 폐지되었다.
② 제1차 선거법 개정으로 부패 선거구가 없어졌다.
③ 여러 차례 선거법을 개정하여 참정권이 확대되었다.
④ 2월 혁명으로 성년 남자의 보통 선거가 실현되었다.
⑤ 가톨릭교도에 대한 차별이 폐지되어 종교의 자유가
   인정되었다.
⑥ 공장법이 제정되어 어린이와 부녀자의 노동 시간에
   제한을 두었다.

06 다음과 같은 주장이 나타난 문서의 명칭으로 옳은 것은?

• 21세 이상 남성의 보통 선거권 보장
• 비밀 투표제 실시
• 의원의 재산 자격 제한 폐지
• 인구 비례에 따른 평등 선거구 설정
• 매년 선거 실시

① 인민헌장   ② 권리 장전
③ 권리 청원   ④ 인권 선언
⑤ 독립 선언문

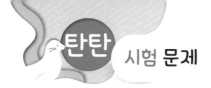

07 이탈리아가 지도와 같은 영토를 차지하는 과정에서 있었던 일로 옳은 것은?

① 프로이센이 통일 운동을 주도하였다.
② 프랑스의 2월 혁명에 영향을 주었다.
③ 가리발디가 시칠리아와 나폴리를 점령하였다.
④ 프랑크푸르트 의회를 열어 통일을 논의하였다.
⑤ 철혈 정책을 바탕으로 오스트리아를 무너뜨렸다.

중요해

08 ㉠에 들어갈 인물로 옳은 것은?

> **역사 인물 카드**
> • 이름: _____㉠_____
> • 생몰연대: 1815~1898
> • 주요 활동
>   − 프로이센의 재상으로 활동
>   − 철혈 정책 추진

① 카보우르　　　　② 메테르니히
③ 비스마르크　　　　④ 표트르 대제
⑤ 니콜라이 1세

09 다음은 독일의 통일 과정을 나타낸 것이다. (가)에 들어갈 내용으로 옳은 것은?

> 관세 동맹을 체결하여 경제적 통합을 달성하였다.
> ↓
> (가)
> ↓
> 빌헬름 1세가 황제로 즉위하였다.

① 브나로드 운동을 전개하였다.
② 앤 여왕이 스코틀랜드를 병합하였다.
③ 차르(황제)의 전제 정치가 실시되었다.
④ 오스트리아, 프랑스와의 전쟁에서 승리하였다.
⑤ 흑해로 진출하기 위해 영국과 크림 전쟁을 벌였다.

10 밑줄 친 '황제'에 대한 설명으로 옳은 것은?

그림은 러시아의 황제가 농노 해방령을 발표하는 모습을 담고 있어요.

① 빈 회의를 주도하였다.
② 관세 동맹을 체결하였다.
③ 먼로 선언을 발표하였다.
④ 지방 의회를 구성하였다.
⑤ 대륙 봉쇄령을 선포하였다.

11 ㉠에 들어갈 내용으로 옳은 것은?

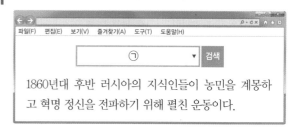

1860년대 후반 러시아의 지식인들이 농민을 계몽하고 혁명 정신을 전파하기 위해 펼친 운동이다.

① 르네상스　　　　② 브나로드 운동
③ 차티스트 운동　　　　④ 교회 개혁 운동
⑤ 데카브리스트의 봉기

12 ㉠, ㉡에 들어갈 국가로 옳은 것은?

> 유럽의 보수 세력은 라틴 아메리카를 식민지로 되돌리려 하였으나 라틴 아메리카와의 무역을 원하였던 (㉠)이/가 독립을 지지하였다. 또한 (㉡)은/는 먼로주의를 내세워 라틴 아메리카에 대한 유럽의 간섭을 물리치고자 하였다.

	㉠	㉡
①	미국	영국
②	미국	프랑스
③	영국	미국
④	영국	프랑스
⑤	프랑스	미국

13 지도의 지역에서 일어난 독립운동의 배경으로 옳은 것은?

① 영국이 중상주의 정책을 강화하였다.
② 링컨이 노예 해방 선언을 발표하였다.
③ 노동자들이 차티스트 운동을 전개하였다.
④ 프로이센을 중심으로 관세 동맹이 체결되었다.
⑤ 나폴레옹 전쟁으로 에스파냐의 간섭이 약화되었다.

14 다음에서 설명하는 국가로 옳은 것은?

> 라틴 아메리카 최초의 독립국이다. 프랑스에서 혁명이 일어나자 이에 자극을 받은 흑인 노예들은 투생 루베르튀르를 중심으로 프랑스에 저항하여 독립운동을 전개하였다.

① 칠레 　　② 멕시코 　　③ 아이티
④ 베네수엘라 　　⑤ 아르헨티나

15 (가)~(다)에 들어갈 내용으로 적절한 것은?

> • 과제: 라틴 아메리카의 독립운동을 주도한 인물에 대해 조사하여 발표하기
> • 모둠별 발표 주제
> 　– 모둠 1: 산마르틴, _____(가)_____
> 　– 모둠 2: 볼리바르, _____(나)_____
> 　– 모둠 3: 이달고 신부, _____(다)_____

① (가) – 멕시코의 민중 봉기를 이끌다
② (나) – 브라질의 독립을 선언하다
③ (나) – 베네수엘라를 에스파냐로부터 해방시키다
④ (다) – 먼로 선언을 발표하다
⑤ (다) – 아르헨티나 독립에 공헌하다

학교 시험에 잘 나오는 서 술 형 문제

1 밑줄 친 '혁명'의 명칭을 쓰고, 그 전개 과정과 결과를 서술하시오.

>
> 왼쪽 그림은 들라크루아가 그린 「민중을 이끄는 자유의 여신」이다. 이는 샤를 10세의 전제 정치에 저항하여 1830년 프랑스에서 일어난 혁명을 기념하여 그린 작품이다.

_____

_____

_____

2 다음 연설문을 발표한 인물을 쓰고, 그가 통일을 위해 추진한 정책을 서술하시오.

> 독일이 현재의 과제를 수행하기 위해 눈여겨보아야 할 것은 군비입니다. 우리는 힘을 모아 국가를 튼튼하게 만들고 때를 기다려야 합니다. 독일의 문제는 연설이나 다수결로 해결할 수 없으며, 오직 철과 피에 의해서만 해결할 수 있습니다.

_____

_____

_____

3 밑줄 친 '여러 변화'에 해당하는 사례를 두 가지 서술하시오.

> 라틴 아메리카에서는 19세기 중반까지 많은 국가가 독립을 이루었다. 독립 이후 라틴 아메리카에는 여러 변화가 나타났다.

_____

_____

_____

03 유럽의 산업화와 제국주의

산업 혁명의 배경과 전개

1. 산업 혁명의 배경

(1) 산업 혁명: 기계의 발명과 기술의 혁신으로 생산력이 급증함에 따라 나타난 사회·경제적 대변혁 서술형 단골 영국에서 가장 먼저 산업 혁명이 일어난 배경을 묻는 문제가 자주 출제돼.

(2) 산업 혁명의 배경: 18세기 후반 영국에서 가장 먼저 시작

① 풍부한 자본과 자원: 모직물 공업의 발달로 자본과 기술 축적, 지하자원 풍부(석탄, 철 등)

② 정치적 안정: 명예혁명 이후 정치적으로 안정 → 경제 활동의 자유 보장

③ 식민지 활용: 식민지 확보 → 원료 공급지와 상품 판매처로 활용

④ 노동력 확보: *인클로저 운동 → 토지를 잃은 농민들이 도시로 이동, 공장에 노동력 제공

2. 산업 혁명의 전개

(1) 면직물 공업의 기계화: 면직물 수요 증가 → 방적기와 방직기 발명

(2) 새로운 동력 개발: 제임스 와트의 증기 기관 개량 → 면직물 생산 증가, 기계 공업과 제철 공업 발전 자료①

(3) 교통과 통신의 발달: 시장 확대, 세계 교역량 증가 → 산업화 확산

교통	영국의 스티븐슨이 증기 기관차 제작, 미국의 풀턴이 증기선 제작
통신	모스의 유선 전신 발명, 벨의 전화 발명

3. 산업 혁명의 확산 자료②

프랑스	석탄이 생산되는 북동부 지역부터 산업화 진행
미국	남북 전쟁 이후 풍부한 지하자원과 노동력을 바탕으로 산업 발달
독일	통일 이후 정부 주도의 산업화 추진, 중화학 공업 발달
러시아	시베리아 횡단 철도 건설 등 산업화 추진
일본	근대화 정책을 통해 산업화 추진

산업 혁명의 결과

1. 산업 혁명에 따른 사회 변화

(1) 생활 방식의 변화: 대량 생산된 상품을 새로운 교통수단을 통해 운송 → 풍요롭고 편리해진 생활, 지역 간 교류 활발

(2) 사회 구조의 변화: 농업 중심의 사회가 산업 사회로 변화, 도시화 진행

(3) 경제 체제의 변화: *자본주의 체제 확립, 자본가와 노동자 계급 등장

2. 사회 문제의 발생

(1) 노동 문제: 열악한 노동 환경, 낮은 임금과 장시간 노동, 여성과 아동의 노동력 착취 → *기계 파괴 운동(러다이트 운동) 전개, 노동조합 결성(임금 인상과 노동 조건 개선 요구) 자료③

생생 자료

자료① 증기 기관의 개량이 가져온 변화

↑ 제임스 와트의 증기 기관

증기 기관이 기계의 새로운 동력으로 사용되면서 제품의 대량 생산 체제가 확립되었다. 새로운 기계의 사용으로 전통적인 가내 수공업은 쇠퇴하고 공장제 기계 공업이 확산되었다.

자료② 산업 혁명의 확산 영국은 '세계의 공장'이라고 불리며 세계의 산업을 주도하였어.

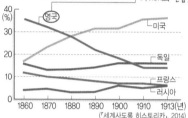

↑ 주요 국가의 공업 생산 비율 변화

영국에서 시작된 산업 혁명은 프랑스, 미국, 독일 등 여러 국가로 퍼졌다. 19세기 후반 철강, 기계 등의 분야를 중심으로 제2차 산업 혁명이 전개되었으며, 이 과정에서 독일과 미국이 영국을 앞서는 새로운 공업 강국으로 성장하였다.

자료③ 아동 노동의 실태

- 질문: 몇 살 때 공장 일을 시작하였나요?
- 답변: 6세 때입니다.
- 질문: 작업 시간은 몇 시부터 몇 시까지였습니까?
- 답변: 일이 밀릴 때는 새벽 다섯 시부터 저녁 아홉 시까지 일하였습니다.
- 질문: 일을 못하거나 늦을 때 어떤 일을 당하였습니까?
- 답변: 허리띠로 맞았습니다.

– 웨슬리 캠프, 「1831∼1832년 의회 보고서」

산업 혁명 초기 노동자들은 비위생적이고 위험한 노동 환경에서 낮은 임금과 장시간 노동에 시달렸다. 공장이나 상점의 주인들은 더 큰 이윤을 얻기 위해 임금이 성인 남성보다 적었던 여성과 아동을 고용하였다.

쏙쏙 용어

* **인클로저 운동** 지주들이 농민 경작지와 공유지에 울타리를 쳐 자신의 소유지로 삼은 운동
* **자본주의** 생산과 소비가 시장에 의해 결정되는 경제 체제
* **기계 파괴 운동(러다이트 운동)** 19세기 초반 노동자들이 실업의 이유가 기계 때문이라고 여겨 기계를 파괴한 사건

(2) **빈부 격차 심화:** 산업화로 경제 규모가 커지고 풍요로운 삶의 기회가 확대됨 → 혜택이 모두에게 돌아가지 않으면서 빈부 격차가 커짐

(3) **도시 문제:** 도시 인구의 급증 → 주택 부족, 상하수도 시설 미비, 전염병 유행 등 환경·위생 문제 발생

3. 사회주의 사상의 등장

(1) **배경:** 산업 혁명 이후 사회 문제 확산 → 자본주의 체제 비판

(2) **주장:** 사유 재산 제도 부정, 공동 생산과 공동 분배를 통한 평등 사회의 건설 추구 (자료)**④**

4. 19세기 유럽과 미국의 문화

(1) **과학과 기술의 발달**

과학	퀴리 부부의 라듐 발견, 뢴트겐의 X선 발견, 다윈의 진화론 주장, 멘델의 유전 법칙 발견
기술	에디슨의 가정용 전구, 축음기 등 발명

(2) **사상과 학문의 발전:** 벤담이 공리주의 주장, 콩트가 실증주의 제시, 애덤 스미스가 *자유방임주의 주장

(3) **예술의 발전**

19세기 초반	낭만주의 유행(계몽사상 비판, 인간의 감정과 상상력 중시)
19세기 후반	• 사실주의·자연주의: 현실을 있는 그대로 묘사 • 인상주의: 화가 개인의 주관적 인상과 빛의 색채 강조

●● 제국주의의 등장과 침략

1. 제국주의의 등장

(1) **제국주의:** 19세기 후반 서구 열강들이 군사력과 경제력을 앞세워 약소국을 침략하고 식민지로 삼은 대외 팽창 정책

(2) **제국주의의 등장 배경:** 19세기 후반 서양에서 자본주의 발전 → 자국의 산업 발전을 위한 값싼 원료 공급지, 상품 판매 시장, 자본의 투자처로 식민지 필요 (자료)**⑤**

(3) **제국주의의 지배 논리** (자료)**⑥** 〔서술형 단골〕 사회 진화론과 인종주의가 제국주의에 미친 영향을 묻는 문제가 자주 출제돼.

사회 진화론	더 발달된 사회가 덜 발달된 사회를 지배할 수 있다는 논리 → 강대국의 약소국 지배를 정당화하는 이론적 바탕이 됨
인종주의	백인종이 다른 인종(황인종, 흑인종)보다 우월하다는 주장 → 인종 차별과 탄압을 합리화함

2. 제국주의 열강의 경쟁

(1) **영국:** 종단 정책과 *3C 정책 추진 → 아프리카를 북에서 남으로 점령

(2) **프랑스:** 횡단 정책 추진 → 아프리카의 알제리에서 마다가스카르까지 점령

(3) **독일:** *3B 정책 추진 → 발칸반도, 서아시아, 아프리카 지역으로 세력 확장

생생 자료

└ 이들의 주장은 노동자와 지식인들의 지지를 받았고, 유럽 여러 나라의 노동 운동과 사회주의 운동에 영향을 주었어.

자료 ④ 사회주의 사상가들의 주장

• 자본가와 노동자가 서로 협동한다면 우리는 평등한 사회를 만들 수 있을 것입니다. — 오언
• 우리는 노동자 계급의 투쟁과 혁명을 통해 평등한 사회주의 사회를 건설해야 합니다. — 마르크스

오언과 같은 초기 사회주의 사상가는 자본가와 노동자의 협동으로 평등한 사회를 만들 수 있다고 보았으며, 마르크스는 노동자들이 혁명을 일으켜 평등한 사회주의 사회를 건설해야 한다고 주장하였다.

자료 ⑤ 식민지의 필요성

나는 런던 이스트엔드의 실업자 집회에 가서 "빵을 달라."라는 절절한 연설만 듣고 오다가 문득 제국주의의 중요성을 깨달았다. 우리는 영국의 4천만 국민을 피비린내 나는 내란으로부터 구하기 위해 새로운 영토를 개척해야만 한다. …… 당신이 내란을 피하려고 한다면 당신은 제국주의자가 되어야 한다. — 세실 로즈, 「유언집」

19세기 후반 서구 자본주의 열강들은 자국의 산업 발전을 위해 값싼 원료 공급지, 상품 판매 시장, 잉여 자본의 투자처가 필요해졌다. 이에 따라 열강들은 군사력과 경제력을 앞세워 약소국을 침략하고 식민지로 삼았다.

└ 제국주의 국가들은 실업 등 국내 문제를 해결하기 위해 식민지를 개척하기도 하였어.

자료 ⑥ 제국주의의 지배 논리

• 사회는 단순한 상태에서 복잡한 상태로 진화하며, 더 발달된 사회가 덜 발달된 사회를 지배하는 적자생존의 원칙이 적용된다. — 허버트 스펜서
• 백인의 짐을 져라 / 그대가 키운 최정예를 보내라 …… 그대가 잡은 원주민들의 욕구를 달래기 위해 / …… 절반은 악마 같고 절반은 어린이 같은 자들에게 / 아주 힘겹게 시중들기 위해 — 키플링, 「백인의 짐」

제국주의 열강들은 강한 나라가 약한 나라를 지배하는 것이 당연하다는 사회 진화론과 백인종이 다른 인종보다 우월하다는 인종주의를 내세워 식민지 침략을 정당화하였다. └ 키플링은 미개한 인종을 문명화로 이끄는 것이 백인이 져야 할 짐, 백인의 의무라고 주장하였어.

쏙쏙 용어

★**자유방임주의** 애덤 스미스가 국가의 간섭을 최소한으로 줄이고 개인의 자유로운 경제 활동을 보장한다면 국가의 부를 증진할 수 있다고 주장한 경제사상

★**3C 정책** 카이로, 케이프타운, 콜카타를 연결하는 영국의 식민지 확대 정책

★**3B 정책** 베를린, 비잔티움, 바그다드를 연결하는 독일의 식민지 확대 정책

3. 열강의 아시아·태평양 침탈 자료 ⑦

영국	• 인도 진출: 17세기 *동인도 회사를 통해 인도 지배 → 19세기 후반 총독이 직접 통치 • 동남아시아 진출: 싱가포르와 말레이반도, 미얀마 지배 • 태평양 진출: 18세기 후반 오스트레일리아, 뉴질랜드 지배
프랑스	인도차이나반도에서 세력 확장(베트남, 캄보디아 등 점령)
네덜란드	포르투갈을 밀어내고 인도네시아 대부분을 차지, *대농장 경영
독일	태평양의 마셜 제도, 캐롤라인 제도 등 차지
미국	하와이 통합, 에스파냐와의 전쟁에서 승리한 뒤 필리핀·괌 차지

4. 열강의 아프리카 침탈 자료 ⑧

(1) **배경**: 19세기 중반 이후 리빙스턴과 스탠리 등 탐험가와 선교사의 활동으로 아프리카의 막대한 지하자원과 시장 잠재력 파악

(2) **전개**

① **영국**: 케이프타운 차지, 이집트 보호국화 → 아프리카 종단 정책 추진

② **프랑스**: 알제리를 거점으로 세력 확대 → 아프리카 횡단 정책 추진

③ **기타**: 독일, 벨기에, 이탈리아, 포르투갈 등이 아프리카로 진출

(3) **제국주의 열강의 충돌**

① **파쇼다 사건(1898)**: 영국의 종단 정책과 프랑스의 횡단 정책이 파쇼다에서 충돌, 프랑스의 양보로 마무리됨

② **모로코 사건**: 독일과 프랑스가 모로코를 둘러싸고 두 차례 대립

(4) **결과**: 라이베리아와 에티오피아를 제외한 아프리카 전역이 식민지가 됨

●● 아프리카·동남아시아의 민족 운동

1. 아프리카의 민족 운동

수단 자료 ⑨	이집트와 영국의 이중 지배 → 무함마드 아흐마드의 마흐디(구세주) 운동 전개
에티오피아	메넬리크 2세의 근대적 개혁(서양 무기 도입, 군대 양성) 추진, 아도와 전투에서 이탈리아 격퇴 → 독립 유지
*줄루 왕국	영국의 침략 → 이산들와나 전투에서 영국 격퇴 → 영국에 패배

2. 동남아시아의 민족 운동

타이(태국)	라마 5세의 근대적 개혁 실시, 지리적 이점을 바탕으로 동남아시아에서 유일하게 독립 유지
베트남	판보이쩌우가 베트남 유신회 결성, *동유 운동 추진, 베트남 광복회 조직, 문맹 퇴치를 위해 하노이에 통킹 의숙 설치
필리핀	호세 리살이 필리핀 민족 동맹 결성, 아기날도가 필리핀 혁명군 조직
인도네시아	지식인·이슬람교도 상인들이 외국 자본과 크리스트교 포교에 반대(이슬람 동맹 결성), 카르티니의 여성 교육 운동 전개

자료 ⑦ 열강의 아시아·태평양 침략

영국은 인도를 식민지화하는 데 이어 태평양 지역으로도 세력을 뻗쳐 오스트레일리아, 뉴질랜드를 차지하였다. 프랑스는 인도차이나반도를 점령하였고, 네덜란드는 인도네시아를 차지하였다. 독일은 태평양의 여러 섬들을 차지하였다.

자료 ⑧ 열강의 아프리카 분할

영국과 프랑스가 아프리카 대륙 대부분을 차지하고, 나머지 지역은 독일, 벨기에, 이탈리아 등이 나누어 가졌어.

제국주의 열강은 1884년 벨기에 왕의 콩고 사유지 선언을 계기로 열린 베를린 회의에서 아프리카 분할 원칙에 합의하였다. 이를 통해 열강의 아프리카 분할이 공식화되어 식민지 획득 경쟁이 더욱 치열해졌다.

'먼저 점령하여 지배권을 획득한 나라'에 선점권을 주기로 약속하면서 아프리카 분할이 본격화되었어.

자료 ⑨ 수단의 민족 운동

무함마드 아흐마드는 스스로를 구세주라 부르며 외국인들을 몰아내고 모든 사람이 평등한 이슬람 세계를 만들자는 마흐디 운동을 전개하였다.

* **동인도 회사** 영국, 프랑스, 네덜란드 등이 동양에 대한 독점 무역권을 부여한 회사
* **대농장(플랜테이션)** 동남아시아로 진출한 서양 열강은 이 지역에서 차, 고무, 커피, 사탕수수 등을 재배하는 대농장을 경영하여 많은 이익을 얻음
* **줄루 왕국** 남아프리카에서 샤카 줄루가 세운 왕국
* **동유 운동** 일본에 유학생을 보내 근대 문물과 제도를 배우게 한 운동

대표 자료 확인하기

◆ 산업 혁명의 확산

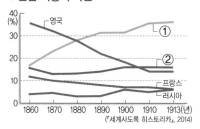

↑ 주요 국가의 공업 생산 비율 변화

19세기 후반 철강, 기계 등을 중심으로 제2차 산업 혁명이 전개되었으며, 이 과정에서 (①   )과 (②   )이 영국을 앞서는 새로운 공업 강국으로 성장하였다.

한눈에 정리하기

◆ 산업 혁명의 전개

배경	풍부한 자본과 지하자원, 정치적 안정, 인클로저 운동으로 도시에 노동력 확보, 식민지 활용 → 영국에서 가장 먼저 산업 혁명이 시작됨
전개	(①) 공업의 기계화 → 제임스 와트의 증기 기관 개량 → 공장제 기계 공업 확산, 교통과 통신의 발달(→ 산업화 확산)

↓

산업 혁명의 결과

• 상품의 대량 생산, 풍요롭고 편리해진 생활
• 사회 구조 변화: 농업 중심 사회 → 산업 사회, 도시화 진행
• 자본주의 체제 확립: 자본가와 노동자 계급 등장, 노동·도시 문제 발생, (②   ) 사상 등장

◆ 제국주의 열강의 등장

등장 배경	19세기 후반 서양에서 자본주의 발전 → 원료 공급지, 상품 판매 시장, 자본 투자처로 (③) 필요
지배 논리	사회 진화론, 인종주의 → 강대국의 약소국 지배, 인종 차별 정당화

◆ 제국주의 열강의 침략

(④)	• 인도 지배, 말레이반도 지역으로 진출, 오스트레일리아·뉴질랜드 지배 • 케이프타운 차지, 이집트 보호국화
(⑤)	• 인도차이나반도에서 세력 확장(베트남, 캄보디아 등 점령) • 알제리를 거점으로 세력 확대
네덜란드	인도네시아 지배

꼼꼼 개념 문제

1 다음 괄호 안의 내용 중 알맞은 말에 ○표를 하시오.

(1) (영국, 프랑스)에서 시작된 산업 혁명은 이후 전 세계로 확산되었다.

(2) 영국에서 일어난 (러다이트 운동, 인클로저 운동)으로 농민들이 도시로 이동하여 공장에 노동력을 제공하였다.

(3) 제임스 와트가 개량한 증기 기관이 기계의 새로운 동력으로 사용되면서 (가내 수공업, 공장제 기계 공업)이 발달하였다.

2 다음 설명이 맞으면 ○표, 틀리면 ✕표를 하시오.

(1) 미국은 남북 전쟁 이후 풍부한 지하자원과 노동력을 바탕으로 산업화가 빠르게 진행되었다. (   )

(2) 애덤 스미스는 자본주의 체제를 비판하면서 사유 재산 제도를 부정하고 평등 사회의 건설을 주장하였다. (   )

3 다음 빈칸에 들어갈 알맞은 말을 쓰시오.

(1) 백인종이 다른 인종보다 우월하다는 (   )는 제국주의 열강의 식민 지배를 정당화하였다.

(2) (   )은 더 발달된 사회가 덜 발달된 사회를 지배할 수 있다는 논리로, 제국주의의 사상적 기반이 되었다.

4 다음 국가와 그 대외 정책을 옳게 연결하시오.

(1) 독일 •   • ㉠ 3B 정책 추진

(2) 영국 •   • ㉡ 횡단 정책 추진

(3) 프랑스 •   • ㉢ 종단 정책과 3C 정책 추진

5 아프리카 침략에 나선 영국과 프랑스는 1898년에 (   )에서 충돌하였다.

6 다음에서 설명하는 민족 운동을 전개한 국가를 〈보기〉에서 골라 기호를 쓰시오.

보기
ㄱ. 베트남   ㄴ. 필리핀   ㄷ. 줄루 왕국

(1) 동유 운동을 전개하였다. (   )

(2) 호세 리살이 민족 운동을 주도하였다. (   )

(3) 이산들와나 전투에서 영국군을 격퇴하였다. (   )

탄탄 시험 문제

이 문제에서 나올 수 있는 선택지는 다~!

01 (가)에 들어갈 내용으로 적절하지 <u>않은</u> 것은?

▶ 지식 Q&A

산업 혁명은 영국에서 시작되었다고 하는데요, 영국에서 산업 혁명이 가장 먼저 시작될 수 있었던 이유를 알려 주세요.

▶ 답변하기

└ _____(가)

① 철, 석탄 등 지하자원이 풍부하였어요.
② 명예혁명 이후 정치적으로 안정되었어요.
③ 경제 활동의 자유가 어느 정도 보장되었어요.
④ 면직물 공업이 발달하여 자본이 축적되었어요.
⑤ 식민지를 확보하여 원료 공급지와 상품 판매처로 활용하였어요.
⑥ 인클로저 운동의 영향으로 공장에 필요한 노동력을 갖추었어요.

중요해

02 교사의 질문에 대한 학생의 대답으로 적절한 것을 〈보기〉에서 고른 것은?

사진은 기존보다 석탄을 적게 쓰면서 더 강력한 동력을 얻기 위해 개량된 증기 기관이에요. 증기 기관의 개량이 어떤 변화를 가져왔는지에 대해 이야기해 볼까요?

┤ 보기 ├
ㄱ. 제철 공업이 발달하였어요.
ㄴ. 가내 수공업이 발달하였어요.
ㄷ. 면직물의 대량 생산이 가능해졌어요.
ㄹ. 인클로저 운동이 확대되는 데 영향을 주었어요.

① ㄱ, ㄴ ② ㄱ, ㄷ ③ ㄴ, ㄷ
④ ㄴ, ㄹ ⑤ ㄷ, ㄹ

[03~04] 다음을 읽고 물음에 답하시오.

산업 혁명 시기 (㉠)이/가 증기 기관을 개량한 이후 교통과 통신 분야에서 큰 변화가 나타났다. 영국의 스티븐슨이 (㉡)을/를 제작한 이후 각지에 철도가 건설되었고, 미국에서는 풀턴이 (㉢) 운항에 성공하였다. 모스가 (㉣), 벨이 (㉤)을/를 발명하는 등 통신 수단이 크게 발달하였다.

03 ㉠~㉤에 들어갈 내용으로 옳은 것은?
① ㉠ – 제임스 와트 ② ㉡ – 증기선
③ ㉢ – 증기 기관차 ④ ㉣ – 전화
⑤ ㉤ – 유선 전신

04 ㉡~㉤의 개발이 미친 영향으로 옳은 것은?
① 산업 발달이 더디게 진행되었다.
② 영국에서 산업 혁명이 일어났다.
③ 도시의 인구가 농촌으로 이동하였다.
④ 시장이 확대되고 교역량이 증가하였다.
⑤ 모직물 공업이 가내 수공업으로 자리잡았다.

05 그래프는 주요 국가의 공업 생산 비율 변화를 나타낸 것이다. (가) 국가에 대한 설명으로 옳은 것은?

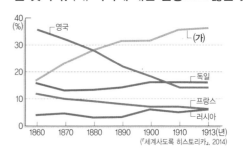

「세계사록 히스토리카」, 2014

① 산업 혁명이 가장 먼저 시작되었다.
② 근대화 정책을 통해 산업화를 추진하였다.
③ 정부가 주도하여 중화학 공업을 발달시켰다.
④ 석탄이 생산되는 북동부 지역부터 산업화가 이루어졌다.
⑤ 남북 전쟁 이후 풍부한 지하자원과 노동력을 바탕으로 산업이 빠르게 발전하였다.

06 산업 혁명에 따른 사회 변화로 볼 수 없는 것은?

① 자본주의 체제가 확립되었다.
② 제품의 대량 생산이 가능해졌다.
③ 사회 구조가 농업 중심 사회로 변화하였다.
④ 노동자들이 장시간 노동, 저임금에 시달렸다.
⑤ 도시에서 주거·환경·위생 문제가 발생하였다.

07 중요해 다음과 같이 주장하는 사상에 대한 설명으로 옳은 것은?

자본가와 노동자가 서로 협동한다면 우리는 평등한 사회를 만들 수 있을 것입니다.

↑ 오언

우리는 노동자 계급의 투쟁과 혁명을 통해 평등한 사회를 건설해야 합니다.

↑ 마르크스

① 산업 자본가들의 호응을 받았다.
② 자본주의를 이론적으로 뒷받침하였다.
③ 인클로저 운동의 사상적 배경이 되었다.
④ 생산과 소비가 시장에 의해 결정된다고 보았다.
⑤ 사유 재산 제도를 부정하고 평등 사회의 건설을 주장하였다.

08 (가)에 들어갈 내용으로 적절하지 않은 것은?

역사 동아리 학술 발표회 초대장
△△중학교 역사 동아리에서 '과학의 세기'라고 불릴 만큼 과학과 기술이 발전한 19세기 유럽과 미국의 문화에 대한 학술 발표회를 개최합니다.
• 일시: 20○○년 ○○월 ○○일 오전 10~12시
• 장소: △△중학교 동아리실
• 발표 주제: _____ (가)

① 멘델, 유전 법칙을 발견하다
② 에디슨, 가정용 전구를 발명하다
③ 뉴턴, 우주의 원리를 수학적으로 설명하다
④ 뢴트겐의 X선 발견, 의학의 발전에 기여하다
⑤ 다윈, 적자생존에 따른 종의 진화를 주장하다

09 ㉠에 들어갈 예술 경향으로 옳은 것은?

19세기 초반 유럽에서는 계몽사상에 대한 비판이 일어나면서 인간의 감정과 상상력을 중요시하는 (㉠)가 유행하였다.

① 공리주의　② 낭만주의
③ 사실주의　④ 실증주의
⑤ 자연주의

10 중요해 다음 자료에서 풍자한 대외 정책이 등장한 배경으로 옳은 것은?

왼쪽의 그림은 자본가가 아프리카를 상징하는 원주민의 입에 술을 붓는 동안 군인은 원주민에게서 동전을 쥐어짜고 있고, 그 옆에서 선교사는 태연히 성경을 읽고 있는 모습을 담고 있다.

① 유럽에서 기계 파괴 운동이 일어났다.
② 라틴 아메리카의 여러 나라가 독립을 이루었다.
③ 인간의 감정을 중시하는 낭만주의가 유행하였다.
④ 빈 체제의 성립으로 유럽에서 왕정이 부활하였다.
⑤ 서구 열강들이 값싼 원료 공급지, 상품 판매 시장, 자본의 투자처를 필요로 하였다.

11 다음 사상에 대한 설명으로 옳은 것은?

사회는 단순한 상태에서 복잡한 상태로 진화하며, 더 발달된 사회가 덜 발달된 사회를 지배하는 적자생존의 원칙이 적용된다. — 허버트 스펜서

① 영국에서 젠트리가 성장하는 배경이 되었다.
② 제국주의 열강의 식민지 침략을 정당화하였다.
③ 자본가와 노동자라는 새로운 계급이 등장하는 배경이 되었다.
④ 유럽에서 자유주의와 민족주의가 확산되는 계기를 마련하였다.
⑤ 무지와 미신을 타파하고 불합리한 제도와 전통을 개혁해야 한다는 주장이다.

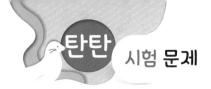

12 ㉠, ㉡에 들어갈 내용을 옳게 연결한 것은?

> 제국주의 국가들은 식민지 확보 경쟁을 벌이면서 곳곳에서 충돌하였다. 독일은 (㉠)을 추진하여 발칸반도, 서아시아, 아프리카 지역으로 세력을 확장하였다. 프랑스는 (㉡)을 추진하여 영국과 경쟁하였다.

	㉠	㉡
①	3B 정책	3C 정책
②	3B 정책	횡단 정책
③	3C 정책	3B 정책
④	3C 정책	종단 정책
⑤	종단 정책	횡단 정책

13 밑줄 친 '이 지역'을 지도에서 고른 것은?

> 17세기경 이 지역에 진출한 영국은 동인도 회사를 통해 이 지역을 지배하다가 19세기 후반부터는 총독을 파견하여 직접 통치하였다.

① ㉠ ② ㉡ ③ ㉢ ④ ㉣ ⑤ ㉤

14 제국주의 열강의 아시아·태평양 침략에 대한 설명으로 옳지 않은 것은?

① 프랑스 – 인도차이나반도를 점령하였다.
② 영국 – 오스트레일리아, 뉴질랜드를 차지하였다.
③ 독일 – 마셜 제도, 캐롤라인 제도 등을 지배하였다.
④ 미국 – 싱가포르와 말레이반도를 식민지로 삼았다.
⑤ 네덜란드 – 인도네시아를 지배하면서 대농장을 경영하였다.

15 제국주의 열강의 아프리카 침탈과 관련된 탐구 활동으로 적절한 것만을 〈보기〉에서 있는 대로 고른 것은?

> ┤ 보기 ├
> ㄱ. 빈 회의의 합의 내용을 찾아본다.
> ㄴ. 리빙스턴, 스탠리 등의 탐험 활동을 알아본다.
> ㄷ. 아프리카에서 펼쳐진 선교사의 활동을 검색한다.
> ㄹ. 아프리카 내륙 지방에 매장된 지하자원을 조사한다.

① ㄱ, ㄴ   ② ㄱ, ㄹ   ③ ㄷ, ㄹ
④ ㄱ, ㄴ, ㄷ   ⑤ ㄴ, ㄷ, ㄹ

[16~17] 지도는 제국주의 열강의 아프리카 침략을 나타낸 것이다. 이를 보고 물음에 답하시오.

16 ㉠, ㉡ 국가에 대한 설명으로 옳지 않은 것은?

① ㉠ – 알제리와 마다가스카르를 연결하려 하였다.
② ㉠ – '베를린-비잔티움-바그다드'를 연결하는 정책을 추진하였다.
③ ㉡ – 이집트를 보호국으로 삼았다.
④ ㉡ – 카이로와 케이프타운을 연결하려 하였다.
⑤ ㉠, ㉡ – 아프리카 대륙 대부분을 차지하였다.

17 19세기 (가) 지역에서 일어난 사건에 대한 설명으로 옳은 것을 〈보기〉에서 고른 것은?

> ┤ 보기 ├
> ㄱ. 프랑스의 양보로 마무리되었다.
> ㄴ. 벨기에 왕의 콩고 사유지 선언의 배경이 되었다.
> ㄷ. 영국의 종단 정책과 프랑스의 횡단 정책이 충돌하였다.
> ㄹ. 모로코의 지배권을 둘러싸고 프랑스와 독일이 대립하여 일어났다.

① ㄱ, ㄴ   ② ㄱ, ㄷ   ③ ㄴ, ㄷ
④ ㄴ, ㄹ   ⑤ ㄷ, ㄹ

18 ㉠에 들어갈 국가만으로 짝지은 것은?

> 20세기 전반 제국주의 국가들의 침략으로 아프리카에서는 (㉠)를 제외한 대부분이 열강의 식민지로 전락하였다.

① 리비아, 이집트
② 알제리, 에티오피아
③ 이집트, 라이베리아
④ 나이지리아, 에티오피아
⑤ 라이베리아, 에티오피아

19 (가)에 들어갈 질문으로 적절한 것은?

① 이산들와나 전투에서 영국군을 무찌른 국가는?
② 문맹 퇴치를 목적으로 통킹 의숙을 설치한 국가는?
③ 아기날도가 혁명군을 이끌고 에스파냐와 전쟁을 벌인 국가는?
④ 일본에 유학생을 보내 근대 문물을 배우게 하는 동유 운동을 추진한 국가는?
⑤ 모든 사람이 평등한 이슬람 세계를 만들자는 마흐디 운동을 전개한 국가는?

20 다음에서 설명하는 국가로 옳은 것은?

> 짜끄리 왕조의 라마 5세를 중심으로 근대적인 개혁을 추진하고, 영국과 프랑스 세력의 완충 지대에 위치하는 지리적 이점을 바탕으로 19세기 후반 동남아시아에서 유일하게 독립을 유지하였다.

① 타이 ② 라오스 ③ 베트남
④ 필리핀 ⑤ 인도네시아

학교 시험에 잘 나오는 서술형 문제

1 다음 자료에 나타난 사회 문제와 이를 극복하기 위한 노력을 서술하시오.

> 산업 혁명의 혜택이 모든 사람에게 고르게 돌아가지 않아 빈부의 격차가 커졌다. 자본가는 더 많은 이윤을 얻기 위해 노동자에게 적은 임금을 주고 오랜 시간 일하게 하였다. 또한 안전하지 못한 공장의 작업 환경, 비위생적인 주거와 도시 환경에서 노동자는 병이 나고 사고를 당하여도 보상을 받지 못하였다.

2 다음 자료에 나타난 사상이 제국주의에 미친 영향을 서술하시오.

> 백인의 짐을 져라 / 그대가 키운 최정예를 보내라 /…… 그대가 잡은 원주민들의 욕구를 달래기 위해 /…… 절반은 악마 같고 절반은 어린이 같은 자들에게 / 아주 힘겹게 시중들기 위해
> ― 키플링, 「백인의 짐」

3 ㉠에 들어갈 인물을 쓰고, ㉠이 독립을 유지하기 위해 추진한 근대적 개혁 사례를 두 가지 서술하시오.

> 에티오피아의 (㉠)은/는 아도와 전투에서 이탈리아군을 물리치고 에티오피아의 독립을 지켜냈다.

04 서아시아와 인도의 국민 국가 건설 운동

●● 서아시아의 근대화 운동

1. 오스만 제국의 쇠퇴와 개혁

(1) 오스만 제국의 쇠퇴 [자료 ①]

① 배경: 신항로 개척으로 무역의 중심이 지중해에서 대서양으로 이동, 술탄 중심의 중앙 집권 체제 동요(→ 제국 내 여러 민족의 독립 요구), 영국과 러시아를 비롯한 서구 열강의 압력 등

② 내용: 19세기에 이집트의 자치와 그리스의 독립 허용, 유럽 영토 대부분 상실(→ 소아시아 지역으로 영토 축소)

(2) *탄지마트(1839~1876) [자료 ②]

목적	오스만 제국의 대내외적 위기 극복
내용	1839년부터 근대적 개혁 추진(민족과 종교에 따른 차별 폐지, 세금 제도와 교육 제도를 서구식으로 변경 등) → 탄지마트의 성과 미흡 → 미드하트 파샤 등 혁신적인 관료들이 서양식 의회 개설, 근대적 헌법 제정(1876, 입헌 군주제 실시 및 의회 설립 등)
결과	보수 세력의 반발, 유럽 열강의 간섭 → 큰 성과를 거두지 못함

(3) 청년 튀르크당 혁명

① 배경: 개혁의 실패, 러시아와의 전쟁에서 패배 → 술탄 압둘 하미드 2세의 전제 정치 강화(헌법 폐지, 의회 해산 등)

② 전개: 술탄의 전제 정치에 반발한 젊은 장교와 관료, 지식인들이 청년 튀르크당 결성 → 청년 튀르크당이 무력 혁명으로 정권 장악, 헌법 부활(1908) → 개혁의 재추진(산업 육성, 조세 경감 등), 외세 배척 운동 전개

③ 결과: 서구 열강의 압력, 제국의 내부 분열 심화 → 개혁 성과 미흡, 오스만 제국 쇠퇴

④ 한계: 아랍어 사용 금지 등 극단적인 튀르크 민족주의를 내세워 다른 민족의 반발을 삼

2. *아랍의 민족 운동

(1) 배경: 오스만 제국의 쇠퇴 → 영국·러시아 등 서양 열강이 아랍 지역 침입, 영향력 확대

(2) 아랍 민족 운동의 전개

① 와하브 운동 [자료 ③]

전개	18세기 중엽 이븐 압둘 와하브가 이슬람교의 개혁을 내세운 와하브 운동 전개(이슬람 사회의 타락 비판, 이슬람교 본래의 순수성 회복 주장) → 아라비아반도의 대부분을 지배하는 와하브 왕국 건설
결과	오스만 제국이 보낸 이집트 군대에 의해 진압됨
영향	• 아랍 민족 운동의 기반 형성: 아랍 민족주의와 결합하여 오스만 제국의 지배에 저항하는 운동으로 발전 • 사우디아라비아 왕국 수립에 영향: 아라비아반도에 와하브 운동 전파 → 사우디아라비아 왕국의 건설 계기 마련

생생 자료

자료 ① 오스만 제국의 영토 축소

☐ 최대 영역	■ 1879~1913년 상실
▨ 1775~1829년 상실	▧ 1914년의 영역
▦ 1830~1878년 상실	

19세기 들어 오스만 제국은 국력이 크게 쇠퇴하고, 유럽 지역에 있던 영토의 대부분을 상실하였다.

자료 ② 탄지마트

1. 술탄의 권한 일부를 의회에 넘기고, 의회는 술탄의 승인을 얻어 법을 제정한다.
2. 백성들의 생명, 명예, 재산에 대한 충분한 안전을 보장한다.
3. 조세 제도의 확립과 조세 징수에 관한 정식 규정을 정한다.
4. 군대의 징집에 대한 정식 규정 및 근무 기간을 설정한다.

오스만 제국은 탄지마트를 통해 중앙 집권적인 행정 기구, 근대적인 군대와 사법 제도를 갖춘 근대 국가로의 변화를 추구하였다. — 탄지마트의 결실로 제정된 헌법에는 개인의 자유, 출판의 자유, 재산권 보장 등의 내용이 담겼어.

자료 ③ 와하브 운동의 세력권

☐ 와하브 운동 세력권

서술형 단골 와하브 운동의 주장을 묻는 문제가 자주 출제돼.

아라비아반도에서 전개된 와하브 운동은 이슬람교의 경전인 『쿠란』의 가르침대로 생활하고 이슬람교 본래의 순수성을 되찾자는 운동이었다.

쏙쏙 용어

★ **탄지마트** '개혁', '개조'를 의미하는 터키어이자 술탄에 의해 실시되는 은혜로운 개혁이라는 뜻으로, 행정과 법률 등을 서구식으로 개혁하고자 함

★ **아랍** 아시아 서남부 페르시아만, 인도양, 아덴만, 홍해에 둘러싸여 있는 지역으로, 오스만 제국의 지배를 받다가 18세기 말에 민족 운동을 통하여 독립함

② 아랍 문화 부흥 운동

내용	19세기 초 아랍 문화 부흥 운동 전개(아랍어로 해외 문학 작품을 번역, 아랍 고전 연구)
의의	아랍 민족의 단결과 독립운동 자극, 아랍 민족주의의 기반 마련

3. 이란의 입헌 혁명

(1) 19세기 이란: 18세기 말 카자르 왕조의 이란 지역 재통일 → 19세기 초 남하 정책을 추진하던 러시아와 이를 견제하는 영국의 경쟁으로 많은 영토와 이권을 빼앗김 자료 ④

(2) 담배 불매 운동과 입헌 혁명

담배 불매 운동	• 전개: 카자르 왕조가 근대화 자금 마련을 위해 영국 상인에게 담배 독점 판매권 양도 → 알 아프가니 주도로 전국적인 담배 불매 운동 및 이권 회수 운동 전개, 입헌 정치 실시 요구 → 담배 독점 판매권 회수, 영국에 막대한 위약금 지불(→ 영국에 대한 이란의 경제적 종속 심화) • 의의: 이란인의 민족의식 고취, 입헌 혁명에 영향
입헌 혁명 (1906)	카자르 왕조의 전제 정치에 반대하는 입헌 혁명 전개(의회 구성 및 입헌 군주제 헌법 제정) → 보수 세력의 반발, 영국·러시아의 무력간섭으로 실패 → 이란 영토 상당 부분이 영국과 러시아에 의해 분할 점령됨

4. 이집트의 근대화와 민족 운동 자료 ⑤

(1) 배경: 18세기 말 나폴레옹의 이집트 침략 → 프랑스 기술과 무기의 우수성 실감, 근대화의 필요성 인식

(2) 무함마드 알리의 근대화 정책: 19세기 초 오스만 제국이 무함마드 알리를 이집트 총독으로 임명 → 무함마드 알리의 이집트 근대화 추진(근대적인 군대 창설, 징병제 실시, 근대적 공장 설립, 유럽식 행정 기구·교육 제도 도입 등) → 그리스 독립 전쟁 때 오스만 제국 지원(→ 공식적으로 자치권을 인정받음)

(3) *수에즈 운하의 건설과 민족 운동의 전개 자료 ⑥

① 수에즈 운하 건설: 19세기 중엽 영국과 프랑스의 자금을 빌려 철도 및 전신 시설 마련, 수에즈 운하 건설 → 많은 빚을 지고 영국과 프랑스의 내정 간섭을 받음

② *아라비 파샤의 민족 운동(아라비 혁명): 열강의 간섭 지속 → 아라비 파샤가 이끄는 민족주의자들이 헌법 제정, 의회 설립, 외국인 지배로부터의 해방 요구 → 영국군에 의해 진압, 이집트가 영국의 보호국으로 전락(1914)

●● 인도의 민족 운동

1. 열강의 인도 침략과 세포이의 항쟁

(1) 유럽 열강의 인도 침략

① 배경: 18세기에 무굴 제국이 내부 반란으로 쇠퇴 → 유럽 여러 나라들이 인도를 차지하기 위해 경쟁

자료 ④ 열강의 이란 침략

19세기 초 영국과 러시아는 이란을 3등분하여 남부는 영국이, 북부는 러시아가 차지하고, 중부 지역은 중립 지역으로 삼았다.

자료 ⑤ 무함마드 알리

⬆ 유럽 열강의 대표와 회담하는 무함마드 알리

오스만 제국의 지배를 받던 이집트에서는 무함마드 알리가 근대화 정책을 추진하는 한편, 이집트의 독립을 위해 노력하였다.

자료 ⑥ 수에즈 운하의 개통

⬆ 수에즈 운하 개통에 따른 교통로의 변화

수에즈 운하가 완공되면서 배로 유럽과 인도를 오가는 거리가 이전보다 3분의 1로 짧아졌다. 그러나 이집트 정부는 운하 건설을 위해 빌린 막대한 비용 때문에 경제적 어려움에 시달리자, 운하 회사의 주식을 영국과 프랑스에 팔아야 하였다.

 서술형 단골 수에즈 운하의 개통이 끼친 영향을 묻는 문제가 자주 출제돼

★ 수에즈 운하 1869년에 완공된 지중해와 홍해를 연결하는 세계 최대의 인공 수로

★ 아라비 파샤 이집트 최초의 민족 운동을 이끌었던 지도자로, '이집트 독립운동의 아버지'로 불리며, '이집트인을 위한 이집트 건설'이라는 구호를 내세워 혁명을 일으킴

04 서아시아와 인도의 국민 국가 건설 운동

② 플라시 전투(1757): 영국과 프랑스가 동인도 회사를 앞세워 인도 진출, 인도의 무역 주도권을 놓고 충돌 → 영국이 플라시 전투에서 프랑스에 승리, 벵골 지역 통치권 차지 → 19세기 중엽 영국이 인도의 거의 모든 지역 점령

(2) 인도 사회의 변화 _{자료} ❼

① 경제: 영국이 인도인에게 아편과 면화 재배 강요, 값싼 영국산 면직물의 대량 유입(→ 인도의 면직물 산업 붕괴), 무거운 세금 부과

② 종교: 영국이 힌두교와 이슬람교 간의 종교적 대립 조장, 인도인에게 크리스트교로의 개종 강요

③ 사회: 영국의 근대적인 토지 제도 도입 → 인도의 전통적 촌락 공동체 붕괴

(3) 19세기 초의 민족 운동과 세포이의 항쟁

① 19세기 초의 민족 운동: 인도의 종교 지도자와 지식인들이 사회 개혁, 독립을 위한 민족 운동 전개 → *람 모한 로이를 중심으로 카스트제 철폐, 각종 악습 폐지 주장

② *세포이의 항쟁(1857~1859) _{자료} ❽

배경	영국의 침략과 수탈 심화, 영국의 지배 방식에 대한 불만 고조
전개	세포이들의 무장봉기(1857) → 각계각층의 사람들이 참여, 대규모 민족 운동으로 발전 → 한때 델리 점령, 북인도까지 장악 → 내부 분열과 영국군의 반격으로 실패
결과	영국이 동인도 회사 해체 후 인도 직접 지배, 무굴 제국 황제 폐위 → 영국령 인도 제국 수립(1877, 영국 국왕이 인도의 황제를 겸함)

2. 인도 국민 회의와 반영 운동

(1) 인도 국민 회의 **성립**

배경	서양 문물을 경험한 인도의 지식인과 학생, 종교 지도자들이 인도 사회 개혁, 영국 지배에 대한 저항을 주장
성립	인도인의 민족 운동 확산 → 영국이 인도인 회유를 위해 중상류층 인도인을 중심으로 인도 국민 회의 결성(1885)
성격	초기에는 영국의 인도 지배를 인정하면서 인도인의 권익을 확보하려는 타협적인 자세를 취함 → 점차 영국의 식민 지배에 대한 비판 의식 성장, 인도인의 이익 대변 단체로 발전

(2) 벵골 분할령과 반영 운동

① 벵골 분할령 발표: 영국이 인도 민족 운동의 분열 도모 → 벵골 지역을 종교에 따라 동서로 나누는 벵골 분할령 발표(1905) _{자료} ❾

② 인도 국민 회의의 반영 운동

전개	벵골 분할령 발표 이후 인도 국민 회의가 반영 운동 전개, 콜카타 대회를 개최하여 영국 상품 배척·스와라지(자치 획득)·스와데시(국산품 애용)·국민 교육 실시의 4대 강령 주장 → 대규모 민족 운동으로 발전
결과	영국의 벵골 분할령 철회(1911), 형식적으로 인도의 자치 인정

생생 자료

자료 ❼ 인도와 영국의 면직물 교역 변화

— 농촌 가내 수공업의 몰락과 그에 따른 실업과 빈곤 때문에 영국의 지배에 대한 인도인들의 불만이 커졌어.

인도의 면직물은 19세기 이전까지 유럽에서 큰 인기를 얻었다. 그러나 영국이 산업 혁명 이후에 공장에서 대량 생산된 값싼 면직물을 인도에 수출하자, 수공업에 의존하던 인도의 면직물 산업이 몰락하였다.

자료 ❽ 세포이의 항쟁의 직접적 원인

동인도 회사가 지급한 탄약 주머니에 이슬람교도가 부정하게 여기는 돼지기름과 힌두교도가 신성하게 여기는 소기름이 칠해져 있다는 소문이 돌자, 대부분 힌두교나 이슬람교를 믿었던 세포이들이 이를 종교 탄압으로 받아들이고 봉기하였다.

자료 ❾ 벵골 분할령

— 영국은 벵골주의 면적이 넓고, 인구가 많다는 이유로 벵골 분할령을 시행한다고 주장하였어.

서술형 단골 영국이 벵골 분할령을 발표한 의도를 묻는 문제가 자주 출제돼.

영국은 반영 운동이 활발하던 벵골 지역을 힌두교도가 많은 서벵골과 이슬람교도가 많은 동벵골로 나누어 통치하려고 하였다. 이는 종교 갈등을 이용해 민족 운동의 힘을 분산하려는 의도였다.

쏙쏙 용어

* **람 모한 로이** 인도의 종교 개혁가이자 사회 개혁 지도자로, 힌두교 개혁 운동을 펼쳤으며 '인도 근대화의 아버지', '근대 인도의 선각자'라는 평가를 받음

* **세포이** 영국 동인도 회사가 인도를 지배하기 위해 설치한 군대에 고용된 인도인 용병으로 낮은 임금과 차별을 받았음

대표 자료 확인하기

◆ 아랍의 민족 운동

(①   )은 이슬람교의 경전인 『쿠란』의 가르침대로 생활하고 이슬람교 본래의 순수성을 되찾자는 운동이었다.

◆ 벵골 분할령

영국은 반영 운동이 활발하던 벵골 지역을 (②   )가 많은 서벵골과 (③   )가 많은 동벵골로 나누어 통치하는 벵골 분할령을 발표하였다.

한눈에 정리하기

◆ 서아시아의 민족 운동

오스만 제국	근대적 개혁인 탄지마트 추진 → 청년 튀르크당 혁명 발생
아랍	와하브 운동(이슬람교 본래의 순수성 회복 강조), 아랍 문화 부흥 운동 전개
이란	알 아프가니가 (①) 및 이권 회수 운동 전개 → 입헌 혁명 발생
(②)	무함마드 알리의 근대화 추진 → 수에즈 운하 건설 → 아라비 혁명 전개

◆ 인도의 민족 운동

플라시 전투	영국이 프랑스에 승리하여 벵골 지역 통치권 차지
세포이의 항쟁	영국의 식민 통치와 경제적 착취에 반발하여 세포이를 중심으로 봉기를 일으킴
인도 국민 회의의 반영 운동	영국이 인도인 회유를 위해 (③) 결성 → 초기에는 영국에 협조 → 영국의 벵골 분할령 발표 이후 4대 강령을 채택하여 반영 운동 전개

꼼꼼 개념 문제

1 다음 빈칸에 들어갈 내용을 쓰시오.

(1) 오스만 제국에서는 1839년부터 (   )라고 불리는 근대적 개혁이 실시되었다.

(2) 술탄 압둘 하미드 2세의 전제 정치에 반발한 젊은 장교와 관료, 지식인들은 (   )을 결성하였다.

(3) 이븐 압둘 와하브가 전개한 와하브 운동은 이후 아라비아 반도에 전파되어 (   ) 왕국이 건설되는 계기가 되었다.

2 19세기 초 아랍 지역에서는 해외 문학 작품을 아랍어로 번역하고 아랍 고전을 연구하는 등 (   )이 일어났다.

3 괄호 안의 내용 중 알맞은 내용에 ○표 하시오.

(1) 19세기 초 (사파비 왕조, 카자르 왕조)는 러시아와 영국의 경쟁에 휩쓸려 많은 영토와 이권을 빼앗겼다.

(2) (알 아프가니, 미드하트 파샤) 등은 담배에 대한 독점권이 영국에 넘어가자 담배 불매 운동을 전개하였다.

(3) 1906년에 이란 지역에서는 (입헌 혁명, 세포이의 항쟁)이 일어나 의회가 구성되고 입헌 군주제 헌법이 제정되었다.

4 19세기 이집트의 근대화 운동 과정에서 일어난 사건만을 〈보기〉에서 있는 대로 골라 기호를 쓰시오.

┌ 보기 ├
ㄱ. 플라시 전투
ㄴ. 수에즈 운하 건설
ㄷ. 아라비 파샤의 민족 운동
ㄹ. 무함마드 알리의 근대화 운동

5 다음 설명이 맞으면 ○표, 틀리면 ✕표를 하시오.

(1) 초기의 인도 국민 회의는 영국의 인도 지배를 인정하지 않았다. (   )

(2) 영국은 벵골 분할령을 발표하여 인도 민족 운동의 힘을 분산하려고 하였다. (   )

(3) 영국은 플라시 전투에서 프랑스에 승리하여 벵골 지역의 통치권을 차지하였다. (   )

(4) 영국의 지배 방식에 대한 인도인의 불만을 계기로 세포이의 항쟁이 발생하였다. (   )

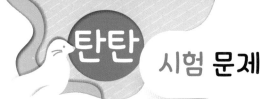

01

(가) 국가의 영토가 지도와 같이 축소된 배경으로 적절한 것을 〈보기〉에서 고른 것은?

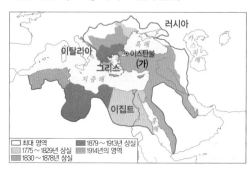

□ 최대 영역   ■ 1879~1913년 상실
■ 1775~1829년 상실   ■ 1914년의 영역
■ 1830~1878년 상실

┌ 보기 ┐
ㄱ. 지중해가 무역의 중심지로 떠올랐다.
ㄴ. 무굴 제국이 내부 반란으로 쇠퇴하였다.
ㄷ. 제국 내 여러 민족이 독립을 요구하였다.
ㄹ. 영국과 러시아 등 서구 열강의 압력을 받았다.

① ㄱ, ㄴ   ② ㄱ, ㄷ   ③ ㄴ, ㄷ
④ ㄴ, ㄹ   ⑤ ㄷ, ㄹ

이 문제에서 나올 수 있는 선택지는 다~!

02

다음 자료와 관련한 개혁의 내용으로 옳지 <u>않은</u> 것은?

> 1. 술탄의 권한 일부를 의회에 넘기고, 의회는 술탄의 승인을 얻어 법을 제정한다.
> 2. 백성들의 생명, 명예, 재산에 대한 충분한 안전을 보장한다.
> 3. 조세 제도의 확립과 조세 징수에 관한 정식 규정을 정한다.
> 4. 군대의 징집에 대한 정식 규정 및 근무 기간을 설정한다.

① 서양식 의회를 개설하였다.
② 아랍어 사용을 금지하였다.
③ 입헌 군주제를 실시하였다.
④ 근대적인 군대를 양성하였다.
⑤ 세금 제도를 서구식으로 변경하였다.
⑥ 민족과 종교에 따른 차별을 폐지하였다.

[03~04] 다음을 읽고 물음에 답하시오.

> 개혁이 실패하고 러시아와의 전쟁에서도 패하자 오스만 제국의 술탄 압둘 하미드 2세는 헌법을 폐지하고 의회를 해산한 뒤 전제 정치를 강화하였다. 이에 반발한 젊은 장교와 관료, 지식인들은 (㉠)을/를 결성하였다.

03

㉠에 들어갈 단체로 옳은 것은?

① 세포이   ② 젠트리
③ 예니체리   ④ 청년 튀르크당
⑤ 인도 국민 회의

04

㉠에 대한 설명으로 옳지 <u>않은</u> 것은?

① 헌법을 부활시켰다.
② 외세 배척 운동을 벌였다.
③ 무력 혁명으로 정권을 잡았다.
④ 사우디아라비아 왕국의 건설에 영향을 주었다.
⑤ 산업을 육성하고 조세를 덜어 주는 개혁을 하였다.

05

(가) 운동 당시 제기된 주장으로 가장 적절한 것은?

□ (가) 세력권

① 벵골 분할령을 철회하라!
② 쿠란의 가르침에 따라 생활하자!
③ 오스만 제국의 헌법을 부활시키자!
④ 이집트인을 위한 이집트를 건설하자!
⑤ 영국 상품을 불매하고 국산품을 애용하자!

06 ㉠에 들어갈 운동에 대한 설명으로 옳은 것은?

19세기 초에 해외 문학 작품을 아랍어로 번역하고 아랍 고전을 연구한 운동은?

역사 스피드 퀴즈

㉠

① 아라비 파샤가 주도하였다.
② 이란의 입헌 혁명에 영향을 주었다.
③ 극단적인 튀르크 민족주의를 내세웠다.
④ 아랍 민족의 단결과 독립운동을 자극하였다.
⑤ 오스만 제국이 보낸 이집트 군대에 의해서 진압되었다.

07 교사의 질문에 대한 학생의 답변으로 가장 적절한 것은?

지도는 19세기 이란 지역의 상황을 나타내고 있습니다. (가) 왕조에서 있었던 사실을 발표해 볼까요?

① 입헌 혁명이 일어났습니다.
② 세포이의 봉기가 발생하였습니다.
③ 차티스트 운동이 전개되었습니다.
④ 청년 튀르크당이 혁명을 일으켰습니다.
⑤ 비스마르크가 강력한 군비 확장 정책을 추진하였습니다.

08 (가), (나) 시기 사이에 이란에서 있었던 일로 옳은 것은?

(가) 18세기 말 카자르 왕조가 이란 지역을 재통일하였다.
(나) 카자르 왕조의 국왕이 영국으로부터 담배 독점 판매권을 회수하였다.

① 벵골 분할령이 발표되었다.
② 와하브 운동이 전개되었다.
③ 입헌 군주제 헌법이 제정되었다.
④ 탄지마트라고 불리는 개혁이 추진되었다.
⑤ 알 아프가니의 주도로 이권 회수 운동이 벌어졌다.

09 밑줄 친 '이 국가'에서 있었던 사실로 옳은 것은?

18세기 말 나폴레옹의 침략을 받은 이 국가는 프랑스 기술과 무기의 우수성을 실감하고 근대화의 필요성을 깨닫게 되었다. 이후 그리스 독립 전쟁 때에는 오스만 제국을 지원하여 공식적으로 자치권을 인정받았다.

① 수에즈 운하가 건설되었다.
② 크리오요가 대지주로 성장하였다.
③ 영국과 러시아가 영토를 분할 점령하였다.
④ 이븐 압둘 와하브가 종교 운동을 전개하였다.
⑤ 영국에 저항하여 담배 불매 운동이 추진되었다.

중요해

10 ㉠에 들어갈 인물에 대한 설명으로 옳은 것은?

(㉠)은/는 19세기 초 오스만 제국에 의해 이집트 총독으로 임명되었다. 그는 적극적으로 이집트의 근대화를 추진하였다.

↑ 유럽 열강과 회담하는 (㉠)

┤ 보기 ├
ㄱ. 스와라지, 스와데시를 주장하였다.
ㄴ. 아랍 문화 부흥 운동을 전개하였다.
ㄷ. 근대적인 서양식 군대를 창설하였다.
ㄹ. 유럽식 행정 기구와 교육 제도를 도입하였다.

① ㄱ, ㄴ　　　② ㄱ, ㄷ　　　③ ㄴ, ㄷ
④ ㄴ, ㄹ　　　⑤ ㄷ, ㄹ

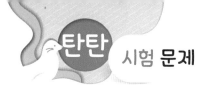

11 다음에서 설명하는 인물로 옳은 것은?

> • 이집트 독립운동의 아버지로 불림
> • 이집트 최초의 민족 운동을 이끌었던 지도자임
> • '이집트인을 위한 이집트 건설'이라는 구호를 내세워 혁명을 일으킴

① 호세 리살　　　　② 아라비 파샤
③ 무함마드 알리　　④ 미드하트 파샤
⑤ 이븐 압둘 와하브

12 그래프와 같은 무역의 변화가 나타나게 된 원인으로 가장 적절한 것은?

① 영국이 동인도 회사를 해체하였다.
② 영국이 영국령 인도 제국을 수립하였다.
③ 영국이 힌두교와 이슬람교의 대립을 조장하였다.
④ 영국이 인도인에게 크리스트교로의 개종을 강요하였다.
⑤ 영국이 공장에서 대량 생산한 값싼 면직물을 인도로 수출하였다.

13 다음은 어떤 책의 목차에 해당한다. 이 책의 제목으로 가장 적절한 것은?

> **목차**
> 1. 동인도 회사의 설립
> 2. 플라시 전투에서의 승리
> 3. 벵골 지역의 통치권 장악
> ⋮

① 이집트의 근대화
② 열강의 이란 침략 과정
③ 영국의 식민지로 전락한 인도
④ 제국주의 국가의 동남아시아 수탈
⑤ 러시아와 프랑스의 식민지 쟁탈 경쟁

14 밑줄 친 '이 항쟁'의 결과로 옳은 것을 〈보기〉에서 고른 것은?

> ┤ 보기 ├
> ㄱ. 영국이 동인도 회사를 해체하였다.
> ㄴ. 무굴 제국의 황제가 강제로 폐위되었다.
> ㄷ. 람 모한 로이가 카스트제 철폐를 주장하였다.
> ㄹ. 영국과 프랑스가 벵골 지역 지배권을 두고 경쟁하였다.

① ㄱ, ㄴ　　　② ㄱ, ㄷ　　　③ ㄴ, ㄷ
④ ㄴ, ㄹ　　　⑤ ㄷ, ㄹ

15 연표의 (가), (나) 시기에 인도에서 있었던 일로 옳은 것을 〈보기〉에서 고른 것은?

> ┤ 보기 ├
> ㄱ. (가) - 아라비 혁명이 발생하였다.
> ㄴ. (가) - 영국이 동인도 회사를 통해서 인도를 지배하였다.
> ㄷ. (나) - 인도 국민 회의가 조직되어 활동하였다.
> ㄹ. (나) - 술탄 압둘 하미드 2세가 전제 정치를 강화하였다.

① ㄱ, ㄴ　　　② ㄱ, ㄷ　　　③ ㄴ, ㄷ
④ ㄴ, ㄹ　　　⑤ ㄷ, ㄹ

16 ㉠에 들어갈 단체에 대한 설명으로 옳지 <u>않은</u> 것은?

| 파일(F) 편집(E) 보기(V) 즐겨찾기(A) 도구(T) 도움말(H) |

㉠ ▼ 검색

인도에서 민족 운동이 확산되자, 영국이 인도인을 회유하기 위해 1885년에 결성한 단체이다.

↑ (㉠)의 창립총회 모습

① 반영 운동을 주도하였다.
② 콜카타 대회를 주최하였다.
③ 담배 불매 운동을 전개하였다.
④ 인도인의 권익을 확보하고자 하였다.
⑤ 중상류층 인도인을 중심으로 결성되었다.
⑥ 초기에는 영국의 인도 지배를 인정하였다.
⑦ 자치 획득, 국산품 애용 등 4대 강령을 채택하였다.

중요해

17 영국이 지도와 같은 분할 정책을 발표한 이후에 일어난 사실로 가장 적절한 것은?

① 무굴 제국이 쇠퇴하였다.
② 동인도 회사가 설립되었다.
③ 세포이의 항쟁이 전개되었다.
④ 영국이 벵골 지역의 통치권을 차지하였다.
⑤ 영국이 명목상 인도인의 자치를 인정하였다.

학교 시험에 잘 나오는 서술형 문제

1 밑줄 친 '이 운동'을 쓰고, 주요 주장을 서술하시오.

18세기에 아랍 지역에 대한 유럽 열강의 영향력이 커지자, 이븐 압둘 와하브는 <u>이 운동</u>을 전개하였다. 이후 <u>이 운동</u>은 아랍 민족주의와 결합하여 오스만 제국의 지배에 저항하는 운동으로 발전하였다.

_____

_____

_____

2 지도를 보고 물음에 답하시오.

← (가) 운하 개통에 따른 교통로의 변화

(1) (가) 운하의 명칭을 쓰시오

_____

(2) (1)의 개통이 가져온 결과를 두 가지 이상 서술하시오.

_____

_____

_____

3 밑줄 친 '다른 이유'의 내용을 서술하시오.

1905년 영국은 벵골 지역을 다스리기에 매우 힘들다는 명분을 구실로, 벵골 지역을 서벵골과 동벵골로 나눈다는 벵골 분할령을 발표하였다. 그러나 인도인들은 <u>다른 이유</u>에서 영국이 벵골 분할령을 발표했다고 반발하였다.

_____

_____

_____

05 동아시아의 국민 국가 건설 운동

중국의 문호 개방과 근대화 추진

1. 아편 전쟁과 중국의 개항

(1) 배경: 청이 18세기 중반 이후 광저우의 공행을 통해서만 서양과 대외 무역을 허가 → 영국이 무역 적자를 줄이기 위해 교역 확대 요구 → 청의 거절 → 영국이 인도산 아편을 청에 밀수출 → 청에서 많은 양의 은이 영국으로 유출, 청의 아편 중독자 증가 자료①

(2) 제1차 아편 전쟁(1840~1842)

전개	청이 아편 단속을 위해 임칙서를 광저우에 파견, 아편 몰수 → 영국이 자국 상인 보호를 구실로 군함 파견, 전쟁 발발(제1차 아편 전쟁)
결과	청의 패배, 영국과 난징 조약 체결(1842) → 상하이 등 5개 항구 개항, 공행 폐지, 치외 법권 인정, 홍콩 할양 등 자료②

(3) 제2차 아편 전쟁(1856~1860)

전개	난징 조약 체결 후에도 영국의 무역 적자 지속 → *애로호 사건 발생 → 영국과 프랑스가 연합하여 청 공격(제2차 아편 전쟁)
결과	청의 패배, 톈진 조약과 베이징 조약 체결(1860) → 추가 개항, 외국 공사의 베이징 주재·크리스트교 포교 허용

2. 중국의 근대화 운동

(1) 태평천국 운동(1851~1864) 자료③

배경	아편 전쟁 이후 영국에 배상금을 내기 위해 청 정부가 과도한 세금 부과 → 농민의 불만 증가
전개	크리스트교의 영향을 받은 홍수전이 *멸만흥한을 주장하며 태평천국 운동 전개(토지 균등 분배, 남녀평등, 악습 폐지 등 주장) → 농민의 지지 획득, 난징 점령
결과	내부 분열로 세력 약화, 신사층이 조직한 의용군과 외국 군대의 공격으로 진압됨

(2) 양무운동(1861~1895)

배경	아편 전쟁과 태평천국 운동을 겪으면서 서양 기술과 무기의 우수성 확인
전개	이홍장·증국번 등 한족 출신 관료들이 주도, *중체서용의 논리를 토대로 서양의 기술과 과학을 수용하여 부국강병 정책 추진(양무운동) → 군수 공장(금릉 기기국 등) 및 각종 산업 시설 건설, 근대식 해군 창설, 민간 기업 육성, 외국에 유학생 파견 등
결과	지방 관료가 제각기 추진하여 일관성 결여 → 청일 전쟁 패배로 한계가 드러남

(3) 변법자강 운동(1898)

① 배경: 양무운동의 실패, 청일 전쟁 이후 외세의 간섭 심화 → 중국인들의 위기의식 고조

생생 자료

자료① 청과 영국의 무역 구조 변화

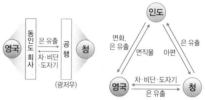

↑ 초기 무역(17·18세기)　↑ 삼각 무역(19세기)

청의 차, 비단, 도자기 구입에 많은 은을 지출한 영국은 무역 적자를 줄이기 위해 인도산 아편을 청에 몰래 팔았다. 이로 인해 청, 영국, 인도 사이에 삼각 무역 형태가 발달하였다.

　영국은 공행을 통해서만 청과 무역할 수 있었기에 무역 체제에 불만이 많았어.

자료② 난징 조약 및 추가 조약

- 상하이 등 5개 항구를 개항하고 홍콩을 영국에 넘김
- 중국 내 외국인 범죄자에 대한 치외 법권 인정
- 영국에 막대한 배상금 지불
- 공행 제도 폐지
- 수출입 물품에 대한 관세를 영국과 공동으로 결정

청이 영국과 맺은 조약은 치외 법권의 인정, 관세 자주권의 상실, 최혜국 대우의 허용 등 불평등한 내용을 포함하고 있었다.

자료③ 태평천국의 토지 제도

모든 토지는 남녀 구분 없이 각 가정의 호구 수에 비례하여 분배한다. …… 같이 경작할 밭을 마련하고, 같이 먹을 밥을 준비하며 …… 어디에도 균등하지 못한 곳이 없고, 어디에도 배부르고 따뜻하지 않은 자가 없게 하라.
－「천조 전무 제도(태평천국의 토지 제도)」

태평천국 운동을 주도한 세력은 난징을 점령한 이후 천조 전무 제도를 발표하여 토지의 균등 분배를 실현하려고 하였다. 이 주장 때문에 많은 농민들이 태평천국 운동을 지지하였다.

　우리나라에서는 동학 농민군이 토지 균등 분배를 주장하였어.

쏙쏙 용어

* **애로호 사건** 청의 관리가 애로호의 선원들을 밀수 혐의로 체포하던 중 영국 국기를 강제로 내린 사건
* **멸만흥한**(滅-멸하다, 滿-만주족, 興-일으키다, 漢-한족) 만주족을 몰아내고 한족의 국가를 세우자는 주장
* **중체서용** 중국의 전통적인 체제는 유지하면서 서양의 기술만을 받아들이자는 양무운동 당시의 개혁 원칙

② 전개: 캉유웨이 등 개혁적인 지식인들이 일본의 메이지 유신을 모방하여 중국의 정치 체제까지 개혁 주장 → 의회 설립, 입헌 군주제 확립, 상공업 육성, 근대 교육 실시, 신식 군대 양성 등 추진 **자료 ④**

③ 결과: 서태후를 중심으로 한 보수파의 정변으로 100여 일 만에 중단

(4) 의화단 운동(1899~1901)

배경	개혁 운동의 성과 미흡, 열강의 이권 침탈 심화, 크리스트교 확산 → 중국인들의 반외세 감정 고조
전개	산둥성을 중심으로 비밀 결사인 의화단 조직 → 부청멸양(청을 도와 서양 세력을 멸하자.)의 구호를 내걸고 반외세 운동 전개, 선교사·교회·철도 등 공격 → 베이징까지 진출, 외국 공관 습격
결과	영국, 일본, 러시아 등 8개국 연합군에게 진압됨 → 신축 조약 체결(1901, 배상금 지불·외국 군대의 베이징 주둔 허용)

(5) 신해혁명과 중화민국의 수립

배경	• 청 정부의 개혁 추진: 의화단 운동 실패 후 청 정부가 개혁 추진 → 성과 미흡 • 혁명 운동 확산: 청 왕조 타도를 위한 혁명 분위기 고조 → 쑨원이 도쿄에서 중국 동맹회 결성(1905), 삼민주의를 바탕으로 혁명 운동 주도 **자료 ⑤**
전개	• 신해혁명의 전개: 청 정부의 민간 철도 국유화 조치에 반대하는 운동 전개 → 우창에서 신식 군대의 무장봉기 → 전국 여러 성의 호응, 각 성의 독립 선언(신해혁명, 1911) • 중화민국 수립: 혁명 세력이 쑨원을 임시 대총통으로 추대하고 중화민국 수립 선언(1912) → 청 정부가 혁명 세력 진압을 위해 위안스카이 파견 → 위안스카이가 혁명 세력과 타협, 청 황제를 퇴위시킴 → 위안스카이가 대총통 취임 후 황제 체제 부활 시도 → 위안스카이 사후 각지에서 *군벌 세력 등장, 정치적 혼란

•• 일본의 근대 국가 건설과 제국주의 침략

1. 일본의 개항과 메이지 유신

(1) 미국의 개항 요구: 미국의 페리 제독 함대가 일본에 개항 강요 → 에도 막부가 *미일 화친 조약(1854), 미일 수호 통상 조약(1858)을 체결하여 문호 개방 **자료 ⑥**

(2) 메이지 정부 수립

① 배경: 개항 이후 막부의 외교 정책에 대한 비판 확산, 외국 상품 수입으로 경제 악화(→ 백성의 불만 고조)

② 전개: 일부 지방의 하급 무사들을 중심으로 *존왕양이 운동 전개 → 에도 막부 붕괴, 메이지 정부 수립

(3) 메이지 유신(1868): 서양식 근대 국가 수립을 목표로 개혁 실시

① 정치: 지방의 번 폐지 후 현 설치, 중앙에서 관리 파견 → 천황 중심의 중앙 집권 체제 수립

② 경제·사회: 상공업 육성, 철도 부설, 신분제 폐지, 징병제 실시 등

③ 기타: 서양식 교육 제도 실시, 유학생 및 이와쿠라 사절단(서양의 상황을 파악하고 불평등 조약을 개정하기 위함) 파견

생생 자료

자료 ④ 양무운동과 변법자강 운동

> • 중국의 문물이나 제도는 서양보다 우세하나, 중국이 자강하려면 외국의 이점을 배워야 한다. 외국의 이점을 배우려면 외국의 좋은 기술, 특히 무기 제조 기술을 중국의 것으로 완성하여야 한다.
> – 이홍장, 「서양식 철공소 및 기계 설치에 관한 상소문」
> • 중국이 부강한 나라를 이룩하려면 서양의 제도를 배워야 한다. 서양의 의회 제도는 …… 황제의 권력에 손상이 가는 것이 아니다.
> – 캉유웨이, 「무술 주고」

양무운동의 주도 세력은 전통적인 체제를 유지하면서 서양의 기술만을 받아들이고자 하였지만, 변법자강 운동의 주도 세력은 정치 체제의 근본적인 개혁을 주장하였다. **서술형 단골** 양무운동과 변법자강 운동의 공통점과 차이점을 묻는 문제가 자주 출제돼.

자료 ⑤ 쑨원과 삼민주의

> 로마가 멸망하자 민족주의가 일어나 유럽 각국이 독립하였다. 이후 각국이 제국으로 나아가 전제 정치를 행하자 백성이 그 고통을 견디지 못해 민권주의가 일어났다. …… 경제 문제가 정치 문제의 뒤를 이어 일어나 민생주의가 두드러지게 되었다.
> – 쑨원, 「민보」 발간사

쑨원은 만주족 왕조인 청 정부를 타도하고 한족의 국가 수립(민족), 공화제 정부의 수립(민권), 토지 제도 개혁 등을 통한 국민 생활의 안정(민생)을 주요 목표로 삼는 삼민주의를 주장하였다.

자료 ⑥ 미일 수호 통상 조약(1858)

> • 시모다, 하코다테 외 4개 항구를 추가로 개항할 것
> • 일본에 수출입하는 모든 상품은 별도로 정한 바에 따라 관세를 낼 것
> • 일본인에게 죄를 지은 미국인은 미국 영사 재판소에서 조사하여 미국 법에 따라 처벌받을 것

미일 수호 통상 조약은 시모다, 하코다테 외 4개 항구 추가 개항, 미국의 영사 재판권(치외 법권), 협정 관세 등을 인정한 불평등 조약이었다.

쏙쏙 용어

★ **군벌** 군대를 거느리며 특정 지역을 실질적으로 지배하던 세력가

★ **미일 화친 조약** 시모다·하코다테 개항, 최혜국 대우 등을 인정한 조약

★ **존왕양이 운동** 천황을 중심으로 서양 세력을 물리치자는 운동

05 동아시아의 국민 국가 건설 운동

2. 입헌 군주제 수립

(1) **자유 민권 운동의 전개**: 일부 지식인들이 헌법 제정, 서양식 의회 제도 도입 요구 → 메이지 정부의 탄압

(2) **헌법 제정 및 의회 개설**: 일본 제국 헌법 제정(1889), 의회 설립 → 천황에게 절대적 권한 부여(의회 권한과 국민의 기본권 제한) **자료 7**

3. 일본의 제국주의 침략

(1) **대외 침략**: 메이지 유신으로 일본의 국력 성장 → 타이완 침공, 류큐 병합 후 오키나와현 설치, 조선에 개항 강요

(2) **청일 전쟁과 러일 전쟁**

청일 전쟁 (1894~1895) **자료 8**	동학 농민 운동 진압을 구실로 청과 일본이 조선에 군대 파견 → 일본군이 청군 기습 공격 → 일본 승리, 시모노세키 조약 체결 → 러시아, 프랑스, 독일의 일본 압박(삼국 간섭, 1895) → 일본이 랴오둥반도를 청에 반환
러일 전쟁 (1904~1905)	한반도와 만주의 지배권을 두고 일본과 러시아가 대립 → 일본이 영국과 동맹 체결 → 러일 전쟁 발발 → 일본 승리, 포츠머스 조약 체결(한반도에 대한 일본의 지배권 인정)

●● 조선의 개항과 근대화 운동

1. 조선의 개항과 개화 정책의 추진 **자료 9**

(1) **조선의 개항**: 운요호 사건 발생 → 일본과 강화도 조약 체결 후 개항

(2) **개화 정책의 추진과 반발**: 개항 이후 조선 정부가 개화 정책 추진 → 개화 정책에 대한 반발로 *위정척사 운동 전개, *임오군란 발생

2. 조선과 대한 제국의 근대화 운동

(1) **조선의 근대화 운동**

갑신정변	김옥균 등 급진 개화파가 근대적 개혁 추진 → 청의 개입으로 실패
동학 농민 운동	전봉준이 농민들을 모아 지배층의 횡포와 외세에 저항하며 봉기(1894) → 관군과 일본군에 의해 진압
갑오개혁	일본의 내정 간섭, 개혁 강요 → 신분제·과거제 폐지, 왕실과 국가 재정 분리 등 근대적 개혁 단행(1894) → *을미사변 이후 고종의 *아관 파천으로 중단
독립 협회	서재필이 독립신문 발간, 독립 협회 설립(1896) → 독립 협회가 만민 공동회 개최 → 자주 국권 운동, 의회 개설 운동 전개

(2) **대한 제국의 근대화 운동**: 고종의 환궁 → 대한 제국 수립(1897) → 근대적 개혁 실시(군사 제도 개혁, 상공업 진흥 정책, 근대적 교육 시설 확립 등), 대한국 국제 반포 → 러일 전쟁 이후 일본이 대한 제국 외교권 박탈(을사늑약, 1905), 강제 병합(1910)

(3) **국권 수호 운동**: 을사늑약 체결 이후 의병 운동이 전국적으로 확산(→ 일본의 탄압으로 의병이 만주·연해주 등지로 이동, 독립군으로 활동), 개화사상과 독립 협회의 활동을 계승한 애국 계몽 운동 전개(지식인과 관료층 주도, 민족의 실력을 길러 국권 회복 주장)

생생 자료

자료 7 일본 제국 헌법

> 제1조 대일본 제국은 만세일계의 천황이 통치한다.
> 제4조 천황은 국가의 원수로서 통치권을 총괄하고 헌법의 조항에 따라 이를 행한다.
> 제5조 천황은 제국 의회의 동의를 얻어 입법권을 행사한다.

자유 민권 운동을 탄압한 메이지 정부는 일본 제국 헌법을 제정하고, 이듬해 의회를 개설하여 입헌 군주국의 모습을 갖추었다. 그러나 실제 헌법에서는 정치, 외교, 군사 등 모든 방면에서 천황에게 절대적 권한을 부여하였다.

자료 8 청일 전쟁의 결과

- 청은 조선이 완전한 자주국임을 인정할 것
- 청은 일본에 배상금으로 은 2억 냥을 이자와 함께 지급할 것

당시 일본 정부 예산의 4배가 넘는 엄청난 금액이었어

황실 비용 5.4 %
교육 기금 2.7 %
기타 8.6 %
전쟁 비용 충당 21.5 %
군비 증강비 61.8 %

총 3억 6,700엔

(「신편 한국사40」, 2002)

↑ 시모노세키 조약 ↑ 일본의 청일 전쟁 배상금 사용 내역

시모노세키 조약으로 일본은 타이완과 랴오둥반도를 차지하고, 막대한 배상금을 획득하였다. 일본은 배상금 대부분을 군사력 강화에 투자하여 제국주의 열강으로 성장하였다. **서술형 단골** 시모노세키 조약의 체결 결과를 묻는 문제가 자주 출제돼

자료 9 강화도 조약(1876)

- 조선은 부산과 두 개 항구를 개방하고 일본인이 통상할 수 있게 한다.
- 조선의 해안을 일본의 항해자가 자유롭게 측량하도록 허가한다.
- 일본인이 조선의 항구에 머무는 동안 죄를 범하면 일본 관원이 심판한다. — 치외 법권을 인정한 것이야

조선은 운요호 사건을 계기로 일본과 강화도 조약을 맺고 개항하였다. 강화도 조약은 조선이 외국과 체결한 최초의 근대적 조약이자 불평등 조약이다.
└ 일본이 조선에 통상을 강요하기 위해 보낸 운요호가 강화도의 초지진 포대에 경고 사격을 한 사건이야

쏙쏙 용어

- ★ **위정척사** 성리학을 수호하고, 서양 문물 및 사상을 배척하자는 주장
- ★ **임오군란** 1882년 구식 군대의 군인들이 신식 군대인 별기군과의 차별 대우와 밀린 급료에 불만을 품고 군제 개혁에 반대하며 일으킨 사건
- ★ **을미사변** 일본이 1895년 명성 황후를 시해한 사건
- ★ **아관 파천**(俄-갑자기, 館-관사, 播-퍼트리다, 遷-옮기다) 1896년 친 러시아 세력에 의하여 고종과 세자가 러시아 공사관으로 옮겨서 거처한 사건

대표 자료 확인하기

◆ 난징 조약 및 추가 조약

- 상하이 등 5개 항구를 개항하고 홍콩을 영국에 넘김
- 중국 내 외국인 범죄자에 대한 치외 법권 인정
- 영국에 막대한 배상금 지불
- 공행 제도 폐지

청은 (①   )에서 영국에 패배한 후 난징 조약을 체결하였다. 난징 조약은 치외 법권의 인정, 관세 자주국 상실 등의 내용을 포함한 (②   )이었다.

◆ 일본의 청일 전쟁 배상금 사용 내역

황실 비용 5.4 %
교육 기금 2.7 %
기타 8.6 %
전쟁 비용 총당 21.5 %
총 3억 6,700엔
군비 증강비 61.8 %

(『신편 한국사40』, 2002)

일본은 청일 전쟁에서 승리한 후 (③   )을 체결하였고, 이 조약으로 청에게 받은 배상금 대부분을 군사력 강화에 투자하면서 제국주의 열강으로 성장하였다.

한눈에 정리하기

◆ 중국의 국민 국가 건설 운동

개항	제1차 아편 전쟁 이후 난징 조약 체결(→ 개항) → 제2차 아편 전쟁으로 톈진 조약·베이징 조약 체결
근대화 운동	• (①): 토지 균등 분배 등 주장 • 양무운동: 중체서용 주장, 군수 산업 육성 • 변법자강 운동: 의회 설립, 입헌 군주제 확립 추진 • 의화단 운동: 반외세 운동 전개 • (②): 쑨원의 삼민주의, 중화민국 수립

◆ 일본의 국민 국가 건설 운동

개항	미국의 개항 요구 → 미일 화친 조약, 미일 수호 통상 조약 체결(→ 문호 개방)
근대화 운동과 제국주의 침략	• 메이지 유신: 서양식 근대 국가 수립을 목표로 근대적 개혁 추진 • (③) 침략: 청일 전쟁, 러일 전쟁 발발 → 일본 승리

◆ 조선의 국민 국가 건설 운동

개항	운요호 사건 발생 → 강화도 조약 체결(→ 개항)
근대화 운동	• 갑신정변: 급진 개화파 주도, 근대적 개혁 추진 • 동학 농민 운동: 전봉준 주도, 지배층의 횡포와 외세에 저항 • 갑오개혁: 신분제, 과거제 폐지 등 개혁 추진 • (④): 만민 공동회 개최, 자주 국권 운동·의회 개설 운동 전개

꼼꼼 개념 문제

정답과 해설 06쪽

1 다음 빈칸에 들어갈 내용을 쓰시오.

(1) 제1차 아편 전쟁에서 패배한 청은 영국과 (   )을 체결하여 홍콩을 넘겨 주었다.

(2) 제1차 아편 전쟁 이후에도 영국의 무역 적자가 지속되자 영국은 (   )을 구실로 제2차 아편 전쟁을 일으켰다.

2 다음 인물과 관련 있는 근대화 운동을 옳게 연결하시오.

(1) 홍수전 •   • ㉠ 양무운동
(2) 이홍장 •   • ㉡ 변법자강 운동
(3) 캉유웨이 •   • ㉢ 태평천국 운동

3 다음 설명이 맞으면 ○표, 틀리면 ×표를 하시오.

(1) 의화단은 '청을 도와 서양 세력을 멸하자.'라는 구호를 내걸고 운동을 전개하였다.   (   )

(2) 위안스카이는 중국 동맹회를 조직하고 삼민주의를 내세워 혁명 운동을 주도하였다.   (   )

4 괄호 안의 내용 중 알맞은 말에 ○표를 하시오.

(1) 일본은 (삼국 간섭, 미일 수호 통상 조약)으로 랴오둥반도를 청에 반환하였다.

(2) 일본은 (메이지 유신, 자유 민권 운동)을 통해 신분제를 폐지하고 서양식 교육 제도를 실시하였다.

(3) 일본은 (러일 전쟁, 청일 전쟁)에서 승리한 이후 포츠머스 조약을 체결하고 한반도에 대한 지배권을 인정받았다.

5 조선은 운요호 사건을 계기로 일본과 (   )을 체결하였다.

6 다음에서 설명하는 사건을 〈보기〉에서 골라 기호를 쓰시오.

┌ 보기 ┐
ㄱ. 갑신정변   ㄴ. 갑오개혁   ㄷ. 동학 농민 운동
└─────────────┘

(1) 전봉준이 농민들을 모아 지배층의 횡포와 외세에 저항하였다.   (   )

(2) 김옥균 등 급진 개화파 세력이 근대적 개혁을 실시하려고 하였다.   (   )

(3) 조선이 신분제와 과거제 폐지, 왕실과 국가 재정 분리 등을 단행하였다.   (   )

01 다음 무역 상황이 직접적인 배경이 되어 청에서 발생한 사건으로 적절한 것은?

① 갑신정변   ② 삼국 간섭   ③ 청일 전쟁
④ 의화단 운동   ⑤ 제1차 아편 전쟁

중요해

02 밑줄 친 '이 전쟁'의 결과로 옳은 것은?

> 이 전쟁은 임칙서가 아편을 단속하자 영국이 자국 상인을 보호한다는 구실로 일으켰어.

> 그 결과 청이 영국에 패배했다고 해.

① 존왕양이 운동이 일어났다.
② 크리스트교 포교의 자유를 허용하였다.
③ 공행을 통해서만 서양과 무역하게 되었다.
④ 상하이를 비롯한 5개의 항구를 개항하였다.
⑤ 외국 공사가 베이징에 머무는 것을 허용하였다.

03 (가)에 들어갈 내용으로 옳은 것은?

난징 조약 체결 후에도 영국의 무역 적자 지속 → (가) → 영국과 프랑스가 연합하여 청 공격

① 양무운동의 전개
② 베이징 조약 체결
③ 애로호 사건의 발생
④ 청이 영국에 홍콩 할양
⑤ 의화단이 반외세 운동 전개

04 다음과 같은 주장을 발표한 운동에 대한 설명으로 옳은 것은?

> 모든 토지는 남녀 구분 없이 각 가정의 호구 수에 비례하여 분배한다. …… 같이 경작할 밭을 마련하고 …… 어디에도 균등하지 못한 곳이 없고, 어디에도 배부르고 따뜻하지 않은 자가 없게 하라.

① 만주족의 지배에 반발한 운동이다.
② 철도 국유화에 반발하여 일어났다.
③ 이홍장 등 한인 관료가 주도하였다.
④ 입헌 군주제 수립을 목표로 삼았다.
⑤ 난징 조약이 체결되는 데 영향을 주었다.

05 다음 주장에 따라 전개된 중국의 근대화 운동과 관련된 사진으로 옳은 것은?

> 중국의 전통을 지키면서 서양의 기술만을 받아들여야 합니다. 우리가 강해지기 위해서는 서양의 우수한 기술과 과학을 배워야 합니다. 기계 제조는 외국의 도전을 막아 내기 위한 바탕이 되며, 자강의 근본입니다. 외국의 좋은 점을 중국의 것으로 만들어야 서양에 밀리지 않을 수 있습니다.

①
↑ 별기군

②
↑ 금릉 기기국

③
↑ 만민 공동회

④
↑ 이와쿠라 사절단

⑤
↑ 체포 후 압송되는 전봉준

이 문제에서 나올 수 있는 선택지는 다~!

06 밑줄 친 '이들'이 주장한 내용으로 옳지 <u>않은</u> 것은?

> 청일 전쟁 이후 외세의 간섭이 심해지자, 중국인들 사이에서는 중국이 열강에 멸망할지 모른다는 위기감이 커졌다. 이러한 가운데 <u>이들</u>은 일본의 메이지 유신을 모방하여 개혁을 해야 한다고 주장하였다.

① 상공업을 육성해야 한다.
② 의회 제도를 설립해야 한다.
③ 근대적 교육을 실시해야 한다.
④ 입헌 군주제를 확립해야 한다.
⑤ 서양의 기술만을 받아들여야 한다.
⑥ 신식 군대의 양성을 추진해야 한다.

07 다음 상황이 전개된 시기를 연표에서 옳게 고른 것은?

> 개혁 운동이 성과를 거두지 못하고 열강의 이권 침탈이 심해지자 중국인들의 반외세 감정은 더욱 커졌다. 그러자 산둥성을 중심으로 조직된 비밀 결사는 '청을 도와 서양 세력을 물리치자.'라는 구호를 내걸고 선교사, 교회, 철도 등을 공격하였다.

(가)	(나)	(다)	(라)	(마)
청일 전쟁 발발	대한 제국 수립	변법자강 운동 전개	신해혁명 발생	

① (가)　② (나)　③ (다)　④ (라)　⑤ (마)

08 다음은 신해혁명의 전개 과정에서 있었던 일들이다. (가)~(라)를 일어난 순서대로 옳게 나열한 것은?

> (가) 우창에서 신식 군대가 무장봉기하였다.
> (나) 위안스카이가 대총통에 취임하여 황제 체제의 부활을 시도하였다.
> (다) 청 정부가 혁명 세력을 진압하기 위해 위안스카이를 파견하였다.
> (라) 경제적 어려움에 빠진 청 정부가 외국 자본을 빌리기 위해 민간 철도를 국유화하려고 하였다.

① (가) - (다) - (라) - (나)　② (가) - (라) - (나) - (다)
③ (나) - (가) - (라) - (다)　④ (라) - (가) - (나) - (다)
⑤ (라) - (가) - (다) - (나)

중요해

09 밑줄 친 '나'에 대한 설명으로 옳은 것을 〈보기〉에서 고른 것은?

> <u>나</u>는 유럽과 미국의 진화가 3대 주의와 밀접한 관련이 있다고 생각한다. 로마가 멸망하자 민족주의가 일어나 유럽 각국이 독립하였다. 이후 각국이 제국으로 나아가 전제 정치를 행하자 백성이 그 고통을 견디지 못해 민권주의가 일어났다. …… 세계 문명이 개화하고 문물이 발달하면서 …… 경제 문제가 정치 문제의 뒤를 이어 일어나 민생주의가 두드러지게 되었다.
> – 「민보」 발간사

┤ 보기 ├
ㄱ. 갑신정변을 주도하였다.
ㄴ. 중국 동맹회를 조직하였다.
ㄷ. 자유 민권 운동을 주도하였다.
ㄹ. 중화민국의 임시 대총통으로 추대되었다.

① ㄱ, ㄴ　② ㄱ, ㄷ　③ ㄴ, ㄷ
④ ㄴ, ㄹ　⑤ ㄷ, ㄹ

10 밑줄 친 '이 조약'의 내용으로 옳은 것을 〈보기〉에서 고른 것은?

> 이 그림은 페리 제독의 함대가 일본에 개항을 요구하는 장면이에요. 페리 함대의 무력시위에 굴복한 막부는 1854년 미국과 미일 화친 조약을 체결하고 1858년 <u>이 조약</u>을 체결하였어요.

┤ 보기 ├
ㄱ. 4개 항구를 추가 개항하였다.
ㄴ. 외국 군대의 주둔을 허용하였다.
ㄷ. 미국의 영사 재판권을 인정하였다.
ㄹ. 공행을 폐지하고 홍콩을 할양하였다.

① ㄱ, ㄴ　② ㄱ, ㄷ　③ ㄴ, ㄷ
④ ㄴ, ㄹ　⑤ ㄷ, ㄹ

이 문제에서 나올 수 있는 선택지는 다~!

11 ㉠에 들어갈 정부가 추진한 개혁의 내용으로 옳지 <u>않은</u> 것은?

> 개항 이후 일본에서는 막부의 굴욕적인 외교 정책에 대한 비판이 커졌다. 외국 상품의 유입과 물가 상승으로 생활이 어려워진 백성의 불만도 높았다. 이에 일부 지방의 하급 무사들이 에도 막부를 무너뜨리고 천황 중심의 새로운 (㉠)을/를 세웠다.

① 신분제를 폐지하였다.
② 징병제를 시행하였다.
③ 제국 의회를 설립하였다.
④ 일본 제국 헌법을 제정하였다.
⑤ 미일 수호 통상 조약을 체결하였다.
⑥ 지방의 번을 폐지하고 현을 설치하였다.

12 ㉠에 들어갈 내용으로 옳은 것은?

① 공행 　② 운요호 　③ 의화단
④ 페리 함대 　⑤ 이와쿠라 사절단

13 일본에서 제정된 다음 헌법에 대한 설명으로 옳은 것은?

> 제1조 　대일본 제국은 만세일계의 천황이 통치한다.
> 제4조 　천황은 국가의 원수로서 통치권을 총괄하고 헌법의 조항에 따라 이를 행한다.
> 제11조 　천황은 육해군을 통솔한다.

① 에도 막부가 제정하였다.
② 삼민주의 사상이 반영되었다.
③ 캉유웨이 등이 제정을 주도하였다.
④ 천황에게 절대적인 권력을 부여하였다.
⑤ 자유 민권 운동이 일어나는 계기가 되었다.

14 ㉠에 들어갈 전쟁의 결과로 옳은 것을 〈보기〉에서 고른 것은?

← 일본이 (㉠)에서 승리하여 받은 배상금 사용 내역
(「신편 한국사40」, 2002)

> ┤보기├
> ㄱ. 일본이 타이완을 차지하였다.
> ㄴ. 일본이 포츠머스 조약을 체결하였다.
> ㄷ. 일본이 제국주의 국가로 성장하는 계기가 되었다.
> ㄹ. 일본이 천황 중심의 중앙 집권 체제를 수립하였다.

① ㄱ, ㄴ 　② ㄱ, ㄷ 　③ ㄴ, ㄷ
④ ㄴ, ㄹ 　⑤ ㄷ, ㄹ

15 (가)에 들어갈 제목으로 가장 적절한 것은?

> **역사 신문** 　　　　　　　1895. ○○.○○
>
> (가)
>
> 만주를 노리며 일본을 견제하던 러시아가 프랑스와 독일을 끌어들여 일본을 압박하였다. 이에 일본 정부는 청일 전쟁으로 차지하였던 랴오둥반도를 청에 반환하였다.

① 러일 전쟁이 발발하다
② 시모노세키 조약이 체결되다
③ 러시아, 삼국 간섭을 주도하다
④ 대한 제국의 외교권, 일본에 넘어가다
⑤ 일본, 한반도에 대한 지배권을 획득하다

16 다음 조약 체결의 배경이 된 사건으로 옳은 것은?

> • 조선은 부산과 두 개 항구를 개방하고 일본인이 통상할 수 있게 한다.
> • 조선의 해안을 일본의 항해자가 자유롭게 측량하도록 허가한다.
> • 일본인이 조선의 항구에 머무는 동안 죄를 범하면 일본 관원이 심판한다.

① 갑오개혁 　② 임오군란 　③ 러일 전쟁
④ 운요호 사건 　⑤ 위정척사 운동

17 밑줄 친 '이 사건'의 내용으로 옳은 것은?

이곳은 김옥균 등의 세력이 이 사건을 일으켰던 우정총국입니다. 당시 이 사건은 청의 개입으로 실패하였습니다.

① 만민 공동회를 개최하였다.
② 근대적인 개혁을 추진하였다.
③ 자주 국권 운동을 전개하였다.
④ 지배층의 횡포와 외세에 저항하였다.
⑤ 성리학적 전통 질서를 지키고자 하였다.

18 ㉠에 들어갈 인물에 대한 설명으로 옳은 것은?

청일 전쟁에서 승기를 잡은 이후 일본은 조선에 개혁을 강요하고 명성 황후를 시해하였다. 이에 (㉠)은/는 위협을 느끼고 아관 파천을 단행하였다.

① 독립신문을 발간하였다.
② 대한 제국 수립을 선포하였다.
③ 삼민주의를 내세워 혁명을 주도하였다.
④ 메이지 정부가 파견한 사절단을 이끌었다.
⑤ 신해혁명 진압을 위해 청 정부가 파견하였다.

19 다음과 같은 주장을 바탕으로 추진된 대한 제국 시기의 운동으로 옳은 것은?

민족의 실력을 기른 후 점진적으로 국권을 회복해야 합니다. 이를 위해서 우리는 먼저 학교를 설립하거나 신문이나 잡지를 발간하여 국민을 계몽해야 합니다.

① 의병 운동   ② 의화단 운동
③ 동학 농민 운동   ④ 애국 계몽 운동
⑤ 자유 민권 운동

학교 시험에 잘 나오는 서술형 문제

1 다음 조약들의 공통점을 서술하시오.

• 난징 조약   • 강화도 조약
• 미일 수호 통상 조약

2 다음을 읽고 물음에 답하시오.

㈎ 중국의 문물이나 제도는 서양보다 우세하나, 중국이 자강하려면 외국의 이점을 배워야 한다.
㈏ 중국이 부강한 나라를 이룩하려면 서양의 제도를 배워야 한다. 서양의 의회 제도는 …… 황제의 권력에 손상이 가는 것이 아니다.

(1) ㈎, ㈏에 해당하는 중국의 근대화 운동을 각각 쓰시오.

(2) ㈎, ㈏ 운동의 공통점과 차이점을 서술하시오.

3 다음 조약의 명칭을 쓰고, 이 조약이 일본의 대외 정책에 끼친 영향을 서술하시오.

• 청은 조선이 완전한 자주국임을 인정할 것
• 청은 일본에 배상금으로 은 2억 냥을 이자와 함께 지급할 것

중국	서양	주요 사건
명		1628 영국, 권리 청원 승인
		1642 청교도 혁명(~1649)
		1688 영국, 명예혁명
		1689 영국, 권리 장전 승인
청	근대사회	1757 인도, 플라시 전투
		1773 미국, 보스턴 차 사건
		1776 미국, 독립 선언
		1789 아메리카 합중국(미국) 수립 프랑스 혁명
		1799 프랑스, 나폴레옹 집권
		1814 빈 회의(~1815)
		1823 미국, 먼로 선언
		1830 프랑스, 7월 혁명
		1839 오스만 제국, 탄지마트(~1876)
		1840 제1차 아편 전쟁(~1842)
		1848 프랑스, 2월 혁명
		1851 중국, 태평천국 운동(~1864)
		1854 일본, 미일 화친 조약 체결
		1856 제2차 아편 전쟁(~1860)
		1857 인도, 세포이의 항쟁(~1859)

01~02 유럽과 아메리카의 국민 국가 체제

■ 영국·미국·프랑스 혁명

영국 혁명	찰스 1세의 전제 정치 → 청교도 혁명 → 크롬웰의 독재 → 왕정 부활 → 제임스 2세의 전제 정치 → 명예혁명 → (①) 승인 → 절대 왕정 붕괴, 입헌 군주제의 토대 마련
미국 혁명	영국의 식민지에 대한 통제 강화 → (②) 발발 → 대륙 회의 개최 → 독립 선언문 발표 → 요크타운 전투 승리 → 파리 조약 체결 → 아메리카 합중국(미국) 수립(세계 최초의 민주 공화국 수립)
프랑스 혁명	루이 16세의 삼부회 소집 → (③) 결성(인권 선언 발표) → 입법 의회 구성 → 국민 공회 구성(공화정 선포, 루이 16세 처형) → 로베스피에르의 공포 정치 실시 → 총재 정부 구성 → 나폴레옹의 통령 정부 수립 → 제정 수립

■ 자유주의와 민족주의의 확산

빈 체제	오스트리아의 (④)가 빈 회의 주도, 보수주의 표방
자유주의의 확산	• 프랑스: 7월 혁명(입헌 군주제 수립), 2월 혁명(공화정 수립) 전개 • 영국: 차티스트 운동 전개, 곡물법·항해법 폐지
민족주의의 확산	• 이탈리아: 카보우르, 가리발디의 통일 운동 전개 • 독일: 비스마르크의 철혈 정책 → 독일 제국 수립

03 유럽의 산업화와 제국주의

■ 산업 혁명

배경	18세기 후반 영국에서 시작 → 풍부한 지하자원, 정치적 안정, 식민지 및 노동력 확보
전개	면직물 공업의 기계화, 제임스 와트의 (⑤) 개량, 공장제 기계 공업 확산, 교통과 통신의 발달
영향	• 풍요롭고 편리해진 생활, 산업 사회로 변화, 도시화 진행, 자본주의 체제 확립 • 각종 사회 문제 발생 → 노동조합 결성, 사회주의 사상(사유 재산 제도 부정, 평등 사회 건설 추구) 등장

■ 제국주의

등장 배경	값싼 원료 공급지, 판매 시장, 자본의 투자처로 식민지 필요
제국주의 열강의 침략	• 아시아·태평양 지역: 영국의 인도·오스트레일리아 지배, 프랑스의 인도차이나반도 침략, 네덜란드의 인도네시아 지배, 미국의 필리핀·하와이 병합 • 아프리카: (⑥)과 프랑스 충돌(파쇼다 사건), 프랑스와 독일 대립(모로코 사건)

04 서아시아와 인도의 국민 국가 건설 운동

서아시아의 국민 국가 건설 운동

오스만 제국	• (⑦): 근대적 개혁 추진(민족·종교 차별 폐지 등) → 서양식 의회 개설, 근대적 헌법 제정 등 • 청년 튀르크당 혁명: 개혁 재추진, 외세 배척 운동 전개
아랍	(⑧) 전개 → 이슬람교 본래의 순수성을 되찾고자 함
이란	러시아와 영국의 침략 → 담배 불매 운동, 입헌 혁명 전개
이집트	무함마드 알리의 근대화 추진 → 수에즈 운하 건설(→ 영국과 프랑스의 내정 간섭) → 아라비 파샤의 민족 운동 전개

인도의 국민 국가 건설 운동

열강의 인도 침략	영국, 프랑스의 인도 침략 → 영국이 플라시 전투에서 프랑스에 승리, 벵골 지역 통치권 차지
(⑨)	영국의 수탈 심화 → 세포이들의 무장봉기 → 민족 운동으로 발전 → 영국의 진압, 영국령 인도 제국 수립
인도 국민 회의와 반영 운동	벵골 분할령 발표 → (⑩)의 반영 운동 전개 → 벵골 분할령 철회, 형식적으로 인도의 자치 인정

05 동아시아의 국민 국가 건설 운동

중국의 개항과 근대화 운동

개항	• 제1차 아편 전쟁: 청의 패배 → 난징 조약 체결(개항 등) • 제2차 아편 전쟁: 청의 패배 → 톈진 조약, 베이징 조약 체결
근대화 운동	• 태평천국 운동: 홍수전이 멸만흥한 주장, 토지 균등 분배 추구 • 양무운동: 이홍장 등 한인 관리 주도로 서양 기술 도입 주장 • 변법자강 운동: 메이지 유신을 모방하여 근대적 개혁 추진 • 의화단 운동: 의화단의 부청멸양 주장 → 실패, 신축 조약 체결 • 신해혁명: 쑨원이 중국 동맹회 결성, 삼민주의 → 신식 군대가 우창에서 봉기, (⑪) 수립

일본의 개항과 제국주의 침략

개항	페리 제독 함대의 개항 강요 → 미일 화친 조약 체결 후 개항
근대화 운동	개항 후 에도 막부 붕괴 → 메이지 정부 수립, 근대적 개혁인 (⑫) 추진(서양식 근대 국가 수립 목표)
대외 침략	대외 팽창 정책 추진 → 청일 전쟁, 러일 전쟁에서 일본 승리

조선의 개항과 근대화 운동

개항	운요호 사건 발생 → 일본과 강화도 조약 체결 후 개항
근대화 운동	갑신정변·동학 농민 운동·갑오개혁 발생, 독립 협회 건립(만민 공동회 개최) → 고종의 대한 제국 수립, 근대적 개혁 실시

정답 | ⑦ 탄지마트 ⑧ 와하브 운동 ⑨ 세포이의 항쟁 ⑩ 인도 국민 회의 ⑪ 중화민국 ⑫ 메이지 유신

중국	서양	주요 사건
		1860 미국, 링컨 대통령 당선
		1861 중국, 양무운동(~1895)
		이탈리아 왕국 수립
		미국, 남북 전쟁(~1865)
		1868 일본, 메이지 유신 시작
		1871 독일 제국 수립
		1876 조선, 강화도 조약 체결
		1882 조선, 임오군란
		1884 조선, 갑신정변
		1885 인도, 인도 국민 회의 수립
		1894 조선, 동학 농민 운동
		청일 전쟁(~1895)
		1895 삼국 간섭
청	근대 사회	1896 조선, 독립 협회 설립
		1897 대한 제국 수립
		1898 중국, 변법자강 운동
		파쇼다 사건
		1899 중국, 의화단 운동(~1901)
		1904 러일 전쟁(~1905)
		1905 인도, 벵골 분할령 공포 중국, 중국 동맹회 조직 대한 제국, 을사늑약 체결
		1906 이란, 입헌 혁명 인도, 스와라지·스와데시 운동
		1908 오스만 제국, 청년 튀르크당 혁명
		1910 대한 제국, 국권 피탈
		1911 중국, 신해혁명 시작
		1912 중화민국 수립

01 유럽과 아메리카의 국민 국가 체제(1)

01 다음과 같은 법령을 발표한 인물에 대한 설명으로 옳은 것은?

> 영국과 교역하는 나라에서는 상품을 수송할 때 영국과 영국 식민지의 배를 이용해야 한다.

① 청교도를 탄압하였다.
② 대륙 봉쇄령을 선포하였다.
③ 청교도 혁명 당시 왕당파를 이끌었다.
④ 의회를 해산하고 독재 정치를 실시하였다.
⑤ 스코틀랜드를 병합하여 대영 제국을 수립하였다.

02 다음 상황의 결과로 가장 적절한 것은?

↑ 권리 장전을 받는 메리 여왕과 윌리엄 3세

① 제임스 2세가 전제 정치를 강화하였다.
② 세계 최초의 민주 공화국이 수립되었다.
③ 의회파와 왕당파 사이에 내전이 일어났다.
④ 찰스 1세가 처형되고 공화정이 수립되었다.
⑤ 의회를 중심으로 한 입헌 군주제의 토대가 마련되었다.

03 다음 사건이 일어난 시기를 연표에서 옳게 고른 것은?

> 1773년 아메리카 원주민 복장을 한 식민지 주민들이 보스턴 항구에 정박하고 있던 영국 동인도 회사의 배에 침입하여 그곳에 실려 있던 차 상자들을 바다에 던져 버렸다.

(가)	(나)	(다)	(라)	(마)
영국의 인지세 부과	대륙 회의 개최	독립 전쟁 발발	독립 선언문 발표	아메리카 합중국 수립 · 남북 전쟁 발발

① (가)　② (나)　③ (다)　④ (라)　⑤ (마)

04 다음은 미국의 남북 전쟁에 대한 역사 신문 제작 계획서이다. (가)~(마) 중 적절하지 않은 것은?

역사 신문 제작 계획서	
분야	기사 제목
기획	(가) 미국 남부와 북부의 산업 구조를 비교하다
인터뷰	(나) 노예 해방의 선봉, 조지 워싱턴을 만나다
사설	(다) 미국은 왜 노예 해방이 필요한가?
세계는 지금	(라) 영국과 프랑스, 노예 해방을 지지하다
특집	(마) 남북 전쟁 이후 미국의 산업화와 이민 정책

① (가)　② (나)　③ (다)　④ (라)　⑤ (마)

05 (가)에 들어갈 그림 자료로 적절한 것을 〈보기〉에서 고른 것은?

> 프랑스 혁명이 일어나고 인권 선언이 발표되면서 프랑스는 이전보다 자유롭고 평등한 사회가 되었습니다.

(가)

┤ 보기 ├
ㄱ. ↑ 아산들와나 전투
ㄴ. ↑ 루이 16세의 처형
ㄷ. ↑ 테니스코트의 서약
ㄹ. ↑ 독립 선언문에 서명하는 식민지 대표들

① ㄱ, ㄴ　② ㄱ, ㄷ　③ ㄴ, ㄷ
④ ㄴ, ㄹ　⑤ ㄷ, ㄹ

02 유럽과 아메리카의 국민 국가 체제(2)

06 프랑스의 (가), (나) 시기에 대한 설명으로 옳은 것은?

1814		1830		1848
	(가)		(나)	
▲ 빈 회의 개최		▲ 7월 혁명		▲ 2월 혁명

① (가) – 왕정이 폐지되었다.
② (가) – 공화정이 수립되었다.
③ (나) – 샤를 10세가 전제 정치를 펼쳤다.
④ (나) – 성년 남자의 보통 선거가 실현되었다.
⑤ (나) – 새로운 왕정이 재산 소유 정도에 따라 선거권을 제한하였다.

07 다음은 19세기 영국에서 있었던 일들이다. 이를 통해 알 수 있는 영국의 상황으로 가장 적절한 것은?

- 제1차 선거법이 개정되었다.
- 항해법과 곡물법이 폐지되었다.
- 가톨릭교도에 대한 차별이 폐지되었다.

① 공화정이 수립되었다.
② 사회주의가 확산되었다.
③ 자본주의 경제 체제가 확립되었다.
④ 통일 국가 수립 운동이 추진되었다.
⑤ 자유주의가 점진적으로 발전하였다.

08 지도는 19세기 유럽의 상황을 나타낸 것이다. (가), (나) 국가의 통일 과정에 대한 설명으로 옳지 <u>않은</u> 것은?

① (가) – 프랑스와의 전쟁에서 승리하였다.
② (가) – 카보우르가 중북부 지역을 병합하였다.
③ (가) – 가리발디가 시칠리아와 나폴리를 점령하였다.
④ (나) – 관세 동맹을 통해 경제적 통합을 먼저 달성하였다.
⑤ (나) – 비스마르크가 강력한 군비 확장 정책을 추진하였다.

09 (가)에 들어갈 내용으로 옳은 것은?

나폴레옹 전쟁으로 에스파냐의 간섭이 약화되자 라틴 아메리카 국가들은 독립을 선포하였다. 이러한 움직임은 _____ (가) _____ 에 힘입어 가속화되었다.

① 노동자들의 차티스트 운동
② 영국의 중상주의 정책 강화
③ 빈 회의를 주도한 메테르니히
④ 프로이센 중심의 관세 동맹 체결
⑤ 영국의 독립 지지와 미국의 먼로 선언 발표

03 유럽의 산업화와 제국주의

10 영국에서 산업 혁명이 가장 먼저 시작될 수 있었던 배경으로 옳지 <u>않은</u> 것은?

① 석탄, 철 등 지하자원이 풍부하였다.
② 명예혁명으로 정치적 안정을 이루었다.
③ 통일 이후 정부가 산업화를 추진하였다.
④ 인클로저 운동을 통해 노동력이 확보되었다.
⑤ 해외 식민지 건설로 넓은 소비 시장을 갖추었다.

11 신문 기사에 나타난 사회 문제가 발생하게 된 배경으로 가장 적절한 것은?

역사 신문

↑ 벽돌 공장의 어린이

가난한 노동자들은 생계를 이어 가기 위해 부녀자는 물론 어린아이들까지 시설이 열악한 공장에서 일해야 했다.

① 농촌 인구가 감소하고 농업이 쇠퇴하였다.
② 정부가 자본가의 생산 활동에 간섭하였다.
③ 약소국을 침략하는 제국주의가 등장하였다.
④ 도시 인구가 늘어나 도시의 위생 문제가 심각해졌다.
⑤ 자본가들이 더 많은 이윤을 얻기 위해 노동자의 임금을 줄이려고 하였다.

12 ㉠에 공통으로 들어갈 대외 정책이 등장한 배경으로 옳은 것을 〈보기〉에서 고른 것은?

> 나는 …… 실업자 집회에 가서 "빵을 달라."라는 절절한 연설만 듣고 오다가 문득 (㉠)의 중요성을 깨달았다. 우리는 영국의 4천만 국민을 피비린내 나는 내란으로부터 구하기 위해 새로운 영토를 개척해야만 한다. …… 당신이 내란을 피하려고 한다면 당신은 (㉠)자가 되어야 한다. ─ 세실 로즈, 『유언집』

┌ 보기 ┐
ㄱ. 철혈 정책이 추진되었다.
ㄴ. 사회주의 사상이 등장하였다.
ㄷ. 19세기 후반 서양에서 자본주의가 발전하였다.
ㄹ. 서구 열강이 값싼 원료 공급지와 자본 투자처가 필요하였다.

① ㄱ, ㄴ   ② ㄱ, ㄷ   ③ ㄴ, ㄷ
④ ㄴ, ㄹ   ⑤ ㄷ, ㄹ

13 ㉠에 들어갈 국가에 대한 설명으로 옳은 것은?

> 그림은 할머니 가면을 쓰고 늑대로 분장한 영국이 (㉠)을/를 상징하는 빨간 모자 소녀가 들고 있는 '파쇼다' 파이를 노리고 있는 모습을 풍자하였다.

① 하와이와 괌을 차지하였다.
② 이집트를 보호국으로 삼았다.
③ 모로코를 둘러싸고 독일과 대립하였다.
④ 마셜 제도와 캐롤라인 제도를 차지하였다.
⑤ 오스트레일리아와 뉴질랜드를 차지하였다.

14 밑줄 친 '이 국가'로 옳은 것은?

> 네덜란드의 지배를 받던 이 국가에서는 지식인들과 이슬람교도 상인들이 외국 자본과 크리스트교에 반대하는 운동을 벌였다.

① 수단   ② 베트남   ③ 필리핀
④ 에티오피아   ⑤ 인도네시아

15 다음과 같은 개혁을 실시한 국가에서 있었던 일로 옳은 것은?

> • 술탄의 권한 일부를 의회에 넘기고, 의회는 술탄의 승인을 얻어 법을 제정한다.
> • 조세 제도의 확립과 조세 징수에 관한 정식 규정을 정한다.
> • 군대의 징집에 대한 정식 규정 및 근무 기간을 설정한다.

① 수에즈 운하가 건설되었다.
② 담배 불매 운동이 전개되었다.
③ 청년 튀르크당이 혁명을 일으켰다.
④ 아라비 파샤가 민족 운동을 이끌었다.
⑤ 무함마드 알리가 근대화 운동을 추진하였다.

16 ㉠에 공통으로 들어갈 민족 운동에 대한 설명으로 옳은 것은?

> (㉠)은/는 아랍 민족주의와 결합하여 오스만 제국의 지배에 저항하는 운동으로 발전하였다. 이 과정에서 아라비아반도에 (㉠)이/가 전파되어 사우디아라비아 왕국이 건설되는 계기가 되었다.

① 알 아프가니의 주도로 전개되었다.
② 극단적인 튀르크 민족주의를 주장하였다.
③ 이슬람교 본래의 순수성을 되찾고자 하였다.
④ 이란의 입헌 혁명이 전개되는 데 영향을 주었다.
⑤ 이집트인을 위한 이집트 건설을 구호로 내세웠다.

17 밑줄 친 '이 사건'으로 옳은 것은?

> 이 사건은 영국의 침략과 수탈에 대한 인도인의 불만에서 비롯되었다. 동인도 회사의 용병에게 지급한 탄약 주머니에 이슬람교도가 부정하게 여기는 돼지의 기름과 힌두교도가 신성하게 여기는 소의 기름이 칠해져 있다는 소문이 돌면서 이 사건이 일어났다.

① 탄지마트   ② 파쇼다 사건
③ 플라시 전투   ④ 세포이의 항쟁
⑤ 벵골 분할령 발표

18 다음 발표를 배경으로 인도에서 일어난 일로 옳은 것은?

> 벵골은 인구가 많고 면적이 넓어 통치하는 데 어려움이 많다. 행정의 효율성을 높이기 위해 벵골 지방을 동서로 나누어 통치할 것이다.

① 영국령 인도 제국이 수립되었다.
② 영국이 동인도 회사를 해체하였다.
③ 아랍 문화 부흥 운동이 전개되었다.
④ 영국이 벵골 지역의 통치권을 차지하였다.
⑤ 인도 국민 회의가 반영 운동을 전개하였다.

05 동아시아의 국민 국가 건설 운동

19 (가)에 들어갈 내용으로 가장 적절한 것은?

① 불평등한 내용을 담고 있었어.
② 서양 열강들과 맺은 조약이었어.
③ 외국 군대의 주둔을 허용하였어.
④ 크리스트교의 포교를 인정하였어.
⑤ 상대국에 영토 일부를 할양하였어.

20 (가), (나) 사건 사이에 일어난 일로 옳은 것은?

> (가) 이홍장 등 한인 관료들의 주도로 서양의 기술만 받아들이자는 운동이 일어났다.
> (나) 산둥성을 중심으로 조직된 의화단이 부청멸양을 구호로 내걸고 반외세 운동을 전개하였다.

① 애로호 사건이 발생하였다.
② 캉유웨이가 의회 설립을 주도하였다.
③ 영국과 청이 난징 조약을 체결하였다.
④ 베이징에 외국 군대가 주둔하게 되었다.
⑤ 청이 아편 단속을 위해 임칙서를 파견하였다.

21 ㉠에 들어갈 인물에 대한 설명으로 옳은 것은?

① 태평천국 운동을 진압하였다.
② 천조 전무 제도를 주장하였다.
③ 대총통 취임 후 황제 체제 부활을 시도하였다.
④ 삼민주의를 바탕으로 혁명 운동을 주도하였다.
⑤ 메이지 유신을 모델로 입헌 군주제를 지향하였다.

22 밑줄 친 '이 정부'에서 추진한 근대적 개혁의 내용으로 옳은 것을 〈보기〉에서 고른 것은?

 사진의 이와쿠라 사절단은 이 정부가 서양의 상황을 파악하고 불평등 조약을 개정하기 위해 미국과 유럽에 파견한 사절단이다.

┤ 보기 ├
ㄱ. 징병제를 실시하였다.
ㄴ. 신분 제도를 폐지하였다.
ㄷ. 다이묘의 권한을 강화하였다.
ㄹ. 시모다 등 2개 항구를 개항하였다.

① ㄱ, ㄴ ② ㄱ, ㄷ ③ ㄴ, ㄷ
④ ㄴ, ㄹ ⑤ ㄷ, ㄹ

23 다음 조약을 맺은 전쟁이 일어난 배경으로 가장 적절한 것은?

> • 청은 조선이 완전한 자주국임을 인정할 것
> • 청은 일본에 배상금으로 은 2억 냥을 이자와 함께 지급할 것

① 대한 제국이 수립되었다.
② 일본과 러시아가 대립하였다.
③ 조선에서 동학 농민 운동이 일어났다.
④ 일본이 타이완과 랴오둥반도를 차지하였다.
⑤ 메이지 정부가 자유 민권 운동을 진압하였다.

V

세계 대전과
사회 변동

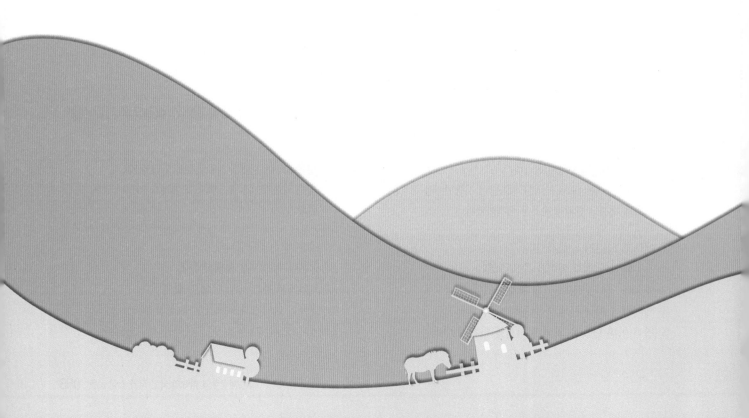

01 세계 대전과 국제 질서의 변화 (1)

●● 제1차 세계 대전

1. 제1차 세계 대전의 배경

(1) **제국주의 국가의 대립**: 19세기 후반 제국주의 국가들이 이해관계에 따라 대립하거나 동맹을 맺음 → 3국 동맹과 3국 협상의 대립 `자료` ①

3국 동맹(1882)	독일, 오스트리아·헝가리 제국, 이탈리아가 결성
3국 협상(1907)	영국, 프랑스, 러시아가 결성

(2) **발칸반도의 상황**: 여러 민족의 독립운동 활발, 범슬라브주의(러시아, 세르비아 중심)와 범게르만주의(독일, 오스트리아·헝가리 제국 중심)의 대립 → 발칸반도에서 긴장 고조 `자료` ②

2. 제1차 세계 대전의 전개와 종결

(1) **발발**: 세르비아 청년이 사라예보에 방문한 오스트리아·헝가리 제국의 황태자 부부를 암살(사라예보 사건, 1914) → 오스트리아·헝가리 제국이 세르비아에 선전 포고 → 제1차 세계 대전 시작

(2) **전개** `자료` ③

① **전쟁의 장기화**: 전쟁 초기 독일 우세(서부 전선에서 빠르게 진격, 동부 전선에서 러시아 격파) → 서부 전선에서 영국, 프랑스 등이 독일의 공격에 저항(교착 상태 돌입, 참호전 전개) → 전쟁의 장기화

② **미국의 참전과 러시아의 이탈**

미국의 참전	영국의 해상 봉쇄 → 독일의 *무제한 잠수함 작전 전개(중립국 선박까지 공격) → 미국이 연합국 편으로 참전(1917) → 연합국이 전쟁에서 유리한 위치 차지
러시아의 이탈	전쟁 중 국내에서 혁명이 일어난 러시아가 독일과 강화를 맺고 전선에서 이탈 → 독일이 서부 전선에서 대공세 전개(→ 실패)

(3) **종결**: 독일의 동맹국들이 차례로 항복 → 독일 항복(혁명으로 수립된 공화국 정부가 연합국과 휴전 조약 체결), 전쟁 종결(1918)

3. 제1차 세계 대전의 특징

총력전	국가의 모든 인적·물적 자원을 총동원(유럽 각국이 식민지인들을 전쟁에 동원, 여성들도 군수품 생산 등에 동원)
참호전	참전국들이 *참호를 파고 장기간 대치 → 전쟁의 장기화
신무기 등장	전투기, 탱크, 기관총, 독가스 등 사용 → 막대한 피해 발생

●● 러시아 혁명

1. 러시아 혁명의 배경

`서술형 단골` 러시아 혁명의 배경을 묻는 문제가 자주 출제돼.

(1) **19세기 러시아의 상황**: 농업 중심의 경제와 전제 정치 유지, 산업화로 노동자 계층 성장, 지식인들 사이에 사회주의 사상 확산 → *차르 체제 비판, 개혁 요구 확산

자료 ① **3국 동맹과 3국 협상의 대립**

영국의 3C 정책에 맞서 독일이 3B 정책을 추진하자 제국주의 국가들의 대립이 더욱 심해졌어.

독일이 프랑스를 견제하기 위해 오스트리아·헝가리 제국, 이탈리아와 3국 동맹을 맺자, 이에 맞서 영국과 프랑스가 러시아를 끌어들여 3국 협상을 맺었다.

자료 ② **범슬라브주의와 범게르만주의의 대립**

발칸반도는 강대국 세력이 충돌하는 지역이었기 때문에 '유럽의 화약고'라고 불렸지.

범게르만주의를 내세운 오스트리아·헝가리 제국이 슬라브족 국가인 보스니아 헤르체고비나를 합병하여 범슬라브주의를 내세운 나라들과 대립하였다. 이는 사라예보 사건이 일어나는 계기가 되었다.

전쟁이 계속되는 가운데 이탈리아는 3국 동맹을 떠나 연합국 편에 가담하였어.

자료 ③ **제1차 세계 대전의 전개**

제1차 세계 대전은 독일, 오스트리아·헝가리 제국, 오스만 제국, 불가리아 등의 동맹국과 프랑스, 영국, 러시아 등의 연합국 간 대결 구도로 전개되었다.

★ **무제한 잠수함 작전** 독일이 연합국을 오가는 군용 및 민간 선박을 가리지 않고 공격한 작전으로, 이로 인해 피해를 입은 미국이 제1차 세계 대전에 참여함

★ **참호** 땅을 깊게 파서 만든 방어용 구덩이

★ **차르** 러시아어로 '황제'를 뜻하는 말

---

(2) 피의 일요일 사건(1905) <자료 ④>

① 전개: 러일 전쟁으로 생활이 어려워진 노동자들이 개혁을 요구하며 대규모 평화 시위 전개 → 정부의 무력 진압으로 많은 사상자 발생

② 결과: 차르 니콜라이 2세가 언론과 집회의 자유 보장, 의회(두마) 설치 등의 개혁 약속 → 성과 없이 개혁 중단, 전제 정치 강화

2. 러시아 혁명의 전개

3월 혁명 (1917. 3.)	• 배경: 차르의 개혁 성과 미흡, 제1차 세계 대전 참전으로 많은 인명 피해 발생 및 경제 상황 악화 • 전개: 전쟁 중지, 전제 정치 타도, 식량 배급 등을 요구하는 봉기가 일어남 → 노동자와 병사들의 *소비에트 결성 • 결과: 차르 퇴위(전제 군주제 붕괴), 임시 정부 수립
11월 혁명 (1917. 11.)	• 배경: 임시 정부의 개혁 부진, 전쟁 지속 • 전개: 레닌이 이끄는 *볼셰비키가 무장봉기를 일으킴 • 결과: 임시 정부 타도, 소비에트 정부 수립

3. 소련의 수립과 발전

(1) 레닌의 활동

① 전쟁 중단: 독일과 강화 조약을 맺고 전쟁 중단(연합국에서 이탈)

② 사회주의 개혁 추진: 토지와 산업의 국유화, 공산당 일당 독재 선언, 코민테른 조직 등 <자료 ⑤>

③ *신경제 정책(NEP) 시행: 경제난이 심해지자 자본주의 요소 일부 도입

④ 소비에트 사회주의 공화국 연방(소련) 수립(1922): 러시아를 비롯한 15개의 소비에트 공화국으로 구성

(2) 스탈린의 활동

① 경제 개발 5개년 계획 추진: 중공업 발전 목표, 농업의 집단화 추진

② 공산당 독재 체제 강화: 반대파 탄압·숙청, 정권에 대한 비판 금지

•• 베르사유 체제의 형성

1. 파리 강화 회의(1919)

(1) 목적: 연합국이 제1차 세계 대전의 전후 문제를 처리하기 위해 개최

(2) 내용: 미국의 윌슨 대통령이 제안한 14개조 평화 원칙(민족 자결주의, 국제기구 창설 등 포함)을 바탕으로 논의 진행

2. 베르사유 조약   파리 강화 회의 결과 승전국과 독일 사이에 체결 <자료 ⑥>

(1) 내용: 독일의 영토 축소, 군비 제한, 식민지 상실, 배상금 지불 등 규정

(2) 결과: 베르사유 체제 성립(승전국 중심으로 형성된 새로운 국제 질서)

3. 국제 평화를 위한 노력

(1) 국제 연맹 창설(1920)   <서술형 단골> 국제 연맹의 한계를 묻는 문제가 자주 출제돼.

① 목적: 국제 평화와 안전 확보를 위한 국제기구로 창설

② 한계: 미국·소련 등 강대국 불참, 국제 분쟁을 막을 수 있는 군사적 수단 부재 등

(2) 국제 사회의 노력: 워싱턴 회의(1921~1922)에서 군비 축소에 대한 논의 진행, *켈로그·브리앙 조약(부전 조약) 체결(1928) 등

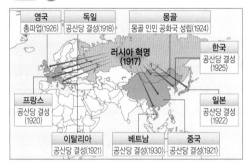

▶▶ 아시아·아프리카의 민족 운동

1. 동아시아의 민족 운동

(1) 한국: 일제의 식민 지배에 저항하는 3·1 운동 전개(1919), 독립운동가들이 대한민국 임시 정부 수립 후 항일 민족 운동 지속

(2) 중국

① 신문화 운동: 지식인들이 유교 사상 비판, 과학과 민주주의 강조

② 5·4 운동(1919): 일본이 중국 정부에 강요한 *21개조 요구를 파리 강화 회의에서 승인 → 베이징 대학생들을 중심으로 21개조 요구 철회, 산둥반도의 이권 반환 등을 요구하는 반일 시위 전개 자료 ⑦

③ 제차 국공 합작(1924): 쑨원이 국민당 결성 → 국민당과 공산당이 군벌과 제국주의 세력 타도를 위해 연합(제1차 국공 합작) → 장제스가 *북벌 도중 공산당 배척·탄압, 국민당 정부 수립(→ 제1차 국공 합작 결렬) → 장제스의 군벌 제압, 중국 통일(1928) → 마오쩌둥이 이끄는 공산당의 대장정(옌안으로 이동하여 국민당 정부에 대항)

④ 제2차 국공 합작(1937): 일본이 중일 전쟁을 일으켜 대륙 침략 본격화 → 국민당과 공산당이 대일 항전을 위해 다시 연합

2. 인도의 민족 운동

배경	영국으로부터 자치를 약속받고 제1차 대전 당시 영국 지원 → 전후 영국이 약속을 어기고 자치권 미허용, 식민 통치 강화
전개	• 간디: 비폭력·불복종 운동 전개 자료 ⑧ • 네루: 인도의 완전한 독립을 주장하며 무력으로 저항
결과	영국이 인도 각 주의 자치권 인정(1935)

3. 동남아시아의 민족 운동

(1) 베트남: 호찌민이 베트남 공산당(인도차이나 공산당) 조직 → 프랑스에 맞서 독립을 위한 민족 운동 전개, 독립 전쟁 준비

(2) 인도네시아: 수카르노가 인도네시아 국민당 결성 → 네덜란드에 맞서 독립운동 전개

(3) 필리핀: 미국의 지배를 받던 상황에서 독립운동 전개 → 미국이 필리핀의 자치 인정, 장래에 독립 약속

(4) 타이: 청년 장교들이 쿠데타를 일으켜 입헌 군주제 실시

4. 서아시아와 아프리카의 민족 운동

서아시아	• 오스만 제국: 무스타파 케말이 독립 전쟁 전개, 술탄 제도 폐지, 튀르키예 공화국 수립(1923) → 근대화 추진 자료 ⑨ • 아랍 지역: 전후 서아시아 대부분이 영국과 프랑스의 위임 통치를 받음 → 서아시아 각국에서 독립운동 전개 → 이라크 독립, 사우디아라비아의 통일 왕국 수립
아프리카	• 이집트: 와프드당 중심의 반영 운동 전개 → 영국이 수에즈 운하 관리권, 군대 주둔권 유지 조건으로 이집트의 독립 인정 • 모로코: 에스파냐로부터 자치권 획득 • 중남부 아프리카: *범아프리카주의 확산

생생 자료

서술형 단골 5·4 운동의 배경과 주도 세력이 내세운 주장을 묻는 문제가 자주 출제돼.

자료 ⑦ 5·4 운동의 전개

> 칭다오를 돌려주고 중국과 일본 사이의 밀약 ······ 불평등 조약까지 취소하는 것이 바로 공리이고 정의입니다. ······ 산둥이 망하면 중국도 망합니다. ······ 국민 대회를 열고 뜻을 굽히지 않겠다고 전국에 전보로 알리는 것이 오늘의 급무입니다.
> – 전 베이징 학생 톈안먼 선언, 1919

파리 강화 회의에서 산둥반도의 이권이 일본으로 넘어가자 베이징의 대학생과 시민들은 일본의 21개조 요구 철폐와 이 요구를 받아들인 친일파를 처벌할 것을 주장하며 5·4 운동을 전개하였다.

자료 ⑧ 간디의 비폭력·불복종 운동

영국이 소금법을 제정하여 인도에서 소금을 만들지 못하게 하자, 간디는 직접 소금을 얻기 위해 해안까지 수백㎞를 행진하였어.

← 소금 행진 중인 간디

간디는 영국의 식민 지배에 맞서 영국 상품 불매, 국산품 애용, 납세 거부 등 폭력을 쓰지 않고 영국의 법률이나 명령을 따르지 않는 비폭력·불복종 운동을 벌였다. 또한 영국의 소금법 제정에 맞서 소금 행진을 전개하였다.

자료 ⑨ 무스타파 케말의 근대화 정책

← 문자 개혁에 대해 설명하는 무스타파 케말

튀르키예 공화국의 초대 대통령에 선출된 무스타파 케말은 정치와 종교의 분리, 헌법 제정, 여성 참정권 부여, 문자 개혁 등을 시행하여 튀르키예의 근대화를 추진하였다.

쏙쏙 용어

★ **21개조 요구** 제1차 세계 대전 중 일본이 산둥반도의 이권을 포함하여 중국 정부에 강제로 승인시킨 21개조로 된 요구

★ **북벌(北–북쪽, 伐–나아가다)** 군벌 세력을 타도하기 위한 국민당과 공산당의 북진 통일 정책

★ **범아프리카주의** 아프리카 사람들이 스스로의 힘으로 독립하여 아프리카 대륙을 통일하고자 한 운동

대표 자료 확인하기

◆ 베르사유 조약의 특징

제45조 독일은 자르강 유역에 있는 탄광 지대의 독점
채굴권을 포함한 소유권을 프랑스에 넘겨준다.
제235조 독일은 …… 1921년 4월까지 200억 마르크 금
화에 해당하는 액수를 지불해야 한다.

(①)의 결과로 승전국들과 독일 사이에 체결된
(②)은 독일에 막대한 배상금을 지불하게 하는
등 패전국인 독일에 대한 보복적 성격이 강하였다.

한눈에 정리하기

◆ 제1차 세계 대전

배경	3국 동맹과 3국 협상의 대립, 발칸반도에서 긴장 고조
발단	(①) 사건 발생
전개	전쟁 초기 독일 우세 → 전쟁의 장기화 → 미국의 참전, (②)의 전선 이탈 → 독일 항복

전후 ↓ 세계

파리 강화 회의 개최 → 베르사유 조약 체결 → 베르사유 체제
형성, 국제 연맹 창설

◆ 러시아 혁명

19세기 사회주의 사상 확산, 피의 일요일 사건 발생

↓

3월 혁명	소비에트 결성 → 차르 퇴위, 임시 정부 수립
11월 혁명	볼셰비키의 봉기 → (③) 정부 수립

혁명 ↓ 이후

레닌	사회주의 개혁 추진, 신경제 정책(NEP) 시행 등
스탈린	경제 개발 5개년 계획 추진, 독재 체제 강화

◆ 아시아·아프리카의 민족 운동

아시아	• 한국: 3·1 운동 • 중국: 5·4 운동, 제1·2차 국공 합작 • 인도: (④)의 비폭력·불복종 운동 • 베트남: 호찌민의 베트남 공산당 조직 • 인도네시아: 수카르노의 인도네시아 국민당 결성 • 오스만 제국: 무스타파 케말의 튀르키예 공화국 수립
아프리카	• 이집트: 영국이 수에즈 운하 관리, 독립 인정 • 모로코: 에스파냐로부터 자치권 획득 • 중남부 아프리카: 범아프리카주의 확산

꼼꼼 개념 문제

1 독일이 오스트리아·헝가리 제국, 이탈리아와 (㉠)을 맺자, 영국과 프랑스가 러시아와 (㉡)을 맺었다.

2 다음 설명이 맞으면 ○표, 틀리면 ×표를 하시오.
(1) 사라예보 사건을 계기로 제1차 세계 대전이 시작되었다. ( )
(2) 미국이 제1차 세계 대전에 참전한 것을 계기로 독일이 무제한 잠수함 작전을 전개하였다. ( )
(3) 전쟁 중 국내에서 혁명이 일어난 영국이 독일과 단독으로 강화를 맺고 전선에서 이탈하였다. ( )
(4) 제1차 세계 대전은 국가의 모든 인적 자원과 물적 자원을 총동원하는 총력전의 형태로 전개되었다. ( )

3 다음 괄호 안의 내용 중 알맞은 말에 ○표를 하시오.
(1) (제2차 국공 합작, 피의 일요일 사건)을 배경으로 러시아 혁명이 전개되었다.
(2) 러시아에서 일어난 (3월 혁명, 11월 혁명)으로 임시 정부가 타도되고 소비에트 정부가 수립되었다.
(3) 레닌은 경제난이 계속되자 자본주의 요소를 일부 도입한 (신경제 정책, 경제 개발 5개년 계획)을 추진하였다.

4 다음 빈칸에 들어갈 내용을 쓰시오.
(1) 제1차 세계 대전이 끝나자 연합국은 전후 문제를 처리하기 위해 ( )를 개최하였다.
(2) 베르사유 조약이 체결됨에 따라 승전국 중심으로 형성된 새로운 국제 질서인 ( )가 성립되었다.
(3) 1920년 국제 평화를 위한 국제기구로 창설된 ( )은 미국과 소련 등 강대국이 불참하였고, 국제 분쟁을 막을 수 있는 군사적 수단이 없다는 한계를 보였다.

5 1919년 중국에서 베이징 대학생들의 주도로 21개조 요구 철회, 산둥반도의 이권 반환 등을 요구하는 ( )이 전개되었다.

6 다음 국가와 그 국가에서 전개된 민족 운동을 옳게 연결하시오.
(1) 인도 •   • ㉠ 제1차 국공 합작
(2) 중국 •   • ㉡ 튀르키예 공화국 수립
(3) 베트남 •   • ㉢ 호찌민 주도의 민족 운동
(4) 인도네시아 •   • ㉣ 수카르노 중심의 독립운동
(5) 오스만 제국 •   • ㉤ 간디의 비폭력·불복종 운동

탄탄 시험 문제

중요해

01 다음 수업의 주제로 가장 적절한 것은?

자료는 20세기 초 유럽의 모습을 나타낸 것입니다.

① 소련의 수립과 발전
② 러시아 혁명의 영향
③ 파리 강화 회의의 결과
④ 국제 연맹의 창설 배경
⑤ 제1차 세계 대전의 배경

02 ㉠~㉣ 중 옳은 것을 고른 것은?

▶ 지식 Q&A

제1차 세계 대전이 일어나기 전 발칸반도에서 긴장감이 고조된 이유는 무엇인가요?

▶ 답변하기

└ ㉠ 레닌이 코민테른을 조직하였어요.
└ ㉡ 이탈리아가 3국 동맹에서 이탈하였어요.
└ ㉢ 범슬라브주의와 범게르만주의가 대립하였어요.
└ ㉣ 여러 민족이 독립운동을 활발히 전개하였어요.

① ㉠, ㉡
② ㉠, ㉢
③ ㉡, ㉢
④ ㉡, ㉣
⑤ ㉢, ㉣

03 다음 사건이 발생한 직후의 상황으로 옳은 것은?

1914년 사라예보에 방문한 오스트리아·헝가리 제국의 황태자 부부가 세르비아 청년에게 암살당하였다.

① 3국 협상이 결성되었다.
② 독일이 3B 정책을 추진하였다.
③ 영국이 3C 정책을 추진하였다.
④ 오스트리아·헝가리 제국이 세르비아에 전쟁을 선포하였다.
⑤ 오스트리아·헝가리 제국이 보스니아 헤르체고비나를 합병하였다.

04 ㉠에 공통으로 들어갈 국가로 옳은 것은?

제1차 세계 대전 초반에는 (㉠)이/가 우세하였다. (㉠)은/는 서부 전선에서 빠르게 진격하였고, 동부 전선에서는 러시아를 공격하여 심각한 피해를 입혔다.

① 독일
② 불가리아
③ 세르비아
④ 이탈리아
⑤ 오스만 제국

중요해

05 (가)에 들어갈 내용으로 옳은 것을 〈보기〉에서 고른 것은?

• 교사: 제1차 세계 대전 중에 전개된 독일의 무제한 잠수함 작전에 대해 설명해 볼까요?
• 학생: _____(가)_____

┤ 보기 ├

ㄱ. 영국의 해상 봉쇄를 계기로 전개되었어요.
ㄴ. 사라예보 사건이 일어나는 배경이 되었어요.
ㄷ. 독일 공화국 정부가 수립된 이후에 전개되었어요.
ㄹ. 미국이 연합국 편으로 참전하는 결과를 가져왔어요.

① ㄱ, ㄴ
② ㄱ, ㄹ
③ ㄴ, ㄷ
④ ㄴ, ㄹ
⑤ ㄷ, ㄹ

06 지도와 같이 전개된 전쟁 중에 있었던 사실로 옳지 않은 것은?

① 베르사유 조약이 체결되었다.
② 러시아가 전선에서 이탈하였다.
③ 독일이 서부 전선에서 대공세를 전개하였다.
④ 독일군과 프랑스군이 참호를 파고 대치하였다.
⑤ 독일 공화국 정부가 연합국과 휴전 조약을 맺었다.

07 다음 내용을 통해 알 수 있는 제1차 세계 대전의 특징으로 가장 적절한 것은?

> 제1차 세계 대전에서 여성도 군수품 제작 등에 참여하였으며, 후방에 있는 국민 전체가 전쟁에 동원되었다. 또한, 유럽 각국은 식민지인들을 전쟁에 동원하였다.

① 전투기, 탱크 등이 등장하였다.
② 참호전의 형태로 장기화되었다.
③ 국가의 모든 힘과 자원이 투입되었다.
④ 서부 전선에서 교착 상태가 계속되었다.
⑤ 신무기가 사용되면서 막대한 피해가 발생하였다.

08 다음과 같은 결과를 가져온 사건으로 옳은 것은?

> **역사 신문**
> ___
> **차르 니콜라이 2세, 개혁을 약속하다**
> 차르 니콜라이 2세는 언론과 집회의 자유 보장, 입법권을 가진 의회(두마)의 설립 등을 약속하였다.

① 러시아 3월 혁명   ② 제1차 세계 대전
③ 피의 일요일 사건   ④ 러시아 11월 혁명
⑤ 볼셰비키의 무장봉기

중요해
09 다음은 러시아 혁명의 과정을 순서대로 쓴 책이다. 책의 찢어진 부분에 들어갈 내용으로 옳은 것을 〈보기〉에서 고른 것은?

> 제1차 세계 대전 참전으로 러시아에서 많은 인명 피해와 경제적 어려움이 발생하였다.
>
> 차르가 물러남에 따라 전제 군주제가 무너지고 임시 정부가 수립되었다.

┤보기├
ㄱ. 레닌이 독일과 강화 조약을 체결하였다.
ㄴ. 노동자와 병사들이 소비에트를 결성하였다.
ㄷ. 알렉산드르 2세가 농노 해방령을 발표하였다.
ㄹ. 전제 정치 타도 등을 요구하는 봉기가 일어났다.

① ㄱ, ㄴ   ② ㄱ, ㄷ   ③ ㄴ, ㄷ
④ ㄴ, ㄹ   ⑤ ㄷ, ㄹ

10 다음 학습 목표에 부합하는 내용으로 옳지 <u>않은</u> 것은?

> • 학습 목표: 러시아 11월 혁명에 대해 설명할 수 있다.

① 러일 전쟁의 원인이 되었다.
② 레닌이 이끄는 볼셰비키가 주도하였다.
③ 임시 정부가 타도되는 결과를 가져왔다.
④ 혁명 과정에서 소비에트 정부가 수립되었다.
⑤ 임시 정부의 개혁 부진을 계기로 시작되었다.

[11~12] 다음 자료를 읽고 물음에 답하시오.

> **역사 인물 사전**
> ___
> • (㉠): 러시아 11월 혁명을 주도하였으며, 사회주의 개혁을 추진하여 지주의 토지를 몰수하고 산업을 국유화함
> • (㉡): (㉠)의 뒤를 이어 정권을 잡은 후 반대파를 탄압하고 숙청하는 등 독재 체제를 강화함

11 ㉠, ㉡에 들어갈 인물을 옳게 연결한 것은?

	㉠	㉡
①	레닌	윌슨
②	레닌	스탈린
③	윌슨	니콜라이 2세
④	스탈린	레닌
⑤	스탈린	니콜라이 2세

이 문제에서 나올 수 있는 선택지는 다~!
12 ㉠에 들어갈 인물의 활동으로 옳지 <u>않은</u> 것은?

① 코민테른을 조직하였다.
② 공산당 일당 독재를 선언하였다.
③ 신경제 정책(NEP)을 시행하였다.
④ 경제 개발 5개년 계획을 추진하였다.
⑤ 각국의 공산당 조직과 사회주의 운동을 지원하였다.
⑥ 소비에트 사회주의 공화국 연방(소련)을 수립하였다.

13 (가)에 들어갈 대답으로 적절하지 않은 것은?

파리 강화 회의에 대해 설명해 줄 수 있니? / (가)

① 연합국이 개최하였어.
② 일본의 21개조 요구를 승인하였어.
③ 14개조 평화 원칙을 바탕으로 진행되었어.
④ 제1차 세계 대전의 전후 처리를 논의하였어.
⑤ 베르사유 조약의 체결을 배경으로 개최되었어.

14 다음 조약에 대한 설명으로 옳은 것은?

중요해

> 제45조 독일은 자르강 유역에 있는 탄광 지대의 독점 채굴권을 포함한 소유권을 프랑스에 넘겨준다.
> 제119조 독일은 해외 식민지에 관한 모든 권리와 소유권을 연합국에 넘겨준다.
> 제173조 독일의 일반 의무병제를 폐지하고, 독일 육군은 지원병제로만 조직한다.
> 제235조 독일은 …… 1921년 4월까지 200억 마르크 금화에 해당하는 액수를 지불해야 한다.

① 베를린 회의가 개최되는 계기가 되었다.
② 독일에 대한 보복적 성격을 띠지 않았다.
③ 워싱턴 회의의 개최를 계기로 체결되었다.
④ 베르사유 체제가 성립되는 결과를 가져왔다.
⑤ 켈로그·브리앙 조약의 체결 이후 맺어진 조약이다.

15 밑줄 친 '이 조직'으로 옳은 것은?

> 제1차 세계 대전이 끝난 후 여러 국가는 국제 평화와 안전 확보를 위한 국제기구로 이 조직을 창설하였다.

① 3국 협상   ② 볼셰비키   ③ 소비에트
④ 코민테른   ⑤ 국제 연맹

16 (가)에 들어갈 내용으로 옳은 것은?

> 파리 강화 회의에서 산둥반도의 이권이 일본에 넘어가자 21개조 요구 철회와 산둥반도의 이권 반환을 요구하는 _____(가)_____

① 5·4 운동이 일어났다.
② 신해혁명이 전개되었다.
③ 의화단 운동이 일어났다.
④ 태평천국 운동이 일어났다.
⑤ 변법자강 운동이 전개되었다.

17 다음은 중국에서 전개된 민족 운동과 관련한 사건들이다. (가)~(라)를 일어난 순서대로 옳게 나열한 것은?

> (가) 장제스가 군벌을 제압하고 중국을 통일하였다.
> (나) 국민당과 공산당이 군벌과 제국주의 세력 타도를 위해 연합하였다.
> (다) 마오쩌둥이 이끄는 공산당이 옌안으로 이동하여 국민당 정부에 대항하였다.
> (라) 일본이 중일 전쟁을 일으키자 국민당과 공산당이 대일 항전을 위해 연합하였다.

① (가) - (나) - (라) - (다)   ② (나) - (가) - (다) - (라)
③ (나) - (가) - (라) - (다)   ④ (라) - (나) - (가) - (다)
⑤ (라) - (다) - (가) - (나)

18 ㉠에 들어갈 인물의 활동으로 옳은 것은?

> 사진은 (㉠)이/가 주도한 소금 행진의 모습을 나타낸다. 영국 정부가 소금법을 제정하여 인도에서 소금을 만들지 못하게 하자, 그는 직접 소금을 얻기 위해 해안까지 수백 km를 행진하였다.

① 신문화 운동을 주도하였다.
② 제2차 국공 합작을 주도하였다.
③ 비폭력·불복종 운동을 전개하였다.
④ 군벌 타도를 위해 북벌을 감행하였다.
⑤ 인도의 완전한 독립을 주장하며 무력으로 항쟁하였다.

19 ⊙에 들어갈 인물로 옳은 것은?

베트남 공산당을 조직하여 프랑스에 맞서 민족 운동 전개한 인물은?

역사 스피드 퀴즈

⊙

① 네루　　② 쑨원　　③ 장제스
④ 호찌민　　⑤ 마오쩌둥

20 다음 상황을 배경으로 전개된 민족 운동의 내용으로 옳은 것은?

> 제1차 세계 대전에서 동맹국 측에 가담하였던 오스만 제국은 많은 영토를 잃고 연합국의 내정 간섭까지 받았다.

① 무스타파 케말이 술탄 제도를 폐지하였다.
② 와프드당 중심의 반영 운동이 전개되었다.
③ 수카르노가 인도네시아 국민당을 결성하였다.
④ 21개조 요구의 철회를 주장하는 반일 시위가 전개되었다.
⑤ 청년 장교들이 쿠데타를 일으켜 입헌 군주제를 실시하였다.

21 다음 수행 평가의 과제를 잘못 수행한 모둠은?

수행 평가

과제: 서아시아·아프리카의 민족 운동 조사

모둠	지역	민족 운동의 내용
1	오스만 제국	튀르키예 공화국 수립
2	아랍 지역	이라크 독립
3	이집트	제1차 국공 합작 전개
4	모로코	에스파냐로부터 자치권 획득
5	중남부 아프리카	범아프리카주의 확산

① 1모둠　② 2모둠　③ 3모둠　④ 4모둠　⑤ 5모둠

학교 시험에 잘 나오는 **서술형** 문제

1 다음 자료를 읽고 물음에 답하시오.

> **(　⊙　)의 전개와 영향**
> • 전개: 노동자와 병사 대표의 소비에트 결성 → 차르 퇴위, 임시 정부 수립 → 볼셰비키의 무상 봉기 → 임시 정부 타도, 소비에트 정부 수립
> • 영향: 사회주의 사상의 확산에 기여

(1) ⊙에 들어갈 사건을 쓰시오.

_____

(2) (1)의 배경을 세 가지 이상 서술하시오.

_____
_____
_____

2 밑줄 친 내용과 관련지어 국제 연맹이 지닌 한계를 두 가지 서술하시오.

> 1920년 국제 분쟁의 평화적 해결을 위한 국제 평화 기구로 국제 연맹이 창설되었다. 하지만, <u>국제 연맹은 국제 문제를 해결하는 데 큰 영향력을 발휘하지 못하였다.</u>

_____
_____
_____

3 다음에서 설명하는 인물을 쓰고, 이 인물이 추진한 근대화 정책의 내용을 서술하시오.

> • 연합국을 상대로 독립 전쟁을 일으켰다.
> • 튀르키예 공화국의 초대 대통령에 선출되었다.

_____
_____
_____

02 세계 대전과 국제 질서의 변화(2)

대공황의 발생과 전체주의의 등장

1. 대공황의 발생

배경	제1차 세계 대전 이후 미국이 세계 경제 주도(호황을 누림) → 기업의 과잉 생산 → 소비가 생산을 따라가지 못해 재고 누적
과정	미국 뉴욕 증권 거래소의 주가 폭락(1929) → 많은 기업과 은행 파산, 실업자 급증 → 경제 위기 확산, 세계 경제 침체(→ 사회 불안 심화)
극복 노력	• 미국: *뉴딜 정책 추진(국가가 경제에 적극 개입) → 생산량 조절, 테네시강 유역 개발 공사 등 대규모 공공사업을 통한 실업자 구제, 노동자의 권리 보장과 사회 보장 제도 시행으로 구매력 향상 • 영국, 프랑스: 블록 경제 형성 → 보호 무역 정책 시행 자료①

서술형 단골 주요 국가의 대공황 대응 방안을 묻는 문제가 자주 출제돼.

2. *전체주의의 등장 자료②

(1) **배경**: 독일, 이탈리아, 일본 등에서 대공황 전후 전체주의 세력 집권

(2) **전체주의 특징**: 국가와 민족의 이익을 강조하며 개인의 희생 강요

(3) **전체주의 국가**: 대공황 극복을 위해 군비 증강, 대외 침략

이탈리아	무솔리니의 파시스트당이 로마 진군을 통해 정권 장악(1922), 파시스트 정부가 일당 독재 강화 → 에티오피아 침공
독일	히틀러의 나치당이 바이마르 공화국을 무너뜨리고 일당 독재 수립(1933) → 오스트리아 합병, 체코슬로바키아 점령
일본	대공황 이후 군부가 정권을 잡고 *군국주의 강화, 대륙 침략 본격화 → 만주 사변(1931), 중일 전쟁(1937)을 일으킴
에스파냐	프랑코의 군부 세력이 공화국을 무너뜨리고 파시즘 정권 수립

(4) **추축국 형성**: 독일·이탈리아·일본의 방공 협정 체결, 대외 침략 본격화

제2차 세계 대전

1. 제2차 세계 대전의 전개와 종결　연합국 승리로 종결 자료③

발발	*독소 불가침 조약 체결 → 독일의 폴란드 침공 → 영국, 프랑스가 독일에 선전 포고(1939)
전개	• 유럽: 전쟁 초기 독일이 유럽의 대부분 장악 → 영국의 저항으로 전쟁 장기화 → 독일이 불가침 조약 파기, 소련 침공(1941) • 아시아·태평양: 일본의 동남아시아 침략 → 미국이 경제 봉쇄로 일본 견제 → 일본이 하와이 진주만의 미군 기지를 기습 공격 → 미국이 연합국 편으로 참전(태평양 전쟁 발발, 1941)
종결	미국이 미드웨이 해전에서 일본에 승리(1942), 소련이 스탈린그라드 전투에서 독일에 승리(1943) → 이탈리아 항복(1943. 9.) → 연합군의 노르망디 상륙 작전 성공(1944) → 독일 항복(1945. 5.) → 미국이 일본에 원자 폭탄 투하, 소련의 만주 진격 → 일본 항복(1945. 8.)

2. 전후 처리: 카이로 회담·얄타 회담·포츠담 회담을 거치며 전후 처리 결정 → 미국·영국·프랑스·소련의 독일 분할 점령, 미군정의 일본 관리

생생 자료

많은 식민지를 확보하였던 영국, 프랑스 등은 본국과 식민지 사이에 경제적 유대를 강화하여 대공황의 위기를 극복하고자 하였어.

자료① 대공황 시기의 블록 경제

■ 파운드 블록(영국)　■ 프랑 블록(프랑스)　■ 달러 블록(미국)

대공황 시기 영국과 프랑스는 본국과 식민지를 하나로 묶는 블록 경제를 형성하였다. 이들 국가는 자국에서 과잉 생산된 상품을 식민지에 팔고, 보호 무역 체제를 강화하여 자국의 산업을 보호하였다.
└ 수입품에 높은 관세를 물려 수입량을 억제하는 체제를 말해.

자료② 전체주의의 특징

• 국가를 떠나서는 인간과 영혼의 가치도 존재하지 않는다. …… 국가가 국민을 창조한다.
　　　　　　　　　　　　－ 무솔리니, 『파시즘 독트린』
• 국가는 인종의 순수성을 유지하기 위해 노력해야 한다. …… 독일 민족에 어울리는 영토를 이 지상에서 확보해야 할 것이다. －히틀러, 『나의 투쟁』
　히틀러가 이끄는 나치스는 게르만 우월주의를 앞세워 유대인을 탄압하는 등 인종 차별 정책을 펼쳤지.

전체주의 국가들은 강력한 독재 체제를 갖추고, 국가와 민족의 번영을 앞세워 시민의 자유를 억압하였다.
└ 대공황 전후 사회적 혼란과 경제적 불안을 틈타 등장하였어.

자료③ 제2차 세계 대전의 전개

■ 연합국　■ 추축국에 가담
■ 중립국　■ 추축국 점령지
■ 개전 당시 추축국　── 추축국 최대 진출선

제2차 세계 대전은 미국, 영국, 소련 등의 연합국과 독일, 이탈리아, 일본 등의 추축국이 맞대결하는 양상을 띠며 전 세계로 확대되었다.
└ 독일의 파리 점령에 맞서 프랑스의 드골 장군은 항전을 계속하였고, 이후 연합국의 노르망디 상륙 작전을 통해 프랑스가 해방되었지.

쏙쏙 용어

★ **뉴딜 정책** 자유방임의 경제 원칙을 수정하여 정부가 생산 활동에 적극 개입하는 정책으로, 루스벨트 대통령이 추진함

★ **전체주의** 개인을 획일적으로 전체에 예속하려는 체제로, 이탈리아의 파시즘, 독일의 나치즘이 대표적임

★ **군국주의** 국가의 가장 중요한 목적을 군사력 증강에 두고, 전쟁 준비를 제일 중요시하는 정치 체제

★ **독소 불가침 조약** 독일과 소련이 서로 상대국을 침략하지 않겠다고 약속한 조약

대표 자료 확인하기

◆ 대공황 시기의 블록 경제

■ 파운드 블록(영국) ■ 프랑 블록(프랑스)

영국과 프랑스는 대공황의 위기 극복을 위해 자국에서 과잉 생산된 상품을 해외 (① _____)에 팔고, 수입품에 높은 관세를 물려 수입을 억제하는 (② _____) 체제를 강화하여 자국의 산업을 보호하였다.

한눈에 정리하기

◆ 대공황의 발생

전개	제1차 세계 대전 이후 기업의 과잉 생산에 따른 재고 누적 → 미국 뉴욕 증권 거래소의 주가 폭락 → 기업과 은행 파산, 실업자 급증 → 세계 경제 침체
극복 노력	• (① _____): 뉴딜 정책 추진 → 생산량 조절, 대규모 공공사업을 통한 실업자 구제 등 • 영국, 프랑스: 블록 경제 형성 → 보호 무역 정책 시행

◆ 전체주의 국가의 출현

이탈리아	무솔리니의 (② _____)이 정권 장악, 일당 독재 강화 → 에티오피아 침공
독일	(③ _____)의 나치당이 일당 독재 수립 → 오스트리아 병합, 체코슬로바키아 점령
일본	군부가 정권 장악 후 군국주의 강화, 대륙 침략 본격화 → 만주 사변, 중일 전쟁을 일으킴

◆ 제2차 세계 대전

발발	독소 불가침 조약 체결 → 독일의 폴란드 침공 → 영국, 프랑스가 독일에 선전 포고
전개	• 유럽: 전쟁 초기 독일이 유럽 대부분 장악 → 영국의 저항으로 전쟁 장기화 → 독일의 소련 침공 • 아시아·태평양: 미국의 경제 봉쇄에 대항하여 (④ _____)이 하와이 진주만 미군 기지 공격 (태평양 전쟁 발발)
종결	미국의 미드웨이 해전 승리, 소련의 스탈린그리드 전투 승리 → 이탈리아 항복 → 연합군의 (⑤ _____) 상륙 작전 성공 → 독일 항복 → 미국이 일본에 원자 폭탄 투하, 소련의 만주 진격 → 일본 항복

꼼꼼 개념 문제

1 1929년 미국 뉴욕 증권 거래소의 주가가 폭락하면서 세계 경제가 침체되는 사건인 ( )이 발생하였다.

2 표는 대공황 극복을 위한 주요 국가의 대응 방안을 정리한 것이다. ㉠, ㉡에 들어갈 내용을 각각 쓰시오.

미국	국가가 경제에 적극 개입하는 (㉠) 추진
영국, 프랑스	본국과 식민지를 하나로 묶는 (㉡) 형성

3 다음 괄호 안의 내용 중 알맞은 말에 ○표를 하시오.
  (1) 독일과 일본에서는 대공황 이후 (사회주의, 전체주의) 세력이 집권하였다.
  (2) 전체주의 국가들은 독재 체제를 갖추고 (개인, 국가)의 이익을 최우선으로 내세웠다.
  (3) 독일, 이탈리아, 일본이 방공 협정을 맺어 결속력을 강화하면서 (연합국, 추축국)이 성립되었다.

4 다음에서 설명하는 국가를 〈보기〉에서 골라 기호를 쓰시오.

┌ 보기 ┐
  ㄱ. 독일   ㄴ. 일본   ㄷ. 에스파냐   ㄹ. 이탈리아

  (1) 군부 세력 집권 후 만주 사변을 일으켰다. ( )
  (2) 히틀러의 나치당이 일당 독재를 수립하였다. ( )
  (3) 파시스트당이 로마 진군을 통해 정권을 잡았다. ( )
  (4) 프랑코의 군부 세력이 파시즘 정권을 수립하였다. ( )

5 다음 설명이 맞으면 ○표, 틀리면 ✕표를 하시오.
  (1) 독일은 독소 불가침 조약 체결 이후 폴란드를 침공하였다. ( )
  (2) 일본은 미국이 시행한 경제 봉쇄 정책에 맞서 태평양 전쟁을 일으켰다. ( )
  (3) 소련이 미드웨이 해전에서 독일에 승리하면서 연합국이 승기를 잡았다. ( )
  (4) 1944년 연합군이 무제한 잠수함 작전에 성공하여 프랑스가 해방되었다. ( )

6 다음 국가와 제2차 세계 대전 이후 상황을 옳게 연결하시오.
  (1) 독일 •   • ㉠ 미군정의 관리를 받음
  (2) 일본 •   • ㉡ 미국, 영국, 프랑스, 소련에 의해 분할 점령됨

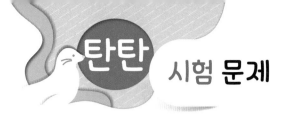

01 다음 상황이 미국에서 나타난 배경으로 옳은 것은?

1929년 미국 뉴욕 증권 거래소의 주가가 폭락한 이후 실업자가 크게 늘어났다. 사진은 당시 실업자들이 구호소 앞에서 식량 배급을 기다리는 모습을 보여 준다.

① 카이로 회담이 개최되었다.
② 제2차 세계 대전이 발발하였다.
③ 제1차 세계 대전 직후 극심한 불황을 겪었다.
④ 국가가 경제에 적극 개입하는 정책이 추진되었다.
⑤ 기업의 생산을 소비가 따라가지 못해 재고가 쌓였다.

02 다음에서 설명하는 정책으로 옳은 것은?

• 시행 목적: 대공황의 위기 극복
• 추진 인물: 미국 루스벨트 대통령
• 주요 내용: 생산량 조절, 대규모 공공사업 추진, 사회 보장 제도 시행, 노동자의 권리 보장 등

① 3B 정책　　② 3C 정책　　③ 뉴딜 정책
④ 철혈 정책　　⑤ 신경제 정책(NEP)

03 지도와 같이 블록을 형성한 국가들의 대공황 극복 노력으로 옳지 <u>않은</u> 것은?

① 보호 무역 정책을 시행하였다.
② 수입품에 높은 관세를 부과하였다.
③ 테네시강 유역 개발 공사를 추진하였다.
④ 본국과 식민지를 묶는 블록 경제를 형성하였다.
⑤ 본국에서 과잉 생산된 상품을 식민지에 판매하였다.

04 다음 자료와 관련하여 진행한 수업의 학습 목표로 가장 적절한 것은?

• 국가를 떠나서는 인간과 영혼의 가치도 존재하지 않는다. …… 국민이 국가를 발생시키는 것이 아니라, 국가가 국민을 창조한다.　　– 무솔리니, 「파시즘 독트린」
• 민족주의 국가는 인종을 모든 생활의 중심에 두어야 한다. 국가는 인종의 순수성을 유지하기 위해 노력해야 한다. …… 독일 민족에 어울리는 영토를 이 지상에서 확보해야 할 것이다.　　– 히틀러, 「나의 투쟁」

① 러시아 혁명의 영향을 파악할 수 있다.
② 3국 연합의 결성 계기를 이해할 수 있다.
③ 베르사유 체제의 특징을 설명할 수 있다.
④ 전체주의 국가의 특징을 파악할 수 있다.
⑤ 제2차 세계 대전의 결과를 정리할 수 있다.

05 표는 전체주의 국가들에 대해 정리한 것이다. ㉠~㉤에 들어갈 내용으로 옳은 것은?

이탈리아	(㉠)이/가 이끄는 파시스트당이 정권 장악 → 파시스트 정부가 일당 독재 강화
독일	히틀러가 이끄는 (㉡)이/가 일당 독재 수립 → (㉢)을/를 앞세워 인종 차별 정책 시행
일본	대공황 이후 군부가 정권 장악 → (㉣) 강화, 대륙 침략 본격화
에스파냐	(㉤)이/가 이끄는 군부 세력이 파시즘 정권 수립

① ㉠ – 프랑코　　　② ㉡ – 파시스트당
③ ㉢ – 범슬라브주의　④ ㉣ – 군국주의
⑤ ㉤ – 무솔리니

06 ㉠에 들어갈 국가만으로 짝지은 것은?

1937년 (㉠)이/가 공산주의를 막기 위해 방공 협정을 체결하면서 파시즘 국가 간의 결속이 강화되었다.

① 미국, 영국, 일본　　② 미국, 소련, 프랑스
③ 소련, 영국, 프랑스　④ 독일, 소련, 이탈리아
⑤ 독일, 이탈리아, 일본

07 ㉠, ㉡에 들어갈 내용을 옳게 연결한 것은?

그림은 독일과 소련이 서로 침략하지 않는다는 (㉠)을 체결하자 이를 풍자한 것이라고 해.

조약 체결 이후 독일이 (㉡)을/를 침공하자 영국과 프랑스가 선전 포고를 하면서 제2차 세계 대전이 시작되었어.

	㉠	㉡
①	베르사유 조약	영국
②	독소 불가침 조약	폴란드
③	독소 불가침 조약	이탈리아
④	켈로그·브리앙 조약	영국
⑤	켈로그·브리앙 조약	폴란드

08 (가)에 들어갈 내용으로 옳은 것은?

> 독일은 제2차 세계 대전 초기 유럽의 대부분을 장악하였으나, 영국의 끈질긴 저항으로 전쟁이 장기화되었다. 이에 독일은 _____ (가)

① 만주 사변을 일으켰다.
② 3국 동맹을 체결하였다.
③ 사라예보 사건을 일으켰다.
④ 로마 진군을 통해 정권을 장악하였다.
⑤ 불가침 조약을 파기하고 소련을 침공하였다.

09 밑줄 친 사건에 대한 설명으로 옳은 것을 〈보기〉에서 고른 것은?

> 1941년 일본이 하와이 진주만의 미군 기지를 공격하자, 미국이 일본에 선전 포고를 하였다.

┤보기├
ㄱ. 미국의 경제 봉쇄를 배경으로 일어났다.
ㄴ. 태평양 전쟁이 일어나는 결과를 가져왔다.
ㄷ. 미국에서 대공황이 발생하는 원인이 되었다.
ㄹ. 일본이 동남아시아 침략을 시작하는 계기가 되었다.

① ㄱ, ㄴ   ② ㄱ, ㄷ   ③ ㄴ, ㄷ
④ ㄴ, ㄹ   ⑤ ㄷ, ㄹ

이 문제에서 나올 수 있는 선택지는 다~!

10 다음은 제2차 세계 대전을 주제로 작성한 다큐멘터리 기획안이다. (가)에 들어갈 내용으로 적절하지 <u>않은</u> 것은?

> **다큐멘터리 기획안**
> • 기획 의도: 제2차 세계 대전의 배경, 과정, 결과를 전반적으로 살펴보고자 한다.
> • 제목
> ─ 제1화: 추축국이 성립되다
> ─ 제2화: 태평양 전쟁이 일어나다
> ─ 제3화: _____ (가)
> ─ 제4화: 일본, 무조건 항복을 선언하다

① 독일, 항복을 선언하다
② 소련, 만주로 진격하다
③ 미국, 미드웨이 해전에서 승리하다
④ 이탈리아, 전체주의 세력이 등장하다
⑤ 미국, 일본에 원자 폭탄을 떨어뜨리다
⑥ 소련, 스탈린그라드 전투에서 승리하다
⑦ 프랑스, 노르망디 상륙 작전으로 해방되다

학교 시험에 잘 나오는 **서술형** 문제

1 (가) 시기에 발생한 경제적 위기를 극복하기 위한 미국 정부의 노력을 서술하시오.

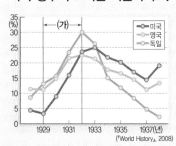

↑ 20세기 초 주요 국가의 실업률 변화

_____

_____

_____

03 민주주의의 확산
~인권 회복과 평화 확산을 위한 노력

●● 민주주의의 확산

1. 정치 체제의 변화와 민주주의의 발전

(1) 제1차 세계 대전 이후의 정치 체제 변화: 유럽 국가 대부분이 왕정 폐지, 헌법과 의회를 갖춘 공화정 채택 [자료①]

공화정 확산	• 독일: 제헌 의회에서 바이마르 헌법 제정(1919), 독일 의회가 바이마르 공화국 수립 선포 [자료②] • 오스트리아·헝가리 제국: 베르사유 조약으로 해체 → 왕정이 사라짐, 많은 민주 공화국 탄생 • 오스만 제국: 시리아·이라크·팔레스타인 등으로 분리, 튀르키예 공화국 수립
신생 독립국 등장	패전국의 식민지였던 폴란드, 체코슬로바키아 등이 *민족 자결주의 원칙에 따라 독립 → 대부분 민주주의 헌법 채택

(2) *보통 선거의 확대: 재산에 따른 선거권 제한 폐지, 전쟁 중 시민의 지위 향상 → 재산, 성별 등에 관계없이 투표하는 보통 선거 확대

2. 자본주의의 발전

(1) 제1차 세계 대전 이후의 경제 상황

① 미국: 전후 세계 경제 질서 주도, 많은 인구·풍부한 자원·높은 소득 수준을 바탕으로 1920년대에 본격적으로 자본주의를 발전시킴

② 유럽: 전후 생산력 회복, 대량 생산 방식을 받아들여 경제를 발전시킴

(2) 자본주의의 성장: 대공황 이후 정부의 역할 중시, 국가가 불황 극복을 위해 경제에 개입 → 제2차 세계 대전 이후 자본주의의 고도성장

3. 여성과 노동자의 권리 확대

(1) 여성의 참정권 획득

배경	여성 참정권 운동의 지속적 전개, 제1차 세계 대전 과정에서 여성의 사회 참여 확대, 민주적 제도의 확산 등 [자료③]
전개	• 독일: 1910년대 후반 여성의 참정권 허용 • 미국: 1920년 성별에 관계없이 선거할 수 있다고 헌법에 명시 • 영국: 1918년 부분적, 1928년 전면적으로 여성의 참정권 허용 • 아시아·아프리카 지역: 대체로 제2차 세계 대전 이후 독립을 달성하고 민주주의를 도입하는 과정에서 여성의 참정권 획득

(2) 노동자의 권리 확대

배경	제1차 세계 대전 전후 노동자들의 경제적 역할 증대, 전쟁 중 노동자들이 자국의 승리를 위해 적극 협조 → 노동자의 사회적 지위 향상
전개	• 국제 노동 기구(ILO) 설립: 노동 조건 개선을 통한 사회 정의 확립을 목적으로 설립 → 노동자의 권리 확보를 위한 중요한 역할 담당 • 노동 관련 법·제도 마련: 미국에서 뉴딜 정책으로 와그너법 제정(단결권, 단체 교섭권 인정), 주 40시간 근로제·최저 임금제 도입 • 기타: 노동조합의 결성과 파업에 관한 권리 보장, 노동자 계급의 이익을 대변하는 정당 등장, 노동 운동 전개, 사회 보장 정책 시행

생생 자료

자료 ① 제1차 세계 대전 이후의 유럽 정세

제1차 세계 대전을 거치면서 오스트리아·헝가리 제국, 독일, 오스만 제국, 러시아 등 옛 제국이 붕괴하였으며, 동유럽의 여러 민족이 신생 국가로 독립하였다.
└ 제1차 세계 대전이 끝나기 직전 혁명이 일어나 독일 제국이 무너졌어.

자료 ② 바이마르 헌법

제1조	독일은 공화국이다. 국가 권력은 국민으로부터 나온다.
제22조	국회 의원은 비례 대표제의 원칙에 따라 20세 이상의 남녀 보통·평등·직접·비밀 선거로 선출된다.
제159조	모든 사람과 직업에서 노동 조건 및 경제 조건을 보호하고 개선하기 위한 단결의 자유가 보장된다.

바이마르 헌법은 보통 선거와 노동자의 권리를 보장한 민주적인 헌법이었다. [서술형 단골] 바이마르 헌법의 특징을 묻는 문제가 자주 출제돼.

자료 ③ 여성 참정권의 확대 배경

↑ 미국의 여성 참정권 운동

↑ 군수품을 만드는 여성들

팽크허스트 등의 여성 운동가들이 지속적으로 여성 참정권 운동을 전개하였고, 제1차 세계 대전 과정에서 여성의 사회적·경제적 역할이 커지면서 여성의 참정권 요구가 힘을 얻었다. 그 결과 여러 국가에서 여성 참정권이 인정되었다.
└ 제1차 세계 대전이 총력전 양상으로 전개되면서 여성들이 군수품을 만들거나 간호병으로 참전하는 등 직간접적으로 전쟁에 참여했지.

쏙쏙 용어

★ **민족 자결주의** 식민지 민족의 주권 문제는 식민지 주민의 이익과 손해가 반영되어야 하며, 공평하게 처리되어야 한다는 원칙

★ **보통 선거** 재산, 성별 등에 관계없이 일정 연령 이상의 모든 국민에게 선거권을 부여하는 것

4. 민주주의의 위기와 전체주의 극복을 위한 노력

(1) **민주주의의 위기**: 전체주의 정권이 등장하여 시민의 자유 제한, 일당 독재 강화, 선거 악용 및 미시행, 노동조합 해산 → 저항 운동 전개

(2) **전체주의 극복을 위한 노력**: 프랑스에서 전체주의에 대항하는 *인민 전선 수립, 에스파냐에서 파시즘 군부에 반대하는 세력이 인민 전선 정부 수립, 독일에서 일반 국민이 저항 활동 수행 등

●● 인권 회복과 평화 확산을 위한 노력

1. 전쟁의 참상 자료 ④

(1) 대량 학살

홀로코스트	제2차 세계 대전 중 독일의 나치당이 약 600만 명의 유대인을 계획적으로 학살함 자료 ⑤
난징 대학살 (1937)	중일 전쟁 시기 난징을 점령한 일본군이 중국군을 잡는다는 구실로 수십만 명의 민간인을 학살함
기타	민간인 거주 지역 폭격(독일의 영국 런던 폭격, 연합군의 독일 드레스덴 폭격), 미국의 원자 폭탄 투하 등으로 민간인 희생

(2) 인권 유린

① **강제 동원**: 점령국이 식민지 주민들을 전쟁에 강제로 동원함

② **일본군 '위안부' 동원**: 일본이 일본군 주둔 지역에 군대 위안소를 설치하고 점령 지역의 여성들을 일본군 '위안부'로 동원하여 인권을 유린함

③ **생체 실험**

독일	수용소에 가둔 사람들에게 잔인한 동상 실험, 외과 실험 등 자행
일본	만주에 설치한 *731 부대에서 조선인과 중국인 등을 대상으로 신체 해부, 냉동 실험, 세균 투입 등 비인간적·반인륜적 실험 자행

2. 평화 확산을 위한 노력

(1) 국제 연합(UN) 창설

① **창설**: 제2차 세계 대전 이후 *대서양 헌장의 정신에 따라 창설(1945)

② **목표**: 국제 평화와 안전 유지, 국제 협력 〔서술형 단골〕 국제 연합과 국제 연맹의 차이점을 비교하는 문제가 자주 출제돼.

③ **특징**: 국제 분쟁을 해결하기 위해 군사력 동원 가능(국제 연합군·평화 유지군 조직), 미국·소련 등 강대국이 대부분 참여, 안전 보장 이사회 설치(국제 분쟁의 조정과 중재 목적)

(2) 국제 전범 재판 개최 자료 ⑥

뉘른베르크 재판	독일의 주요 전쟁 범죄자 재판 → 나치스 전범 12명에게 사형 선고
극동 국제 군사 재판	일본의 주요 전쟁 범죄자 재판 → 전범 처리 미흡(일본 천황이 제외된 채 재판 진행, 731 부대의 범죄 행위가 덮임)

(3) **기타**: 제노바 회의 개최(전쟁 배상금 문제 논의), 로카르노 조약 체결 (국경선 합의), 켈로그·브리앙 조약 체결(미국·프랑스 등이 전쟁 포기 선언), 박물관·기념관·추모관 건립, 세계 곳곳에서 핵무기 반대 운동 전개 등

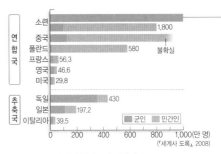

대표 자료 확인하기

◆ 바이마르 헌법

제22조 국회 의원은 비례 대표제의 원칙에 따라 20세 이상의 남녀 보통·평등·직접·비밀 선거로 선출된다.

제159조 모든 사람과 직업에서 노동 조건 및 경제 조건을 보호하고 개선하기 위한 단결의 자유가 보장된다.

독일 제헌 의회에서 제정한 (①   )은 보통 선거와 노동자의 권리를 보장한 (②   )인 헌법이었다.

◆ 국제 전범 재판의 개최

↑ (③   ) 재판 모습   ↑ (④   ) 재판 모습

제2차 세계 대전 이후 열린 (③   ) 재판에서는 독일의 주요 전쟁 범죄자를 재판하였고, (④   ) 재판에서는 일본의 주요 전쟁 범죄자를 재판하였다.

한눈에 정리하기

◆ 민주주의의 확산

민주주의의 발전	• 공화정 확산: 유럽 각국이 공화정 채택 → 바이마르 공화국, 튀르키예 공화국 등 수립 • 보통 선거 확대: 성별 등에 관계없이 투표
여성의 참정권 획득	(①) 운동의 지속적 전개, 전쟁 중 여성의 사회 참여 확대 → 여성 참정권 확대
노동자의 권리 확대	노동자의 사회적 지위 향상 → 국제 노동 기구(ILO) 설립, 사회 보장 정책 시행 등

◆ 인권 회복과 평화 확산을 위한 노력

대량 학살과 인권 유린

• (②   ): 독일 나치당이 계획적으로 유대인 학살
• 난징 대학살: 중일 전쟁 시기 일본군이 민간인 학살
• 기타: 일본군 '위안부' 동원, 독일·일본의 생체 실험 자행 등

↓

평화 확산을 위한 노력

• 국제 연합(UN) 창설: (③   )의 정신에 따라 창설 → 군사력 동원 가능, 미국·소련 등 강대국이 대부분 참여
• 국제 전범 재판 개최: 뉘른베르크 재판(독일의 전쟁 범죄자 재판), 극동 국제 군사 재판(일본의 전쟁 범죄자 재판)

---

1 다음 빈칸에 들어갈 내용을 쓰시오.

(1) 제1차 세계 대전 이후 유럽 대부분 국가들은 헌법과 의회를 갖춘 (   )을 채택하였다.

(2) (   )에서는 1919년 바이마르 헌법이 제정되었으며, 바이마르 공화국이 수립되었다.

(3) 재산, 성별 등에 관계없이 투표하는 (   )를 확대하는 국가들이 늘면서 민주주의가 더욱 발전하였다.

2 다음 설명이 맞으면 ○표, 틀리면 ×표를 하시오.

(1) 미국은 1920년대에 자본주의를 본격적으로 발전시켰다. (   )

(2) 제1차 세계 대전을 거치면서 독일, 미국, 영국 등에서 여성의 참정권이 축소되었다. (   )

(3) 노동 조건을 개선하여 사회 정의를 확립하기 위한 목적으로 국제 노동 기구(ILO)가 설립되었다. (   )

3 국가의 이익을 우선시하는 (㉠   ) 정권이 등장하여 시민의 자유를 제한하고 일당 독재를 강화하자, 프랑스에서는 파시즘에 반대하는 다양한 세력들의 연합인 (㉡   )이 수립되었다.

4 다음에서 설명하는 대량 학살과 인권 유린의 사례를 〈보기〉에서 골라 기호를 쓰시오.

┌ 보기 ┐
ㄱ. 생체 실험   ㄴ. 홀로코스트   ㄷ. 난징 대학살

(1) 제2차 세계 대전 중 독일 나치당은 약 600만 명의 유대인을 계획적으로 학살하였다. (   )

(2) 중일 전쟁 시기 일본군은 중국군을 잡는다는 구실로 수십만 명의 민간인을 학살하였다. (   )

(3) 일본은 731 부대에서 조선인, 중국인 등을 대상으로 신체 해부, 세균 투입 등을 자행하였다. (   )

5 일본은 일본군 주둔 지역에 군대 위안소를 설치하고 점령 지역의 여성을 (   )로 강제 동원하여 인권을 유린하였다.

6 다음 괄호 안의 내용 중 알맞은 말에 ○표를 하시오.

(1) (국제 연맹, 국제 연합)은 군사적 제재 수단이 있었다.

(2) 극동 국제 군사 재판에서는 (독일, 일본)의 주요 전쟁 범죄자를 재판하였다.

(3) 세계 각국은 전쟁을 국가 분쟁의 해결 수단으로 사용하지 말자는 (로카르노 조약, 켈로그·브리앙 조약)을 체결하였다.

탄탄 시험 문제

01 다음 내용을 통해 추론할 수 있는 유럽 사회의 정치적 변화로 가장 적절한 것은?

> **제1차 세계 대전 이후의 유럽 정세**
> • 유럽 각국에서 보통 선거가 확대되었다.
> • 유럽 대부분 국가들이 공화정을 채택하였다.

① 민주주의가 발전하였다.
② 사회주의가 등장하였다.
③ 제국주의 침략이 확대되었다.
④ 전체주의 세력이 대두되었다.
⑤ 일당 독재 체제가 강화되었다.

02 다음은 어떤 학생이 작성한 수행 평가지의 내용이다. 옳게 연결된 것을 고른 것은?

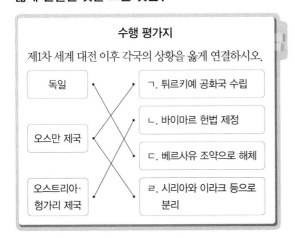

① ㄱ, ㄴ   ② ㄱ, ㄹ   ③ ㄴ, ㄷ
④ ㄴ, ㄹ   ⑤ ㄷ, ㄹ

03 다음 정세가 나타난 시기를 연표에서 옳게 고른 것은?

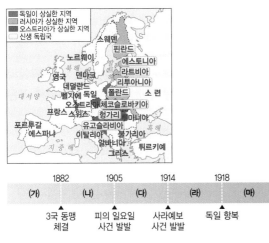

① (가)   ② (나)   ③ (다)   ④ (라)   ⑤ (마)

04 ㉠에 공통으로 들어갈 용어로 옳은 것은?

> 제1차 세계 대전 이후 미국에서는 자동차 산업, 화학 산업 등이 발달하였고, 대외 투자와 무역이 확대되었다. 이를 바탕으로 많은 인구, 높은 소득 수준을 가진 미국은 1920년대에 (㉠)를 본격적으로 발전시켰다. 한편, 대공황 이후에는 정부가 고용 안정과 사회 복지 정책 등을 적극 실시하였고, 이를 바탕으로 제2차 세계 대전 이후 (㉠)가 고도로 성장하였다.

① 사회주의   ② 자본주의   ③ 전체주의
④ 반제국주의   ⑤ 민족 자결주의

05 다음과 같은 상황이 나타난 배경으로 옳지 <u>않은</u> 것은?

> 제1차 세계 대전 전후 독일, 미국 등에서 여성 참정권이 인정되었고, 이후 다른 국가들로 계속 확산되었다.

① 여성 참정권 운동이 전개되었다.
② 여러 국가에서 민주적인 제도들이 확산되었다.
③ 다양한 세력이 연합하여 인민 전선을 형성하였다.
④ 제1차 세계 대전에 여성이 직간접적으로 참여하였다.
⑤ 제1차 세계 대전 과정에서 여성의 사회적·경제적 역할이 확대되었다.

06 (가) 시기에 해당하는 내용으로 옳은 것을 〈보기〉에서 고른 것은?

> 제1차 세계 대전이 연합국의 승리로 종결되었다.
> ↓
> (가)
> ↓
> 미국에서 대공황이 발생하였다.

┌ 보기 ┐
ㄱ. 유럽이 세계 경제 질서를 주도하였다.
ㄴ. 독일 의회가 바이마르 공화국 수립을 선포하였다.
ㄷ. 영국에서 여성의 참정권이 전면적으로 인정되었다.
ㄹ. 아시아·아프리카 지역의 여성들이 대부분 참정권을 획득하였다.

① ㄱ, ㄴ   ② ㄱ, ㄷ   ③ ㄴ, ㄷ
④ ㄴ, ㄹ   ⑤ ㄷ, ㄹ

시험 문제

07 (가)에 들어갈 내용으로 적절하지 <u>않은</u> 것은?

> **노동자의 권리 확대**
>
> 1. 배경: 제1차 세계 대전 이후 노동자의 경제적 역할
>   이 증대함 → 노동자의 사회적 지위가 향상됨
> 2. 주요 전개
>   - 노동자, 기업가, 정부 대표가 모여 회의체를
>   구성함
>   - _____ (가)

① 노동조합을 해산함
② 와그너법을 제정함
③ 최저 임금제를 도입함
④ 노동자의 단결권을 인정함
⑤ 파업에 대한 권리를 보장함
⑥ 노동자의 이익을 대변하는 정당이 등장함

08 다음 학습 목표에 부합하는 내용으로 옳은 것은?

> • 학습 목표: 국제 노동 기구(ILO)에 대해 말할 수 있다.

① 레닌이 만든 국제 공산당 조직이다.
② 제2차 세계 대전의 결과로 설립되었다.
③ 기계 파괴 운동 등의 노동 운동을 전개하였다.
④ 노동자의 선거권을 요구하며 인민헌장을 발표하였다.
⑤ 노동자의 권리를 확보하기 위한 중요한 역할을 담당
하였다.

09 ㉠, ㉡에 들어갈 국가를 옳게 연결한 것은?

> 대공황 전후 등장한 전체주의 정권은 시민의 자유를
> 제한하고 일당 독재를 강화하였다. 이에 맞서 민주주의
> 를 지키고자 (㉠)에서는 인민 전선이 수립되었고,
> (㉡)에서는 인민 전선 정부가 수립되었다.

	㉠	㉡		㉠	㉡
①	독일	에스파냐	②	독일	이탈리아
③	프랑스	독일	④	프랑스	에스파냐
⑤	이탈리아	프랑스			

10 제2차 세계 대전에서 다음과 같은 결과가 발생하게
된 원인으로 옳은 것을 〈보기〉에서 고른 것은?

오른쪽 그래프는 제
2차 세계 대전 참
전국의 희생자 수를
나타낸 것이다. 제2
차 세계 대전에서는
약 5,000만 명의 사
상자가 발생하였으
며, 특히 민간인 사
망자가 군인 사망자의 2배에 달할 정도로 많았다.

> | 연합국 | 소련 | 1,800 |
> | | 중국 | |
> | | 폴란드 | 580 불확실 |
> | | 프랑스 | 56.3 |
> | | 영국 | 46.6 |
> | | 미국 | 29.8 |
> | 추축국 | 독일 | 430 |
> | | 일본 | 197.2 |
> | | 이탈리아 | 39.5 |
>
> (단위: 만 명) ■ 군인 ■ 민간인
> 0 200 400 600 800 1,000
> 『세계사 도록』, 2008

┤ 보기 ├
ㄱ. 피의 일요일 사건이 일어났다.
ㄴ. 참전국이 무차별 공습을 전개하였다.
ㄷ. 대량 살상 무기의 사용이 제한되었다.
ㄹ. 추축국이 의도적으로 대량 학살을 저질렀다.

① ㄱ, ㄴ ② ㄱ, ㄷ ③ ㄴ, ㄷ
④ ㄴ, ㄹ ⑤ ㄷ, ㄹ

11 밑줄 친 부분에 해당하는 사건으로 옳은 것은?

> 제2차 세계 대전 당시 독일의 나치당은
> 유대인을 수용소에 가두고 계획적으로 학살
> 하였습니다. 이곳 작센 하우젠 수용소에는
> 당시 흔적이 고스란히 남아 있습니다.

① 만주 사변 ② 소금 행진 ③ 홀로코스트
④ 드레스덴 폭격 ⑤ 사라예보 사건

12 세계 대전 과정에서 일본이 저지른 대량 학살과 인권
유린의 사례로 옳은 것을 〈보기〉에서 고른 것은?

┤ 보기 ├
ㄱ. 난징 대학살을 일으켰다.
ㄴ. 무제한 잠수함 작전을 전개하였다.
ㄷ. 상대국에 원자 폭탄을 투하하였다.
ㄹ. 731 부대를 설치하여 생체 실험을 자행하였다.

① ㄱ, ㄴ ② ㄱ, ㄹ ③ ㄴ, ㄷ
④ ㄴ, ㄹ ⑤ ㄷ, ㄹ

13 다음 두 국제기구를 구분 짓는 질문으로 옳지 <u>않은</u> 것은?

> • 국제 연맹　　　　• 국제 연합(UN)

① 군사적 제재 수단이 있는가?
② 미국과 소련이 참여하였는가?
③ 안전 보장 이사회를 설치하였는가?
④ 국제 평화를 목적으로 설립되었는가?
⑤ 대서양 헌장의 정신에 따라 창설되었는가?

14 중요해

(가)에 들어갈 내용으로 옳은 것을 〈보기〉에서 고른 것은?

> 제2차 세계 대전 이후 연합국 대표들은 인명 살상을 포함한 전쟁 범죄를 반인도적 범죄 행위로 규정하였다. 이에 따라 _____(가)_____ 되었다.

┤ 보기 ├
ㄱ. 베르사유 조약이 체결
ㄴ. 파리 강화 회의가 개최
ㄷ. 뉘른베르크 재판이 개최
ㄹ. 극동 국제 군사 재판이 개최

① ㄱ, ㄴ　　　② ㄱ, ㄹ　　　③ ㄴ, ㄷ
④ ㄴ, ㄹ　　　⑤ ㄷ, ㄹ

15 다음 주장을 뒷받침하는 근거로 옳지 <u>않은</u> 것은?

> 두 차례의 세계 대전으로 인해 많은 인적·물적 피해를 입은 세계 각국은 평화를 유지하기 위해 많은 노력을 기울였다.

① 인클로저 운동이 전개되었다.
② 켈로그·브리앙 조약을 체결하였다.
③ 로카르노 조약으로 국경선을 합의하였다.
④ 전쟁에 대한 경각심을 갖도록 하기 위해 박물관을 설립하였다.
⑤ 세계 곳곳에서 핵무기 제작 및 사용에 반대하는 운동 이 전개되었다.

학교 시험에 잘 나오는 서술형 문제

1 다음 헌법이 지닌 특징을 시민의 권리 확대 측면 에서 서술하시오.

> 제1조　독일은 공화국이다. 국가 권력은 국민으 로부터 나온다.
> 제22조　국회 의원은 …… 20세 이상의 남녀 보통 ·평등·직접·비밀 선거로 선출된다.
> 제159조 모든 사람과 직업에서 노동 조건 및 경제 조건을 보호하고 개선하기 위한 단결의 자유가 보장된다

_____
_____

2 다음과 같은 노력이 전개된 배경을 <u>두 가지 이상</u> 서술하시오.

> 제1차 세계 대전을 거치면서 각국은 노동자의 권리 보장과 처우 개선을 위해 노력하였다.

_____
_____

3 ㉠에 들어갈 재판을 쓰고, 이 재판이 지닌 한계를 밑줄 친 내용과 관련지어 <u>두 가지</u> 서술하시오.

제2차 세계 대전 이후 일본의 주요 전쟁 범죄 자를 처벌하기 위해 열린 재판으로, 전범 처리가 미흡하였다.

◀당시 재판 모습

_____
_____

중국	서양	주요 사건	
청	근대 사회		1882 3국 동맹 성립
			1905 러시아, 피의 일요일 사건
			1907 3국 협상 성립
			1914 제1차 세계 대전(~1918)
			1917 러시아 혁명
중화민국	현대 사회	1919 한국, 3·1 운동　파리 강화 회의 개최 　　중국, 5·4 운동　독일, 바이마르 헌법 제정	
		1920 국제 연맹 창설	
		1922 이탈리아, 무솔리니 집권 소비에트 사회주의 공화국 연방(소련) 수립	
		1923 튀르키예 공화국 수립	
		1924 중국, 제1차 국공 합작	
		1928 장제스, 중국 통일	

01 세계 대전과 국제 질서의 변화(1)

제1차 세계 대전(1914~1918)

배경	제국주의 국가의 대립, 범슬라브주의와 범게르만주의의 대립
전개	(① 　　　　　) 사건 발생(1914) → 오스트리아·헝가리 제국이 세르비아에 선전 포고 → 독일의 무제한 잠수함 작전 전개 → 미국의 참전, 러시아의 전선 이탈 → 독일 항복
특징	총력전, 참호전(→ 전쟁의 장기화), 신무기 등장

러시아 혁명

배경		19세기 사회주의 사상 확산, 피의 일요일 사건 발생(1905)
전개	3월 혁명	차르의 개혁 미흡, 전쟁으로 경제 상황 악화 → 노동자와 병사의 (② 　　　　) 결성 → 차르 퇴위, 임시 정부 수립
	11월 혁명	임시 정부의 개혁 부진, 전쟁 지속 → 볼셰비키의 무장 봉기 → 임시 정부 타도, 소비에트 정부 수립
혁명 이후		• 레닌: 사회주의 개혁 추진, 신경제 정책(NEP) 시행 • 스탈린: 경제 개발 5개년 계획 추진, 공산당 독재 체제 강화

베르사유 체제의 형성

파리 강화 회의	제1차 세계 대전의 전후 문제를 처리하기 위해 개최
베르사유 조약	승전국과 독일이 체결 → (③ 　　　　　) 체제 성립
평화 유지 노력	국제 연맹 창설, 켈로그·브리앙 조약(부전 조약) 체결 등

아시아·아프리카의 민족 운동

동아시아	• 한국: 3·1 운동 전개(1919) → 대한민국 임시 정부 수립 • 중국: 신문화 운동, 5·4 운동, 제1·2차 국공 합작
인도	간디의 (④ 　　　　　) 운동 전개, 네루의 무력 저항
동남 아시아	• 베트남: 호찌민이 베트남 공산당(인도차이나 공산당) 조직 • 인도네시아: 수카르노가 인도네시아 국민당 결성
서아시아	오스만 제국에서 (⑤ 　　　　)이 튀르키예 공화국 수립
아프리카	이집트에서 반영 운동 전개, 범아프리카주의 확산

02 세계 대전과 국제 질서의 변화(2)

대공황의 발생

전개	과잉 생산에 따른 재고 누적 → 미국 뉴욕 증권 거래소의 주가 폭락(1929) → 기업과 은행 파산, 실업자 급증 → 세계 경제 침체
극복 노력	• 미국: (⑥ 　　　　　) 추진(대규모 공공사업 시행 등) • 영국, 프랑스: 블록 경제 형성 → 보호 무역 정책 시행

정답 | ① 사라예보 ② 소비에트 ③ 베르사유 ④ 비폭력·불복종 ⑤ 무스타파 케말 ⑥ 뉴딜 정책

■ 전체주의 국가의 출현

이탈리아	(⑦)의 파시스트당이 정권 장악 → 에티오피아 침공	
독일	히틀러의 나치당이 일당 독재 수립 → 오스트리아 병합, 체코슬로바키아 점령	방공 협정 체결 → 추축국 성립
일본	군부가 정권 장악 후 군국주의 강화 → 만주 사변, 중일 전쟁을 일으킴	

■ 제2차 세계 대전(1939~1945)

발발	독소 불가침 조약 체결 → 독일의 폴란드 침공 → 영국, 프랑스가 독일에 선전 포고
전개	독일이 유럽의 대부분 장악 → 독일의 소련 침공 → (⑧)의 진주만 미군 기지 공격 → 미국의 참전(태평양 전쟁 발발) → 미국의 미드웨이 해전 승리, 소련의 스탈린그라드 전투 승리 → 이탈리아 항복 → 연합군의 (⑨) 상륙 작전 성공 → 독일 항복 → 미국이 일본에 원자 폭탄 투하 → 일본 항복
전후 처리	카이로 회담·얄타 회담·포츠담 회담 개최 → 미국·영국·프랑스·소련의 독일 분할 점령, 미군정의 일본 관리

03 민주주의의 확산 ~ 인권 회복과 평화 확산을 위한 노력

■ 민주주의의 확산

정치 체제의 변화	제1차 세계 대전 이후 유럽 국가 대부분이 왕정 폐지 후 (⑩) 채택, 신생 독립국 등장, 보통 선거 확대
자본주의의 발전	제1차 세계 대전 이후 미국 등에서 자본주의 발전 → 대공황 이후 정부의 역할 중시 → 자본주의의 고도성장
여성의 참정권 획득	여성 참정권 운동 전개, 제1차 세계 대전 과정에서 여성의 사회 참여 확대 → 독일, 미국 등에서 여성 참정권 인정
노동자의 권리 확대	제1차 세계 대전 전후 노동자의 사회적 지위 향상 → 사회 보장 정책 시행, 국제 노동 기구(ILO) 설립 등의 노력 전개

■ 인권 회복과 평화 확산을 위한 노력

전쟁의 참상	대량 학살	(⑪)(독일의 나치당이 유대인 학살), 난징 대학살(중일 전쟁 시기 일본군이 민간인 학살) 등
	인권 유린	점령국의 식민지 주민들 강제 동원, 일본군 '위안부' 동원, 독일과 일본의 생체 실험 자행 등
평화 확산을 위한 노력		• (⑫) 창설: 제2차 세계 대전 이후 대서양 헌장의 정신에 따라 창설 → 군사력 동원 가능, 강대국 대부분 참여 • 국제 전범 재판 개최: 뉘른베르크 재판(독일의 전쟁 범죄자 재판), 극동 국제 군사 재판(일본의 전쟁 범죄자 재판)

① 무솔리니 ⑧ 일본군 ⑨ 노르망디 ⑩ 공화정 ⑪ 홀로코스트 ⑫ 국제 연합(UN)

중국	서양	주요 사건
중화민국	현대사회	1929 대공황 발생 1931 만주 사변 1933 독일, 히틀러 집권 1937 중일 전쟁 발발 / 난징 대학살 / 제2차 국공 합작 1939 제2차 세계 대전(~1945) 1941 태평양 전쟁 발발 / 대서양 헌장 발표 1942 미드웨이 해전 / 스탈린그라드 전투(~1943) 1944 노르망디 상륙 작전 1945 미국, 일본에 원자 폭탄 투하 / 국제 연합(UN) 창설 / 뉘른베르크 재판 개최(~1946) 1946 극동 국제 군사 재판 개최(~1948)

01 세계 대전과 국제 질서의 변화(1)

01 밑줄 친 '이 지역'으로 옳은 것은?

19세기 후반 이 지역에서는 지도와 같이 범슬라브주의와 범게르만주의가 대립하였다. 이처럼 전쟁의 위기가 감도는 이 지역은 '유럽의 화약고'라고 불렸다.

① 발칸반도　　② 말레이반도　　③ 아라비아반도
④ 이베리아반도　　⑤ 이탈리아반도

02 (가)에 들어갈 연관 검색어로 적절한 것은?

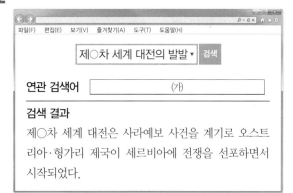

① 포츠담 회담의 결과
② 미드웨이 해전의 결과
③ 러시아의 전선 이탈 배경
④ 노르망디 상륙 작전의 전개 과정
⑤ 독소 불가침 조약 체결의 역사적 의의

03 다음은 제1차 세계 대전과 관련 있는 사건들이다. (가)~(라)를 일어난 순서대로 옳게 나열한 것은?

(가) 미국이 연합국 편으로 참전하였다.
(나) 영국이 독일의 해상을 봉쇄하였다.
(다) 독일이 무제한 잠수함 작전을 전개하였다.
(라) 독일 공화국 정부가 연합국과 휴전 조약을 체결하였다.

① (가) - (나) - (라) - (다)
② (가) - (다) - (라) - (나)
③ (나) - (다) - (가) - (라)
④ (나) - (라) - (다) - (가)
⑤ (다) - (나) - (가) - (라)

04 (가)에 들어갈 내용으로 적절하지 않은 것은?

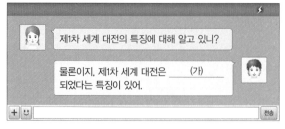

제1차 세계 대전의 특징에 대해 알고 있니?

물론이지, 제1차 세계 대전은 ＿＿＿(가)＿＿＿ 되었다는 특징이 있어.

① 원자 폭탄이 사용
② 식민지 주민들이 동원
③ 여성들이 군수품 제작에 동원
④ 국가의 모든 인적 자원과 물적 자원이 투입
⑤ 참전국이 참호를 파고 대치하는 양상으로 전개

05 다음 청원이 발표되기 전 러시아의 상황으로 옳은 것을 〈보기〉에서 고른 것은?

저희는 가난하고, 핍박받고, 과도한 노동에 시달리고, 경멸당하고 있으며, …… 노예와 같은 취급을 받고 있습니다. …… 농민에게도, 노동자에게도 …… 대표를 선출하고 또 모든 사람이 평등하게 선거권을 갖고 자유롭게 선거할 수 있도록 배려하여 주십시오.
－ 상트페테르부르크 노동자와 농민의 청원, 1905

〈보기〉
ㄱ. 전제 정치가 유지되었다.
ㄴ. 차르가 두마 설치를 약속하였다.
ㄷ. 러일 전쟁으로 노동자들의 생활이 어려워졌다.
ㄹ. 러시아 3월 혁명으로 세워진 임시 정부가 개혁을 미루고 전쟁을 계속하였다.

① ㄱ, ㄴ　　② ㄱ, ㄷ　　③ ㄴ, ㄷ
④ ㄴ, ㄹ　　⑤ ㄷ, ㄹ

06 다음은 러시아 혁명의 전개 과정을 나타낸 것이다. (가) 시기에 일어난 사건으로 옳지 않은 것은?

소비에트가 결성되었다. → (가) → 소련이 수립되었다.

① 소비에트 정부가 수립되었다.
② 러시아 11월 혁명이 일어났다.
③ 레닌이 공산당 일당 독재를 선언하였다.
④ 스탈린이 공산당 독재 체제를 강화하였다.
⑤ 차르가 퇴위하고 임시 정부가 수립되었다.

07 (가)에 들어갈 사건으로 옳은 것은?

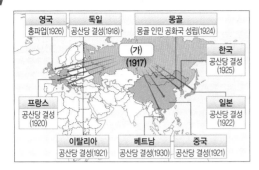

영국 총파업(1926)	독일 공산당 결성(1918)	몽골 몽골 인민 공화국 성립(1924)

(가) (1917)

한국 공산당 결성 (1925)

프랑스 공산당 결성 (1920)

일본 공산당 결성 (1922)

이탈리아 공산당 결성(1921)

베트남 공산당 결성(1930)

중국 공산당 결성(1921)

① 대공황 발생　　　　② 러시아 혁명
③ 제1차 국공 합작　　④ 베르사유 체제 성립
⑤ 소비에트 사회주의 공화국 연방(소련) 수립

08 밑줄 친 '이 회의'의 결과로 옳은 것은?

> 제1차 세계 대전이 끝나고 전승국인 연합국의 정상들은 전후 문제를 처리하기 위해 이 회의를 개최하였다. 이 회의는 14개조 평화 원칙을 바탕으로 진행되었다.

① 빈 체제가 성립되었다.
② 파쇼다 사건이 일어났다.
③ 사라예보 사건이 일어났다.
④ 베르사유 조약이 체결되었다.
⑤ 3국 동맹과 3국 협상이 결성되었다.

09 ㉠～㉢에 대한 설명으로 옳은 것을 〈보기〉에서 고른 것은?

> 제1차 세계 대전 이후 베르사유 조약을 통해 패전국인 독일에 전쟁의 모든 책임을 묻는 세계 질서인 (㉠)이/가 성립되었다. 한편, 1920년에 국제 분쟁의 평화적 해결을 위한 국제 평화 기구로 (㉡)이/가 창설되었으며, 1928년에 국제 분쟁의 해결 수단으로 무력을 사용하지 않기로 합의한 (㉢)이/가 체결되었다.

┤ 보기 ├
ㄱ. ㉠ - 승전국 중심의 새로운 국제 질서를 말한다.
ㄴ. ㉡ - 미국과 소련이 불참하였다.
ㄷ. ㉡ - 산하에 안전 보장 이사회를 설치하였다.
ㄹ. ㉢ - 오스트리아·헝가리 제국이 해체되는 결과를 가져왔다.

① ㄱ, ㄴ　②ㄱ, ㄷ　③ ㄴ, ㄷ
④ ㄴ, ㄹ　⑤ ㄷ, ㄹ

10 다음 선언이 발표된 민족 운동이 일어나게 된 배경으로 적절한 것은?

> 칭다오를 돌려주고 중국과 일본 사이의 밀약 …… 불평등 조약까지 취소하는 것이 바로 공리이고 정의입니다. …… 산둥이 망하면 중국도 망합니다. …… 국민 대회를 열고 뜻을 굽히지 않겠다고 전국에 전보로 알리는 것이 오늘의 급무입니다.
> – 전 베이징 학생 톈안먼 선언, 1919

① 제2차 국공 합작이 전개되었다.
② 장제스가 국민당 정부를 수립하였다.
③ 마오쩌둥과 공산당이 대장정에 나섰다.
④ 장제스가 북벌 도중 공산당을 탄압하였다.
⑤ 일본이 강요한 21개조 요구가 파리 강화 회의에서 승인되었다.

11 다음 카드에서 설명하는 인물로 옳은 것은?

> **역사 인물 카드**
>
>
>
> • 지위: 튀르키예 공화국의 초대 대통령
> • 주요 업적: 여성 참정권 부여, 문자 개혁 등의 근대화 정책 시행

① 드골　②레닌　③ 윌슨
④ 루스벨트　⑤ 무스타파 케말

12 (가)～(다)에 들어갈 내용으로 적절하지 않은 것은?

> **아시아·아프리카 민족 운동 특별전**
>
> | 장소 | 전시 주제 |
> |---|---|
> | 아시아관 | – 한국, 3·1운동이 일어나다
– 인도, ____(가)____
– 베트남, ____(나)____ |
> | 아프리카관 | – 이집트, 반영 운동이 전개되다
– 모로코, ____(다)____ |

① (가) - 간디가 소금 행진에 나서다
② (가) - 네루가 무력 항쟁을 펼치다
③ (나) - 호찌민이 민족 운동을 주도하다
④ (다) - 5·4 운동이 전개되다
⑤ (다) - 에스파냐로부터 자치권을 얻어 내다

13 각국이 다음과 같은 정책을 시행한 공통적인 목적으로 가장 적절한 것은?

> • 영국과 프랑스 등은 본국과 해외 식민지를 하나로 묶는 블록 경제를 형성하였다.
> • 미국은 국가가 경제에 적극적으로 개입하여 조정자의 역할을 하는 뉴딜 정책을 추진하였다.

① 코민테른을 조직하기 위해
② 대공황의 위기에 대응하기 위해
③ 사회주의 혁명을 확산하기 위해
④ 제1차 세계 대전의 전후 처리를 위해
⑤ 반제국주의적 민족 운동을 지원하기 위해

14 ㉠에 들어갈 국가로 옳은 것은?

> (㉠)은/는 제1차 세계 대전의 승전국이었지만, 실익을 얻지 못하여 불만이 많았다. 이때 무솔리니가 등장하여 파시즘을 제시하였고, 그가 이끈 파시스트당이 정권을 장악하였다.

① 독일   ② 소련   ③ 일본
④ 이탈리아   ⑤ 오스트리아

15 (가)에 들어갈 대답으로 적절한 것을 〈보기〉에서 고른 것은?

> 대공황 이후 전체주의 국가의 대외 침략 사례를 알려 줄 수 있니?
> 독일이 오스트리아를 병합하였어.
> (가)

> ┤보기├
> ㄱ. 일본이 러일 전쟁을 일으켰어.
> ㄴ. 일본이 청일 전쟁을 일으켰어.
> ㄷ. 독일이 체코슬로바키아를 점령하였어.
> ㄹ. 이탈리아가 에티오피아를 침략하였어.

① ㄱ, ㄴ   ② ㄱ, ㄷ   ③ ㄴ, ㄷ
④ ㄴ, ㄹ   ⑤ ㄷ, ㄹ

16 지도와 같이 전개된 전쟁에 대한 설명으로 옳지 <u>않은</u> 것은?

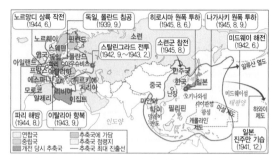

① 연합국의 승리로 종결되었다.
② 전쟁 중 독일이 소련을 침공하였다.
③ 영국의 저항으로 전쟁이 장기화되었다.
④ 국제 연합(UN)이 창설되는 배경이 되었다.
⑤ 독일의 무제한 잠수함 작전을 계기로 미국이 참전하였다.

17 ㉠, ㉡에 속하였던 국가를 옳게 연결한 것은?

> 제2차 세계 대전은 ㉠ 연합국과 ㉡ 추축국이 맞대결하는 양상을 띠며 전 세계로 확대되었다.

	㉠	㉡		㉠	㉡
①	독일	소련	②	미국	영국
③	소련	독일	④	일본	미국
⑤	일본	이탈리아			

18 (가)~(마) 시기에 일어난 사건으로 옳은 것은?

	1929		1939		1944		1945	
(가)		(나)		(다)		(라)		(마)
	대공황 발생		독소 불가침 조약 체결		노르망디 상륙 작전 전개		제2차 세계 대전 종결	

① (가) – 파시스트당의 로마 진군
② (나) – 소련의 스탈린그라드 전투 승리
③ (다) – 극동 국제 군사 재판 개최
④ (라) – 만주 사변
⑤ (마) – 태평양 전쟁 발발

03 민주주의의 확산
~ 인권 회복과 평화 확산을 위한 노력

19 ㉠~㉤ 중 옳지 <u>않은</u> 것은?

> ▶ 지식 Q&A
>
> 제1차 세계 대전 이후 민주주의의 확산 과정을 알고 싶어요.
>
> ▶ 답변하기
>
> ↳ ㉠ 독일에서 바이마르 헌법이 제정되었어요.
> ↳ ㉡ 보통 선거를 확대하는 국가들이 늘어났어요.
> ↳ ㉢ 유럽 대부분 국가들이 공화정을 채택하였어요.
> ↳ ㉣ 전체주의 국가들이 일당 독재를 강화하였어요.
> ↳ ㉤ 식민 지배를 받던 일부 국가들이 민족 자결주의 원칙에 따라 독립하였어요.

① ㉠ ② ㉡ ③ ㉢ ④ ㉣ ⑤ ㉤

20 다음 상황이 전개되면서 나타난 결과로 가장 적절한 것은?

> 20세기 초 팽크허스트를 비롯한 여성 운동가들은 여성의 정치적 권리를 남성과 평등하게 만들고자 노력하였다. 한편, 제1차 세계 대전이 총력전의 양상으로 전개되면서 여성들이 군수 물자 생산을 담당하는 등 그 역할이 커졌다.

① 시민 혁명이 일어났다.
② 여성의 참정권이 확대되었다.
③ 자본주의가 고도로 성장하였다.
④ 대공황의 위기가 전 세계로 확산되었다.
⑤ 생산 활동에 대한 정부의 개입이 강화되었다.

21 (가)에 들어갈 내용으로 옳은 것은?

> 대공황 이후 미국에서 _____(가)_____ 되면서 노동자의 단결권과 단체 교섭권이 인정되었다.

① 와그너법이 제정
② 워싱턴 회의가 개최
③ 인민 전선 정부가 수립
④ 뉘른베르크 재판이 개최
⑤ 신경제 정책(NEP)이 시행

22 다음 작품과 관련 있는 역사적 사실로 가장 적절한 것은?

> 유대인 친구들이 한꺼번에 열 명, 열다섯 명씩 사라지고 있어. 이들은 비밀경찰에게 구박을 받으며 가축용 트럭에 실려, 드렌테에 있는 가장 큰 유대인 수용소로 끌려가고 있는 거래. 그곳은 …… 여러 사람들이 한 곳에 뒤섞여 지내며 탈출도 불가능하대. – 안네 프랑크, 『안네의 일기』

① 연합군이 독일 드레스덴을 폭격하였다.
② 히틀러와 나치당이 홀로코스트를 일으켰다.
③ 러시아 정부군이 피의 일요일 사건을 일으켰다.
④ 일본군이 난징을 점령한 후 민간인을 학살하였다.
⑤ 이탈리아에서 파시스트 정부가 시민의 자유를 억압하였다.

23 ㉠에 들어갈 국제기구에 대한 설명으로 옳은 것을 〈보기〉에서 고른 것은?

> 제2차 세계 대전 이후 창설된 국제기구인 (㉠)은/는 국제 분쟁의 조정과 중재를 위해 안전 보장 이사회를 두고 있다.

┌ 보기 ┐
ㄱ. 미국 등 강대국이 불참하였다.
ㄴ. 대서양 헌장의 발표를 주도하였다.
ㄷ. 국제 평화와 국제 협력을 목표로 설립하였다.
ㄹ. 국제 분쟁을 억제할 수 있는 군사력을 갖추었다.

① ㄱ, ㄴ ② ㄱ, ㄷ ③ ㄴ, ㄷ
④ ㄴ, ㄹ ⑤ ㄷ, ㄹ

24 (가), (나) 재판에 대한 설명으로 옳은 것은?

> (가) 뉘른베르크 재판   (나) 극동 국제 군사 재판

① (가) – 나치스 전범 12명에게 사형이 선고되었다.
② (가) – 바이마르 공화국이 무너지는 결과를 가져왔다.
③ (나) – 난징 대학살이 일어나는 계기가 되었다.
④ (나) – 일본에서 군국주의가 강화되는 배경이 되었다.
⑤ (가), (나) – 제1차 세계 대전 중에 개최되었다.

VI

현대 세계의 전개와
과제

01 냉전 체제와 제3 세계의 형성 ~세계화와 경제 통합

●● 냉전 체제의 형성

1. *냉전 체제의 성립

(1) 배경: 제2차 세계 대전 이후 미국과 소련이 영향력을 확대하며 대립, 동유럽 여러 나라가 소련의 영향으로 공산화

(2) 성립: 자본주의 진영(미국 중심)과 공산주의 진영(소련 중심) 사이에 냉전 전개

구분	자본주의 진영	공산주의 진영
정치	트루먼 *독트린 발표 자료①	코민포름(공산당 정보국) 창설
경제	마셜 계획 추진(→ 서유럽에 막대한 자금을 투입하여 서유럽 경제를 재건하기 위함)	코메콘(경제 상호 원조 회의) 조직(→ 동유럽 공산주의 국가들의 상호 경제 지원을 위함)
군사	북대서양 조약 기구(NATO) 결성	바르샤바 조약 기구(WTO) 결성

2. 냉전의 확산

(1) 베를린 봉쇄: 소련의 베를린 봉쇄 → 서독(자본주의 진영)과 동독(공산주의 진영)으로 독일 분단 → 베를린 장벽 설치(1961)

(2) 냉전 속 *열전

중국	장제스의 국민당과 마오쩌둥의 공산당 간의 내전(국공 내전) 발생 → 공산당 승리 → 중화 인민 공화국 수립(1949)
한국	1945년 광복 후 냉전의 영향으로 남북 분단 → 소련의 지원을 받은 북한의 남한 침입, 6·25 전쟁 발발(1950)
베트남	독립 후 공산 정권이 들어선 북베트남과 미국이 지원하는 남베트남이 대립 → 베트남 전쟁 발발(1964)
쿠바	소련이 쿠바에 핵미사일 기지 건설 시도 → 미국의 반발, 미국과 소련의 핵전쟁 위기(쿠바 미사일 위기, 1962) 자료②

●● 냉전 체제의 변화

1. 인도와 동남아시아의 독립

(1) 인도: 영국의 식민 지배로부터 독립(1947) → 종교 갈등 지속 → 인도와 파키스탄으로 분리 자료③

(2) 동남아시아

① 베트남: 프랑스와 싸워 독립(제네바 협정 체결) → 남북 분단, 베트남 전쟁 발발 → 북베트남에 의해 통일(1975)

② 필리핀: 미국의 지원으로 공화국 수립 → 미국의 간섭에 반발하여 독립운동 전개

③ 인도네시아: 일본 항복 후 공화국 수립 선언 → 네덜란드와 전쟁을 거쳐 독립

④ 기타: 미얀마, 캄보디아, 라오스, 말레이시아 등 독립

생생 자료

자료① 트루먼 독트린

> 나는 미국의 정책이 소수 무장 세력이나 외부 압력에 굴복하지 않으려고 싸우는 자유민의 노력을 지원하는 것이어야 한다고 믿습니다. …… 우리가 그리스와 튀르키예에 원조하지 못한다면, 그 영향은 동서양을 막론하고 매우 광범위할 것입니다.
>
> – 트루먼 연설 중 일부

1947년 미국의 트루먼 대통령은 소련의 영향을 받아 공산화되는 국가가 증가하자, 공산주의 세력이 확대되는 것을 막겠다고 선언하였다. ─트루먼 독트린은 마셜 계획으로 구체화되었어.

자료② 쿠바 미사일 위기

← 쿠바 미사일 위기 상황을 담은 풍자화

미국이 튀르키예와 중동 지역에 핵미사일을 배치하자, 소련은 쿠바에 미사일 기지를 건설하였다. 이에 미국이 소련에 즉각적인 철수를 요구하면서 두 나라 사이에 핵전쟁의 위기가 고조되었다가, 소련이 쿠바에서 미사일 철수를 약속하면서 위기가 해소되었다.

자료③ 인도의 독립과 분리

→ 불교도가 많은 스리랑카도 독립하였고, 동파키스탄은 방글라데시로 독립하였어.

※괄호 안은 독립 연도임

제2차 세계 대전 이후 인도는 영국으로부터 독립하였으나 종교적 차이로 인해 힌두교 국가인 인도와 이슬람교 국가인 파키스탄으로 분리되었다.

쏙쏙 용어

* **냉전(冷-차다, 戰-전쟁)** 자본주의 진영과 공산주의 진영이 직접적인 무력 충돌보다는 정치, 군사, 외교 등에서 경쟁과 대립을 유지하던 상황
* **독트린** 국제 사회에서 한 나라가 공식적으로 표방하는 정책상의 원칙
* **열전(熱-뜨겁다, 戰-전쟁)** 무력을 사용하는 전쟁

2. 서아시아와 아프리카의 독립

서아시아	• 시리아·레바논·요르단: 프랑스와 영국의 위임 통치를 받음 → 제2차 세계 대전 이후 독립 • 팔레스타인 지역: 유대인이 영국과 미국 등의 지원을 받아 이스라엘 건국(1948) → 팔레스타인인과 인접 아랍 국가들 반발 → 네 차례의 중동 전쟁 발발, 이스라엘이 모두 승리
아프리카 자료④	• 이집트: 나세르가 왕정을 폐지하고 공화정 수립(1952) → 수에즈 운하의 국유화 선언, 운영권 회복 • '아프리카의 해': 리비아의 독립(1951)을 시작으로 1960년에 17개국이 독립

3. *제3 세계

(1) **등장**: 아시아·아프리카의 신생 독립국들이 자본주의 진영과 공산주의 진영 어디에도 가담하지 않겠다는 비동맹주의(비동맹 중립 노선)를 추구함

(2) **활동**: 인도의 네루와 중국의 저우언라이가 '평화 5원칙' 합의(1954) → 29개국 대표들이 아시아·아프리카 회의(반둥 회의)에서 '평화 10원칙' 결의(1955) → 제1차 비동맹 회의 개최(1961), 제3 세계 국가 간의 결속 다짐 자료⑤

4. 냉전의 완화

서술형 단골 제3 세계의 등장 이후 변화한 국제 질서의 모습을 묻는 문제가 자주 출제돼.

국제 질서의 다극화	• 제3 세계의 등장: 제3 세계의 등장으로 국제 질서가 미국과 소련 중심의 양극화 체제에서 다극화 체제로 변화함 • 사회주의 진영: 중국과 소련이 사회주의 노선과 영토 문제로 갈등, 폴란드·헝가리·유고슬라비아 등이 소련과 다른 독자 노선 추구 • 자본주의 진영: 프랑스가 북대서양 조약 기구(NATO) 탈퇴
긴장 완화의 분위기 형성 자료⑥	미국 닉슨 대통령의 닉슨 독트린 선언(1969), 닉슨의 중국 방문(1972), 미국과 중국의 정식 외교 관계 체결(1979), 미국과 소련의 전략 무기 제한 협정(SALT) 체결, 서독 총리가 동방 정책을 통해 동독 및 동유럽 국가와의 관계 개선

●● 냉전 체제의 해체

1. 소련의 변화와 해체

(1) **배경**: 1970년대 이후 공산당 관료 체제와 사회주의 경제 체제 강화 → 소련 사회의 경직, 경제 침체

(2) **고르바초프의 개혁**: 개혁(페레스트로이카)·개방(글라스노스트) 정책 추진 → 시장 경제 도입, 민주화 추진, 공산당 권력 축소, 언론 통제 완화, 동유럽 국가들에 대한 불간섭 선언

(3) **몰타 회담 개최**: 고르바초프와 미국의 부시 대통령이 만나 냉전 종식을 공식적으로 선언(1989)

(4) **소련의 해체**: 개혁에 반대하는 공산당의 쿠데타 발생 → 옐친이 쿠데타 저지 → 옐친이 권력 장악 후 소련 해체, 러시아 중심의 독립 국가 연합(CIS) 결성(1991)

생생 자료

자료④ 아프리카의 독립

1960년에는 아프리카의 17개국이 독립하여 '아프리카의 해'라고 불렸다. 그러나 서구 열강이 부족들의 기존 영역을 무시한 채 국경선을 임의로 그어 지배하였기 때문에 독립 과정에서 영토 분쟁이 자주 일어났다.

자료⑤ 평화 10원칙

1. 기본적인 인권 및 국제 연합의 헌장을 존중한다.
2. 모든 국가의 주권과 영토의 보존을 존중한다.
3. 모든 인종과 국가 사이의 평등을 인정한다.
4. 다른 나라의 내정에 간섭하지 않는다.
  ⋮
8. 국제 분쟁을 평화적인 방법으로 해결한다.
9. 서로 이익을 위해 협력한다.
10. 정의와 국제 의무를 존중한다.

아시아·아프리카의 29개국은 인도네시아 반둥에서 평화 5원칙을 기초로 아시아·아프리카 회의를 열었고, 상호 불가침 및 국제 분쟁의 평화적 해결을 강조한 평화 10원칙을 결의하였다.
└ 평화 10원칙 발표 후 제3 세계 형성이 공식화되었어.

자료⑥ 닉슨 독트린

• 미국은 앞으로 베트남 전쟁과 같은 군사적 개입을 피한다.
• 미국은 강대국의 핵 위협을 제외한, 내란이나 침략인 경우 아시아 각국이 스스로 협력하여 그에 대처하기를 바란다.
• 미국은 '태평양 국가'로서 그 지역에서 중요한 역할을 계속하지만 직접적·군사적·정치적 과잉 개입은 하지 않는다.

닉슨 대통령은 아시아의 군사적 분쟁에 더 이상 개입하지 않겠다는 닉슨 독트린을 발표하였고, 이후 미국은 베트남에서 군대를 철수하였다.

쏙쏙 용어

★ 제3 세계 냉전 시대에 미국을 중심으로 하는 제1 세계, 소련을 중심으로 하는 제2 세계에 속하지 않고 비동맹주의를 표방한 아시아·아프리카 등의 국가

01 냉전 체제와 제3 세계의 형성 ~ 세계화와 경제 통합

2. 동유럽의 변화와 독일의 통일 자료 ⑦

(1) **동유럽의 변화**: 소련이 동유럽 국가에 대한 불간섭 선언 → 동유럽 국가들에서 공산 정권 붕괴, 민주 정부 수립

(2) **독일의 통일**: 서독으로 탈출하는 동독 주민 증가 → 베를린 장벽 붕괴(1989) → 독일 통일(1990)

3. 중국의 개혁과 개방

(1) **마오쩌둥의 통치**

대약진 운동	1950년대에 대약진 운동 전개(인민공사 설립, 농업의 집단화 시도) → 무리한 계획, 자연재해 등으로 실패
문화 대혁명 자료 ⑧	대약진 운동 실패로 마오쩌둥의 정치적 입지 약화 → 문화 대혁명 추진 → 중국 전통문화 파괴, 예술인·지식인 탄압

(2) **덩샤오핑의 개혁**: *흑묘백묘론을 토대로 시장 경제 원리를 일부 도입, 개혁·개방 정책 추진(기업가와 농민의 이윤 보장, 경제특구 지정, 외국인의 투자 허용 등) → 중국 경제의 급속한 성장

(3) **톈안먼 사건(1989)**: 톈안먼 광장에서 민주화를 요구하는 대규모 시위 발생 → 중국 정부의 무력 진압, 수천 명의 인명 피해 발생

●● 세계화와 세계 경제의 변화

1. 새로운 경제 질서의 형성

(1) **세계화의 영향**: 교통·통신의 발달로 국가 간 사람·상품·자본의 이동 활발(→ 다국적 기업 성장, 노동자의 국제 이주 증가 등), 문화 교류의 증가(→ 문화의 융합·창조 증가, 문화적 차이로 갈등 발생)

(2) **자유 무역의 확대**

① **브레턴우즈 회의 개최**: 제2차 세계 대전 중 연합국 대표들이 미국 달러를 주거래 화폐로 결정, 국제 통화 기금(IMF)과 세계은행 설립 결정

② **관세 및 무역에 관한 일반 협정(GATT) 체결(1947)**: 관세 철폐와 무역 증대를 위해 체결 → 자유 무역 확대

③ **세계 무역 기구(WTO) 결성(1995)**: 무역과 투자의 자유화 추구 → 자유 무역 협정(FTA) 체결 증가

(3) **신자유주의 경제 체제의 형성**: 1970년대에 두 차례의 석유 파동 발생, 세계 경제의 불황 → 정부의 경제 개입 축소, 무역의 자유화와 시장 개방을 추구하는 신자유주의 등장(→ 복지 예산 삭감, 세금 감면, 국영 기업 *민영화, 각종 규제 완화) 예 대처주의, 레이거노믹스

서술형 단골 신자유주의의 특징과 신자유주의 정책의 구체적인 사례를 묻는 문제가 자주 출제돼.

2. 지역 단위의 협력 노력

(1) **배경**: 신자유주의와 세계화의 확대로 국가 간 무역 경쟁 심화

(2) **지역별 경제 협력체**: 지역 간 협력 강화, 공동의 이익 추구 자료 ⑨

유럽 연합 (EU)	정치·경제·통화의 통합을 추구하는 유럽 연합(EU) 성립(1993), 공동 화폐인 유로화를 사용하여 경제적 통합 추구
기타	아시아·태평양 경제 협력체(APEC), 동남아시아 국가 연합(ASEAN), 북미 자유 무역 협정(NAFTA) 등 결성

생생 자료

자료 ⑦ 동유럽 사회주의권의 붕괴와 독일의 통일

동유럽에 대한 소련의 불간섭 선언 이후 폴란드에서는 자유 노조를 이끌던 바웬사가 대통령에 선출되었고, 헝가리에서도 대통령제를 규정한 헌법이 마련되었다. 또한 동유럽 국가들은 시장 경제 원리를 도입하였다.

자료 ⑧ 문화 대혁명

— 대체로 중고등학생이었던 홍위병들은 문화 대혁명의 추진 세력이 되었어.

⬆ 마오쩌둥의 어록을 든 홍위병

대약진 운동의 실패로 정치적 위기를 맞은 마오쩌둥은 이를 극복하기 위해 사회주의 사상으로 무장한 홍위병을 앞세워 문화 대혁명을 일으켰다.

서술형 단골 문화 대혁명의 추진 배경과 그 결과를 묻는 문제가 자주 출제돼.

자료 ⑨ 지역별 경제 협력체

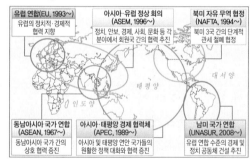

세계 경제가 확장되면서 지역 단위의 경제 통합도 강화되었다. 이에 따라 지역 내 경제 공동체가 형성되어 경제 협력을 강화하고 있다.

쏙쏙 용어

★ **흑묘백묘론** 검은 고양이든 흰 고양이든 쥐만 잘 잡으면 된다는 뜻으로, 중국 인민을 잘 살게 할 수 있다면 자본주의든 공산주의든 가리지 않겠다는 선언

★ **민영화(民-백성, 永-경영하다, 化-되다)** 국가가 지금까지 운영해 온 분야를 민간에게 위탁하는 것

대표 자료 확인하기

◆ 트루먼 독트린

> 나는 미국의 정책이 소수 무장 세력이나 외부 압력에 굴복하지 않으려고 싸우는 자유민의 노력을 지원하는 것이어야 한다고 믿습니다.　– 트루먼의 연설 중 일부

트루먼 독트린 선언 이후 세계는 미국 중심의 (① 　　　　) 진영과 소련 중심의 (② 　　　　) 진영으로 나뉘어 대립하는 (③ 　　　　) 체제가 형성되었다.

◆ 평화 10원칙

> 1. 기본적인 인권 및 국제 연합의 헌장을 존중한다.
> 2. 모든 국가의 주권과 영토의 보존을 존중한다.
> 3. 모든 인종과 국가 사이의 평등을 인정한다.
> ⋮
> 10. 정의와 국제 의무를 존중한다.

1955년 인도네시아 반둥에서 개최된 아시아·아프리카 회의 (반둥 회의)의 참가국들은 (④ 　　　　)을 결의하여 제3 세계의 형성을 공식화하였다.

한눈에 정리하기

◆ 냉전의 형성과 해체

냉전의 형성과 확산	• 형성: (① 　　　　) 독트린 발표 → 자본주의 진영과 공산주의 진영의 냉전 전개 • 확산: 독일의 분단, 아시아에서 중국의 국공 내전·한국의 6·25 전쟁·베트남 전쟁 발발, 쿠바 미사일 위기 발생
제3 세계의 등장	• 등장: (② 　　　　)를 내세운 아시아·아프리카의 신생 독립국들이 제3 세계 형성 • 활동: 평화 10원칙 결의, 제1차 비동맹 회의 개최
냉전의 완화	중국과 소련의 갈등, 프랑스의 북대서양 조약 기구(NATO) 탈퇴, 닉슨 대통령이 (③ 　　　　) 발표, 전략 무기 제한 협정(SALT) 체결 등
냉전의 해체	• 소련: 고르바초프의 개혁·개방 정책 추진 → 몰타 회담 개최 → 독립 국가 연합(CIS) 결성 • 유럽: 동유럽 공산주의 정권 붕괴, 독일 통일 • 중국: 마오쩌둥의 대약진 운동, 문화 대혁명 추진 → (④ 　　　　)의 개혁·개방 정책 추진

◆ 세계화와 세계 경제의 변화

새로운 경제 질서 형성	세계화, 자유 무역의 확대, 세계 무역 기구(WTO) 결성, 신자유주의 경제 체제의 형성
지역 단위의 협력 노력	유럽 연합(EU), 아시아·태평양 경제 협력체(APEC), 북미 자유 무역 협정(NAFTA) 등 다양한 지역 경제 협력체 결성

꼼꼼 개념 문제

1 제2차 세계 대전 이후 미국 대통령 트루먼은 서유럽에 경제적 지원을 하는 (　　　　)을 추진하였다.

2 다음 빈칸에 들어갈 내용을 쓰시오.

(1) 1961년 서독과 동독 사이에 (　　　　)이 설치되었다.

(2) 공산주의 진영은 동유럽 공산주의 국가들의 상호 경제 지원을 위해 (　　　　)을 결성하였다.

(3) 국공 내전에서 장제스의 국민당에 승리한 마오쩌둥의 공산당은 1949년 (　　　　)을 수립하였다.

(4) (　　　　)는 소련이 쿠바에 핵미사일을 배치하려고 시도하자, 미국이 이에 반발하면서 발생하였다.

3 다음 국가와 관련 있는 사건을 옳게 연결하시오.

(1) 인도　　•　　　　•　㉠ 남북 분단

(2) 베트남　•　　　　•　㉡ 파키스탄의 분리 독립

(3) 이집트　•　　　　•　㉢ 수에즈 운하 국유화 선언

4 다음 설명이 맞으면 ○표, 틀리면 ×표를 하시오.

(1) 이스라엘은 네 차례의 중동 전쟁에서 모두 패배하였다.
　　　　　　　　　　　　　　　　　　　(　　　)

(2) 1960년에 아프리카의 17개국이 독립하여 '아프리카의 해'라고 불렸다.
　　　　　　　　　　　　　　　　　　　(　　　)

5 다음 괄호 안의 내용 중 알맞은 말에 ○표를 하시오.

(1) (제2 세계, 제3 세계)는 비동맹주의를 내세운 아시아·아프리카의 신생 독립국을 말한다.

(2) 중국의 (덩샤오핑, 마오쩌둥)은 사회주의 사상으로 무장한 홍위병을 앞세워 문화 대혁명을 일으켰다.

(3) 소련의 (닉슨, 고르바초프)은/는 개혁·개방 정책을 주장하며 시장 경제 제도를 받아들이고 민주화를 추진하였다.

6 지역별 경제 협력체로 옳은 것만을 〈보기〉에서 있는 대로 골라 기호를 쓰시오.

┌ 보기 ┐
ㄱ. 유럽 연합(EU)
ㄴ. 바르샤바 조약 기구(WTO)
ㄷ. 북미 자유 무역 협정(NAFTA)
ㄹ. 동남아시아 국가 연합(ASEAN)
ㅁ. 아시아·태평양 경제 협력체(APEC)
└─────────────────────┘

01 다음 선언을 통해 추진된 정책으로 옳은 것은?

> 나는 미국의 정책이 소수 무장 세력이나 외부 압력에 굴복하지 않으려고 싸우는 자유민의 노력을 지원하는 것이어야 한다고 믿습니다. …… 우리가 그리스와 터키에 원조하지 못한다면, 그 영향은 동서양을 막론하고 매우 광범위할 것입니다.

① 소련이 베를린을 봉쇄하였다.
② 미국이 서유럽에 경제적 지원을 하였다.
③ 미국이 중국과 정식 외교 관계를 맺었다.
④ 전략 무기 제한 협정(SALT)이 체결되었다.
⑤ 프랑스가 북대서양 조약 기구(NATO)를 탈퇴하였다.

02 다음 기구들의 공통점으로 옳은 것은?

> • 코민포름(공산당 정보국)
> • 바르샤바 조약 기구(WTO)
> • 코메콘(경제 상호 원조 회의)

① 미국이 주도하여 조직하였다.
② 무역의 자유화를 추구하였다.
③ 공산주의 진영에서 조직하였다.
④ 냉전의 종식 이후에 결성되었다.
⑤ 자본주의 진영의 집단 방어 체제이다.

03 다음 사례를 활용한 탐구 주제로 가장 적절한 것은?

↑6·25 전쟁   ↑베트남 전쟁

① 냉전의 완화 계기
② 소련의 변화와 해체
③ 제3 세계의 형성 과정
④ 아시아·아프리카의 독립운동
⑤ 아시아에서 발생한 열전의 사례

04 그림과 관련된 사건으로 옳은 것은?

그림은 냉전 시기 미국과 소련의 대립을 풍자한 것입니다.

① 바웬사가 대통령에 선출되었다.
② 중화 인민 공화국이 수립되었다.
③ 독립 국가 연합(CIS)이 결성되었다.
④ 세계 무역 기구(WTO)가 출범하였다.
⑤ 소련이 쿠바에 미사일 기지 건설을 추진하였다.

05 밑줄 친 '이 국가'에 대한 설명으로 옳은 것은?

> 이 국가는 제2차 세계 대전 이후 공화국을 수립하고 독립을 선포하였지만, 결국 북쪽의 공산 정권과 남쪽의 친미 정권으로 나뉘게 되었다. 공산 정권이 남쪽에 공세를 가하자, 미국은 공산주의의 확산을 막는다는 명분으로 북쪽을 공격하여 전쟁이 일어났다.

① 톈안먼 사건을 무력 진압하였다.
② 제1차 비동맹 회의를 주도하였다.
③ 팔레스타인 지방에서 건국되었다.
④ 프랑스에 저항하여 독립 전쟁을 벌였다.
⑤ 아프리카의 해로 불리는 1960년에 독립하였다.

06 ㉠에 들어갈 국가로 옳은 것은?

> (㉠)에서는 나세르를 중심으로 한 청년 장교들이 중심이 되어 쿠데타를 일으켜 정권을 장악하였다. 이들은 공화정을 수립하고, 수에즈 운하의 국유화를 선언하였다.

① 쿠바   ② 리비아   ③ 이집트
④ 필리핀   ⑤ 이스라엘

07 (가)에 들어갈 내용으로 가장 적절한 것은?

① 냉전 체제가 강화되면서
② 중동 전쟁이 발발하면서
③ 종교 대립이 심화되면서
④ 아프리카의 17개국이 독립하면서
⑤ 왕정이 폐지되고 공화정이 수립되면서

이 문제에서 나올 수 있는 선택지는 다~!

08 다음 선언에 대한 설명으로 옳지 <u>않은</u> 것은?

> 1. 기본적 인권과 국제 연합의 헌장을 존중한다.
> 2. 모든 국가의 주권과 영토의 보전을 존중한다.
> 3. 모든 인종과 국가 사이의 평등을 인정한다.
> 4. 다른 나라의 내정에 간섭하지 않는다.
>   ⋮
> 10. 정의와 국제 의무를 존중한다.

① 평화 5원칙을 기초로 하였다.
② 비동맹주의를 표방하고 있다.
③ 인도네시아 반둥에서 발표되었다.
④ 제3 세계의 주장을 국제 사회에 알렸다.
⑤ 공산주의 진영을 지지하는 내용을 담고 있다.
⑥ 아시아와 아프리카 29개국 대표들이 채택하였다.
⑦ 상호 불가침 및 국제 분쟁의 평화적 해결을 강조하였다.

09 다음 세력에 대한 설명으로 옳은 것을 〈보기〉에서 고른 것은?

> 주로 아시아와 아프리카의 신생 독립국들로 구성되었으며, 비동맹주의를 내세워 독자적인 세력을 구축하였다.

ㄱ. 냉전의 강화에 기여하였다.
ㄴ. 제3 세계로 불리는 세력이다.
ㄷ. 마셜 계획의 추진을 주도하였다.
ㄹ. 국제 질서의 다극화에 영향을 주었다.

① ㄱ, ㄴ ② ㄱ, ㄷ ③ ㄴ, ㄷ
④ ㄴ, ㄹ ⑤ ㄷ, ㄹ

중요해

10 다음 선언에 대한 설명으로 옳은 것은?

> • 미국은 앞으로 베트남 전쟁과 같은 군사적 개입을 피한다.
> • 미국은 강대국의 핵 위협을 제외한, 내란이나 침략인 경우 아시아 각국이 스스로 협력하여 그에 대처하기를 바란다.

① 냉전 체제 완화에 기여하였다.
② 제3 세계가 형성되는 배경이 되었다.
③ 미국 대통령이 중국을 방문하여 발표하였다.
④ 소련이 베를린을 봉쇄하는 데 영향을 주었다.
⑤ 이스라엘이 팔레스타인 지역에 건국되는 계기가 되었다.

11 사진과 관련한 사건이 일어난 시기를 연표에서 옳게 고른 것은?

← 닉슨 대통령의 중국 방문

	(가)		(나)		(다)		(라)		(마)	
▲		▲		▲		▲		▲		▲
중화 인민 공화국 수립		쿠바 미사일 위기		닉슨 독트린 발표		미중의 정식 외교 수립		독일 통일		소련 해체

① (가) ② (나) ③ (다) ④ (라) ⑤ (마)

12 밑줄 친 '나'에 대한 설명으로 옳은 것은?

> 나는 페레스트로이카 정책이 소련과 같은 국가가 새로운 질적 상태로의 전환, 즉 권위주의적이고 관료주의적인 체제에서 벗어나 인간적이고 민주적인 사회로 평화롭게 이행하는 유일한 길이라고 생각합니다.

① 시장 경제를 도입하였다.
② 서유럽 경제를 재건하려 하였다.
③ 제1차 비동맹 회의를 주도하였다.
④ 베트남 전쟁에서 미군을 철수시켰다.
⑤ 자유 노조를 이끌어 대통령에 당선되었다.

13 (가)에 들어갈 내용으로 적절하지 <u>않은</u> 것은?

> ▶ 지식 Q&A
> 고르바초프의 개혁·개방 정책 이후 소련의 해체 과정에서 일어난 사건들을 알려 주세요.
> ▶ 답변하기
> └─ (가)

① 옐친이 권력을 장악하였어요.
② 공산당의 권력이 축소되었어요.
③ 사회주의 경제 체제가 강화되었어요.
④ 개혁에 반대하는 쿠데타가 일어났어요.
⑤ 몰타 회담에서 냉전의 종식이 선언되었어요.

14 지도의 상황이 나타나게 된 직접적인 배경으로 가장 적절한 것은?

> 독일 통일 (1990)
> (숫자) 체제 붕괴 연도
> 폴란드 (1989)
> 자유 노조 운동(1980)
> 독일
> 체코 (1989)
> 슬로바키아 (1993)
> 헝가리 (1989)
> 슬로베니아 (1990)
> 루마니아 (1989)
> 크로아티아
> 보스니아 헤르체고비나
> 몬테네그로
> 세르비아
> 불가리아 (1989)
> 알바니아 (1991)
> 마케도니아
> 유고슬라비아 해체 (1992)

① 마셜 계획이 추진되었다.
② 브레턴우즈 회의가 개최되었다.
③ 바르샤바 조약 기구(WTO)가 결성되었다.
④ 고르바초프가 동유럽에 대한 불간섭을 선언하였다.
⑤ 관세 및 무역에 관한 일반 협정(GATT)이 체결되었다.

15 마오쩌둥 집권기의 중국에서 있었던 사건으로 옳은 것을 〈보기〉에서 고른 것은?

> ┤보기├
> ㄱ. 대약진 운동이 전개되었다.
> ㄴ. 외국인의 투자가 허용되었다.
> ㄷ. 홍위병들이 중국 전통문화를 파괴하였다.
> ㄹ. 톈안먼 광장에서 민주화 시위가 발생하였다.

① ㄱ, ㄴ   ② ㄱ, ㄷ   ③ ㄴ, ㄷ
④ ㄴ, ㄹ   ⑤ ㄷ, ㄹ

16 다음과 같은 주장을 한 인물에 대한 설명으로 옳은 것은?

> 검은 고양이든 흰 고양이든 쥐만 잘 잡으면 된다.

① 경제특구를 설치하였다.
② 인민공사를 설립하였다.
③ 국공 내전에서 승리하였다.
④ 문화 대혁명을 추진하였다.
⑤ 삼민주의를 내세워 혁명 운동을 주도하였다.

17 다음에서 설명하는 기구로 옳은 것은?

> 1995년에 만들어진 국제기구로, 세계 무역 자유화 확대와 국제 무역 분쟁 조정 등의 역할을 맡고 있다. 이 기구의 설립 이후 자유 무역 협정(FTA) 체결이 늘어났다.

① 국제 통화 기금(IMF)
② 독립 국가 연합(CIS)
③ 세계 무역 기구(WTO)
④ 북대서양 조약 기구(NATO)
⑤ 아시아·태평양 경제 협력체(APEC)

18 세계화의 영향으로 적절한 것을 〈보기〉에서 고른 것은?

┤ 보기 ├
ㄱ. 다국적 기업이 성장하였다.
ㄴ. 노동자의 국제 이주가 감소하였다.
ㄷ. 국가 간 상품의 이동이 자유로워졌다.
ㄹ. 다양한 문화 간의 교류가 줄어들었다.

① ㄱ, ㄴ　　② ㄱ, ㄷ　　③ ㄴ, ㄷ
④ ㄴ, ㄹ　　⑤ ㄷ, ㄹ

이 문제에서 나올 수 있는 선택지는 다~!

19 ㉠을 바탕으로 시행된 정책의 내용으로 옳지 <u>않은</u> 것은?

두 차례의 석유 파동을 겪으며 세계 경제가 불황기에 접어들었다. 이에 경제 불황을 극복하기 위해서 대처주의와 같은 (㉠) 정책이 추진되었다.

① 복지 비용을 삭감한다.
② 민영 기업을 국영화한다.
③ 시장의 개방을 추구한다.
④ 정부의 각종 규제를 완화한다.
⑤ 민간 기업에 최대의 자유를 보장한다.
⑥ 경제 활동에 관한 국가의 개입을 줄인다.

20 (가)에 들어갈 지역별 경제 협력체에 대한 설명으로 옳은 것을 〈보기〉에서 고른 것은?

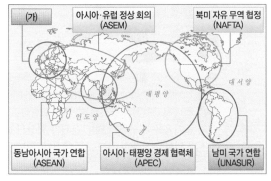

┤ 보기 ├
ㄱ. 유로화를 공동 화폐로 사용한다.
ㄴ. 유럽의 정치적·경제적 협력을 지향한다.
ㄷ. 제3 세계 국가 간의 결속을 위해 결성되었다.
ㄹ. 소련이 해체된 뒤 러시아를 중심으로 결성되었다.

① ㄱ, ㄴ　　② ㄱ, ㄷ　　③ ㄴ, ㄷ
④ ㄴ, ㄹ　　⑤ ㄷ, ㄹ

1 다음을 읽고 물음에 답하시오.

아시아와 아프리카 29개국 대표들은 평화 5원칙을 기초로 아시아·아프리카 회의(반둥 회의)를 열어, 제국주의에 반대하고 (㉠) 국가들이 서로 협력하자는 내용이 담긴 (㉡)을/를 발표하였다.

(1) ㉠, ㉡에 들어갈 내용을 각각 쓰시오.

_____

(2) ㉠ 세력의 기본 노선과 이 세력이 국제 사회에 끼친 영향을 서술하시오.

_____
_____
_____

2 마오쩌둥이 주도한 문화 대혁명의 추진 배경과 그 결과를 서술하시오.

_____
_____
_____

3 ㉠에 들어갈 용어를 쓰고, 그 특징을 서술하시오.

1970년 두 차례의 석유 파동을 겪으면서 세계 경제는 불황기에 접어들었다고 해.

이를 극복하기 위해 대처주의나 레이거노믹스 같은 (㉠) 정책이 추진되었어.

_____
_____
_____

02 탈권위주의 운동과 대중문화 발달

●● 탈권위주의 운동

1. 탈권위주의 운동의 등장 1960년대 전후 등장

(1) 배경: 이념 대립·물질 만능주의 심화, 대중 교육 확산, 시민 의식 성장 등

(2) 내용: 젊은 학생들 중심으로 기성세대의 권위주의적 체제에 저항

2. 탈권위주의 운동의 전개

(1) 민권 운동 　　서술형 단골 마틴 루서 킹과 넬슨 만델라가 전개한 민권 운동의 내용을 묻는 문제가 자주 출제돼.

① 흑인 민권 운동: 인종 차별에 저항, 흑인들의 인권 보장을 위해 노력

배경	제2차 세계 대전 이후에도 일부 국가에서 흑인 차별 정책 지속
전개	• 미국: 마틴 루서 킹의 주도로 워싱턴 행진(1963) 전개 → 민권법 통과(1964), 투표권법 발효(1965) 자료① • 남아프리카 공화국: 1950년대부터 넬슨 만델라 등이 *아파르트헤이트에 저항 → 흑인에 대한 인종 차별을 금지하는 법 제정

② 민주화 운동: 세계 각지에서 독재 정권에 대항

(2) 학생 운동: 학생들이 기성세대에 저항, 자유로운 공동체 추구

배경	*베이비붐 세대 등장, 대학 교육이 기성세대의 가치관 강요
전개	• 미국, 독일: 1964년부터 대학생들이 대학 내 정치 발언의 자유 요구 • 프랑스: 1968년 대학생 중심으로 68 운동(68 혁명) 전개 자료②
특징	반전 운동으로 확대, 민권 운동·여성 운동 등 사회 운동 성장에 기여

(3) 여성 운동: 남성 중심의 사회 질서와 성차별에 반대

배경	제2차 세계 대전 이후에도 여성에 대한 사회적·문화적 차별 지속
전개	여성 단체들 조직 → 출산·육아를 위한 휴직 보장과 교육·취업의 기회균등 요구, 직장 내 성차별에 저항, 신체적 자기 결정권 주장 등
성과	차별 금지법 통과(영국), 여성의 평등권을 명시한 헌법 개정(미국) 등

●● 대중 사회의 형성과 대중문화의 발달

1. 대중 사회의 형성

(1) 배경: 제2차 세계 대전 이후 산업화·도시화의 가속화, 경제 성장, 교육 수준 향상, *대중의 구매력 향상, 보통 선거 확산, 민주주의 발전 등

(2) 형성: 대중이 사회의 주체가 되어 영향력을 행사하는 대중 사회 형성

2. 대중문화의 등장과 발달

(1) 등장: 대중 사회의 출현, *대중 매체의 발달 → 대중 매체에 의해 대량 생산되며 대다수 사람이 쉽게 접하고 즐기는 대중문화 등장

(2) 발달: 1920년대 라디오 보급(→ 대중문화 전파 시작) → 영화·텔레비전 등장(→ 대중문화 확산) → 1960년대 청년 문화 형성 → 20세기 후반 이동 전화·인터넷 보급(→ 대중이 문화의 생산자로 참여) 자료③

(3) 문제점: 문화의 획일화, 지나친 상업성 추구, 정보 조작 등 발생 우려

생생 자료

자료① 마틴 루서 킹의 흑인 민권 운동

> 나에게는 꿈이 있습니다. 내 아이들이 피부색을 기준으로 사람을 평가하지 않고 인격을 기준으로 사람을 평가하는 나라에서 살게 되는 꿈입니다.
> 당시 백인들은 학교, 열차 등에서 흑백 분리 정책을 펼쳤다고 해. ― 마틴 루서 킹의 연설 중

미국에서 마틴 루서 킹은 흑인 차별 반대 시위를 이끌며, 흑인이 백인과 동등한 시민권을 얻기 위한 민권 운동을 주도하였다. 그 결과 1964년 민권법이 통과되어 흑인과 백인의 법적 차별이 없어졌으며, 1965년 투표권법이 발효되어 흑인의 투표권이 보장되었다.

자료② 68 운동(68 혁명)의 전개

'금지하는 모든 것을 금지하라.', '모든 권위에 도전하라.' 등의 구호를 내세웠지.

←68 운동 당시 시위 모습

1968년 프랑스의 대학생들이 대학 개혁과 민주화를 주장하며 시위를 벌이자, 노동자들도 총파업으로 동참하면서 사회 변혁 운동으로 발전하였다(68 운동). 이후 68 운동은 유럽, 미국, 일본 등으로 확산되면서 세계 각지의 체제 저항 운동으로 이어졌다.
　정부의 실정과 사회 모순에 저항하며 국가의 감시와 억압 반대, 개인의 자유와 권리 신장 등을 주장하였어.

자료③ 탈권위적 청년 문화

←우드스톡 페스티벌 모습

1960년대 후반 젊은 세대가 소비 주체로 성장하면서 기존 질서에 저항하는 청년 문화가 형성되었다. 청년들은 청바지·로큰롤·장발로 개성을 표현하였고, 자유와 즐거움을 추구하는 히피 문화가 확산되었으며, 반전과 평화를 노래한 우드스톡 페스티벌이 열렸다.
　당시 청년들은 넥타이와 정장으로 대표되는 기성세대의 옷차림을 거부하였다고 해.

쏙쏙 용어

★ **아파르트헤이트** 남아프리카 공화국의 백인 정권이 시행한 인종 분리 정책

★ **베이비붐 세대** 제2차 세계 대전 이후부터 인구가 크게 늘어난 세대로, 고등 교육을 이수함

★ **대중** 비슷한 생활 양식과 생각을 공유하는 불특정 다수

★ **대중 매체** 라디오, 텔레비전, 인터넷 등 많은 사람에게 대량의 정보를 전달하는 수단으로, 대중의 영향력 증대와 대중 사회의 성장에 기여함

대표 자료 확인하기

◆ 마틴 루서 킹의 흑인 민권 운동

> 나에게는 꿈이 있습니다. 내 아이들이 피부색을 기준으로 사람을 평가하지 않고 인격을 기준으로 사람을 평가하는 나라에서 살게 되는 꿈입니다. – (①)의 연설 중

미국에서 (①   )이 흑인 민권 운동을 전개한 결과 1965년에 투표권법이 발효되어 흑인의 투표권이 보장되었다.

◆ 탈권위적 청년 문화의 등장

← 우드스톡 페스티벌 모습

1960년대 후반 탈권위주의 흐름 속에서 젊은 세대가 소비의 주체로 성장하면서 기존 사회 질서에 (②   )하는 성격을 띤 청년 문화가 형성되었다. 반전과 평화를 노래한 우드스톡 페스티벌이 열린 것을 대표적 사례로 들 수 있다.

한눈에 정리하기

◆ 탈권위주의 운동의 전개

민권 운동	• 흑인 민권 운동: 미국에서 마틴 루서 킹이 워싱턴 행진 주도(→ 민권법 통과), 남아프리카 공화국에서 넬슨 만델라 등이 (①)에 저항 • 민주화 운동: 세계 각지에서 독재 정권에 대항
학생 운동	학생들이 기성세대에 저항, 자유로운 공동체 추구 → 68 운동(68 혁명) 등의 학생 운동 전개
여성 운동	남성 중심의 사회 질서와 (②)에 반대 → 출산·육아를 위한 휴직 보장과 교육·취업의 기회 균등 요구, 직장 내 성차별에 저항 등

◆ 대중 사회의 형성과 대중문화의 발달

대중 사회	• 배경: 제2차 세계 대전 이후 산업화·도시화의 가속화, 경제 성장, 교육 수준 향상 등 • 형성: 대중이 사회의 주체가 되어 영향력을 행사하는 (③) 형성
대중 문화	• 배경: 대중 사회 출현, 대중 매체 발달 → 대다수 사람이 쉽게 접하고 즐기는 (④) 등장 • 발달: 1920년대 대중문화 전파 시작 → 1960년대 청년 문화 형성 → 20세기 후반 대중이 문화의 생산자로 참여 • 문제점: 문화의 획일화, 정보 조작 등 발생 우려

---

1 다음 빈칸에 들어갈 내용을 쓰시오.

(1) 1960년대 전후 학생들이 중심이 되어 기성세대의 권위주의적 체제에 저항하는 (   ) 운동이 등장하였다.

(2) 미국에서 흑인에 대한 차별을 반대하는 시위가 전개된 결과, 1964년에 (   )이 통과되어 흑인과 백인 사이의 법적 차별이 폐지되었다.

2 다음에서 설명하는 탈권위주의 운동이 전개된 국가를 〈보기〉에서 골라 기호를 쓰시오.

> ┤ 보기 ├
> ㄱ. 미국   ㄴ. 프랑스   ㄷ. 남아프리카 공화국

(1) 마틴 루서 킹이 워싱턴 행진을 주도하였다. (   )

(2) 넬슨 만델라가 아파르트헤이트에 저항하는 활동을 전개하였다. (   )

(3) 대학생들과 노동자들을 중심으로 68 운동(68 혁명)이 전개되었다. (   )

3 다음 탈권위주의 운동과 그 주요 내용을 옳게 연결하시오.

(1) 여성 운동 •   • ㉠ 독재 정권에 대항함

(2) 민주화 운동 •   • ㉡ 직장 내 성차별에 반대함

4 다음 설명이 맞으면 ○표, 틀리면 ×표를 하시오.

(1) 제2차 세계 대전 이후 경제 성장을 배경으로 대중 사회가 등장하였다. (   )

(2) 대중의 구매력이 향상되고 민주주의가 발전하면서 대중 사회가 쇠퇴하였다. (   )

5 (㉠   )는 특정 계층이 아닌 대다수 사람들이 쉽게 접하고 즐기는 문화로, 텔레비전과 인터넷 등 (㉡   )의 발달을 배경으로 등장하였다.

6 다음 괄호 안의 내용 중 알맞은 말에 ○표를 하시오.

(1) 1920년대 (라디오, 텔레비전)이/가 보급되면서 대중문화가 전파되기 시작하였다.

(2) 1960년대 청바지와 로큰롤이 유행하고 히피 문화가 확산되는 등 (권위적, 탈권위적) 청년 문화가 형성되었다.

(3) 20세기 후반 (영화, 인터넷)의 보급으로 쌍방향 의사소통이 가능해져 대중이 문화의 생산자로 참여하게 되었다.

01 ㉠에 들어갈 용어의 사례로 옳지 않은 것은?

> 제2차 세계 대전 이후 기존 체제에서 벗어나 자유를 추구하는 다양한 사회 운동이 나타났는데, 이 운동들은 기존의 권위주의에서 벗어나려고 했기 때문에 (㉠)(이)라고 한다.

① 여성 운동
② 학생 운동
③ 대약진 운동
④ 민주화 운동
⑤ 흑인 민권 운동

02 (가)에 들어갈 대답으로 적절한 것을 〈보기〉에서 고른 것은?

탈권위주의 운동의 등장 배경에 대해 설명해 줄 수 있니?

(가)

┤보기├
ㄱ. 물질 만능주의가 확산되었어.
ㄴ. 대중 교육이 확산되면서 시민 의식이 성장하였어.
ㄷ. 미소 냉전 체제의 종식으로 이념 대립이 약화되었어.
ㄹ. 세계 무역 기구(WTO)가 결성되면서 세계화가 심화되었어.

① ㄱ, ㄴ
② ㄱ, ㄷ
③ ㄴ, ㄷ
④ ㄴ, ㄹ
⑤ ㄷ, ㄹ

03 밑줄 친 행진에서 내세웠을 주장으로 가장 적절한 것은?

> 제2차 세계 대전 이후 국민으로서 자유와 평등한 권리를 보장받기 위한 민권 운동이 일어났다. 특히 미국에서는 1963년 워싱턴 행진이 전개되었다.

① 독재 정권은 물러가라!
② 인종 차별을 폐지하라!
③ 모든 노동자의 근무 조건을 향상하라!
④ 여성의 신체적 자기 결정권을 보장하라!
⑤ 학생들에게 대학 내 정치 발언의 자유를 보장하라!

이 문제에서 나올 수 있는 선택지는 다~!

04 다음 연설을 한 인물의 활동으로 옳은 것은?

나에게는 꿈이 있습니다. 내 아이들이 피부색을 기준으로 사람을 평가하지 않고 인격을 기준으로 사람을 평가하는 나라에서 살게 되는 꿈입니다.

① 68 운동을 주도하였다.
② 뉴딜 정책을 추진하였다.
③ 마셜 계획을 추진하였다.
④ 14개조 평화 원칙을 주장하였다.
⑤ 흑인이 백인과 동등한 시민권을 얻기 위한 민권 운동을 주도하였다.
⑥ 아시아에서 일어나는 전쟁에 미국은 참여하지 않겠다고 선언하였다.

중요해

05 밑줄 친 '이 운동'에 대한 설명으로 옳은 것은?

> 사진은 1968년 대학생들과 노동자들이 중심이 되어 전개된 이 운동의 모습을 나타낸다. 이들은 '금지하는 모든 것을 금지하라.' 등의 구호를 외치며 시위를 벌였다.

① 독일에서 시작되었다.
② 넬슨 만델라가 주도하였다.
③ 대학 개혁과 민주화를 주장하였다.
④ 유럽 지역에 국한하여 전개되었다.
⑤ 미국에서 민권법이 제정되는 데 영향을 주었다.

06 (가)에 들어갈 내용으로 옳지 않은 것은?

> 1960년대 이후 남성 중심적인 사회 체제와 성차별에 반대하며 여성 운동이 일어났다. 이 운동은 참정권 획득을 넘어 _____ (가) _____ 하였다.

① 아파르트헤이트에 저항
② 취업의 기회균등을 요구
③ 신체적 자기 결정권을 주장
④ 육아를 위한 휴직의 보장을 주장
⑤ 직장 내 승진에서 겪는 성차별에 저항

07 (가), (나)에 대한 설명으로 옳지 <u>않은</u> 것은?

(가) 학생 운동	(나) 여성 운동

① (가) – 반전 운동으로 확대되었다.
② (가) – 자유로운 공동체를 추구하였다.
③ (가) – 다양한 사회 운동의 성장에 기여하였다.
④ (나) – 남성 중심의 사회 질서에 반대하였다.
⑤ (나) – 영국에서 차별 금지법이 통과된 것을 배경으로 전개되었다.

08 (가)에 들어갈 내용으로 가장 적절한 것은?

> **조사 보고서**
> • 제목: _____ (가) _____
> • 시기: 제2차 세계 대전 이후
> • 배경: 산업화와 도시화의 가속화, 경제 성장, 교육 수준 향상, 보통 선거의 확산 등
> • 내용: 대중이 사회의 주체가 되어 영향력 행사

① 대중 매체의 출현
② 대중 사회의 등장
③ 대중문화의 획일화
④ 흑백 분리 정책의 시행
⑤ 권위주의적 체제의 형성

중요해
09 다음 학습 목표를 수행한 내용으로 옳은 것을 〈보기〉에서 고른 것은?

> • 학습 목표: 대중문화에 대해 설명할 수 있다.

┤ 보기 ├
ㄱ. 특정 계층만이 향유할 수 있다.
ㄴ. 대중 매체를 통해 대량으로 생산된다.
ㄷ. 텔레비전과 영화의 등장을 계기로 확산되었다.
ㄹ. 이동 전화와 인터넷이 보급되면서 전파되기 시작하였다.

① ㄱ, ㄴ   ② ㄱ, ㄷ   ③ ㄴ, ㄷ
④ ㄴ, ㄹ   ⑤ ㄷ, ㄹ

10 다음 사진전에 전시될 작품의 제목으로 적절하지 <u>않은</u> 것은?

> **초대장**
> 1960년대 형성된 탈권위적인 청년 문화의 모습을 볼 수 있는 사진전에 초대합니다.
> • 일시: 200○○. ○. ○.
> • 장소: △△중학교 다목적실

① 자유를 추구하는 히피
② 청바지를 입은 청년들
③ 로큰롤에 열광하는 관객들
④ 우드스톡 페스티벌 현장 모습
⑤ 넥타이와 정장을 착용한 사람들

학교 시험에 잘 나오는 서 술 형 문제

1 다음 두 인물이 전개한 민권 운동의 공통적인 특징을 서술하시오.

• 넬슨 만델라	• 마틴 루서 킹

_____

_____

2 ㉠에 들어갈 용어를 쓰고, 그 등장 배경을 <u>두 가지</u> 서술하시오.

> 다수의 취향과 정서를 반영하며, 대다수 사람이 쉽게 접하고 즐기는 문화는?

역사 스피드 퀴즈 ㉠

_____

_____

_____

03 현대 세계의 문제 해결을 위한 노력

•• 현대 세계의 다양한 문제

1. 지역 분쟁과 국제 갈등

(1) **지역 분쟁**: 냉전 체제 해체 이후 인종, 종교, 부족의 차이 등으로 발생

종교 및 민족 간 갈등	이슬람교도가 많은 카슈미르 지방이 인도에 강제 편입 → 인도와 파키스탄의 무력 충돌 발생(카슈미르 분쟁), 이스라엘 건국을 둘러싸고 이스라엘과 팔레스타인의 갈등 지속(팔레스타인 분쟁)
부족 간 갈등	르완다, 콩고 등 아프리카 여러 지역에서 내전 발생 → 수많은 주민이 학살되거나 희생당함

(2) *난민 문제: 지역 간 분쟁 등을 피해 다른 지역으로 탈출하는 난민 발생 → 피난 과정에서 사상자 발생, 난민 수용국에서 민족 간 갈등 발생

(3) 대량 살상 무기 문제: 핵무기·생화학 무기 개발 및 보유 국가 증가 → 핵전쟁의 위험, 핵 실험 과정에서 방사능 오염 등 피해 발생

2. 빈곤과 질병 문제

(1) **배경**: 신자유주의와 세계화가 확대되면서 국가 간의 경제적 차이 심화

(2) **남북문제**: 북반구의 선진 공업국과 남반구의 개발 도상국 사이의 경제적 격차로 발생 〔자료①〕

(3) **질병 문제**: 아프리카와 아시아의 개발 도상국에서 각종 질병, 영양실조로 인한 기아 문제, 의료 시설과 의약품 부족 문제 등 발생

3. 환경 문제
산업화와 인구 증가로 전 세계의 자원 소비량·폐기물 급증

(1) **지구 온난화**: 화석 연료 사용 등으로 온실가스 배출 증가 → 지구 온난화로 빙하가 녹아 해수면의 높이 상승, 생태계 파괴

(2) **사막화**: 무분별한 삼림 파괴, 황폐화되는 땅 증가 예 아랄해 등 〔자료②〕

(3) **기타**: 기상 이변, 열대림 파괴, 생물종 감소, 오존층 파괴 등

•• 현대 세계의 문제 해결을 위한 노력

1. 국제 사회의 노력 〔자료③〕

(1) **지역 분쟁과 국제 갈등 해결**: 국제 연합(UN)이 평화 유지군(PKF) 파견·난민 기구 조직(1950)·난민 협약 체결(1951), 대량 살상 무기의 사용과 개발 금지를 위해 *핵 확산 금지 조약(NPT)·생물 무기 금지 협약(BWC) 등 국제 협약 체결, 반전 평화 운동 전개 등

(2) **빈곤과 질병 문제 해결**: 국제 부흥 개발 은행(IBRD)을 통해 개발 도상국에 기술 및 자금 지원, 공정 무역 실시, 세계 보건 기구(WHO)의 긴급 구호 활동, 국경 없는 의사회(MSF) 등 *비정부 기구(NGO)의 활동 등

(3) **환경 문제 해결**: 온실가스 배출량을 줄이기 위해 교토 의정서(1997)·파리 기후 협약(2015) 등 국제 협약 체결, 신·재생 에너지 개발 사업 추진, 그린피스·지구의 벗 등 비정부 기구(NGO)의 활동

> 서술형 단골 환경 문제를 해결하기 위한 국제 사회의 노력을 묻는 문제가 자주 출제돼.

2. 우리의 자세
빈곤 지역을 돕는 기부에 동참, 난민에 관심, 다문화·다인종을 인정하고 존중하는 태도 함양, 에너지 절약 실천 등

생생 자료

자료 ① 남북문제

> 선진국이 몰려 있는 북반구와 개발 도상국이 많이 있는 남반구가 1인당 국민 총생산에서 큰 차이가 나는 것을 볼 수 있어.

(국제 통화 기금, 2015)

1인당 국내 총생산(달러)
- 35,000 이상
- 15,000 이상
- 10,000 이상
- 5,000 이상
- 3,500 이상
- 1,800 이상
- 900 이상
- 900 미만
- 자료 없음

↑ 1인당 국내 총생산

높은 기술과 자본을 가진 선진국에 세계의 부가 집중되면서 선진국과 개발 도상국 사이의 경제적 격차로 발생하는 문제를 남북문제라고 한다.

자료 ② 아랄해의 사막화

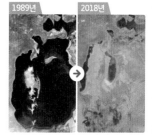
1989년 2018년

중앙아시아의 아랄해는 세계에서 네 번째로 큰 호수였지만, 농지 개간과 댐 건설 등의 영향으로 호수의 물이 줄어들면서 사막화가 점차 가속화되고 있다.

자료 ③ 현대 문제 해결을 위한 국제 사회의 노력

↑ 평화 유지군(PKF)의 활동   ↑ 국경 없는 의사회(MSF)의 활동

국제 연합(UN)은 평화 유지군(PKF)을 파견하여 분쟁 지역의 평화와 질서 유지에 이바지하고 있다. 국경 없는 의사회는 인종, 종교 등을 막론하고 도움이 필요한 모든 사람에게 의료 서비스를 제공하고 있다.

> 국제 연합(UN)에 속한 국가가 파견한 부대로 구성돼

쏙쏙 용어

★ **난민** 인종, 종교 등의 차이로 발생하는 박해나 분쟁 등을 피해 다른 지역으로 탈출하는 사람들

★ **핵 확산 금지 조약(NPT)** 핵무기 보유 국가는 핵무기 관련 기술을 전파하지 않고, 핵무기가 없는 국가는 핵무기를 개발하지 않는다는 내용을 담고 있는 조약

★ **비정부 기구(NGO)** 권력이나 이윤 추구를 목표로 하지 않는 자발적 단체로, 민간인들이 조직함

대표 자료 확인하기

◆ 남북문제의 발생

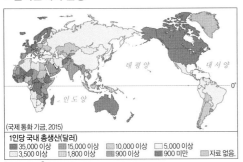

태평양

대서양

인도양

0°

(국제 통화 기금, 2015)
1인당 국내 총생산(달러)
■ 35,000 이상 ■ 15,000 이상 □ 10,000 이상 □ 5,000 이상
■ 3,500 이상 ■ 1,800 이상 ■ 900 이상 ■ 900 미만 □ 자료 없음.

선진국이 몰려 있는 (①   )와 개발 도상국이 많이
있는 (②   )가 1인당 국민 총생산에서 큰 차이가
나는 것을 볼 수 있다. 높은 기술과 자본을 가진 선진국에
세계의 부가 집중되면서 선진국과 개발 도상국 사이의 경
제적 격차가 점점 더 벌어졌다. 이로 인해 발생하는 문제를
(③   )라고 한다.

한눈에 정리하기

◆ 현대 세계의 다양한 문제

지역 분쟁과 국제 갈등	• 지역 분쟁: (①) 체제 해체 이후 인종, 종교, 부족의 차이 등으로 분쟁 발생 예 카슈미르 분쟁, 팔레스타인 분쟁 등 • 난민 문제: 지역 간 분쟁 등을 피해 다른 지역으로 탈출하는 난민 발생 • 대량 살상 무기 문제: 핵전쟁의 위험, 방사능 오염 등 피해 발생
빈곤과 질병 문제	• 남북문제: 북반구의 선진 공업국과 남반구의 개발 도상국 사이의 경제적 차이로 발생 • 질병 문제: 아프리카·아시아의 개발 도상국에서 각종 질병, 기아 문제 등 발생
환경 문제	산업화, 인구 증가 등으로 자원 소비량과 폐기물의 양 급증 → 지구 온난화, 사막화, 기상 이변, 오존층 파괴 등 발생

◆ 현대 세계의 문제 해결을 위한 노력

지역 분쟁과 국제 갈등 해결 노력	국제 연합(UN)의 평화 유지군(PKF) 파견, 대량 살상 무기 문제 해결을 위한 (②)(NPT) 체결, 반전 평화 운동 전개 등
빈곤과 질병 문제 해결 노력	개발 도상국에 기술 및 자금 지원, 공정 무역 실시, 세계 보건 기구(WHO)의 긴급 구호 활동, 국경 없는 의사회 등의 활동 등
환경 문제 해결 노력	온실가스 배출량을 줄이기 위한 국제 협약 체결, 신·재생 에너지 개발 사업 추진, 그린피스 등 (③)(NGO)의 활동

꼼꼼 개념 문제

1 다음 괄호 안의 내용 중 알맞은 말에 ○표를 하시오.
(1) 인도와 파키스탄은 (카슈미르, 팔레스타인) 지역을 둘러싸고 무력 충돌을 벌이고 있다.
(2) 부족 간 갈등으로 (르완다, 이스라엘)에서 내전이 일어나 수많은 주민이 학살되거나 희생되었다.

2 다음 빈칸에 들어갈 내용을 쓰시오.
(1) 지역 간 분쟁을 피해 탈출한 (   )을 수용한 국가에서는 민족 간 갈등이 발생하고 있다.
(2) 핵무기, 생화학 무기를 비롯한 (   )를 보유하는 국가가 늘어나 핵전쟁의 위험이 사라지지 않고 있다.

3 다음 설명이 맞으면 ○표, 틀리면 ×표를 하시오.
(1) 신자유주의와 세계화의 확대로 국가 간의 경제적 차이가 완화되었다. (   )
(2) 북반구의 선진 공업국과 남반구의 개발 도상국 사이의 경제적 격차로 발생하는 문제를 남북문제라고 한다. (   )
(3) 아프리카와 아시아의 개발 도상국에서는 각종 질병, 영양 실조로 인한 기아 문제, 의료 시설 부족 등이 발생하고 있다. (   )

4 화석 연료 사용 등에 따른 온실가스 배출 증가로 (㉠   ) 현상이 지속되고 있으며, 무분별한 삼림 파괴로 황폐화되는 땅이 늘어나는 (㉡   )의 피해도 가속화되고 있다.

5 대량 살상 무기 문제 해결을 위해 체결된 국제 협약을 〈보기〉에서 골라 기호를 쓰시오.

┌ 보기 ┐
ㄱ. 교토 의정서   ㄴ. 파리 기후 협약
ㄷ. 핵 확산 금지 조약(NPT) ㄹ. 생물 무기 금지 협약(BWC)
└─────────────────────┘

6 현대 세계의 문제와 관련 있는 국제기구를 옳게 연결하시오.
(1) 빈곤 문제 •   • ㉠ 세계 보건 기구(WHO)
(2) 질병 문제 •   • ㉡ 국제 부흥 개발 은행(IBRD)

01 ㉠~㉤ 중 옳지 않은 것은?

> 오늘날 세계 여러 지역에서 ㉠ 종교, 인종, 민족 간의 차이 등으로 분쟁이 발생하고 있다. 또한 ㉡ 극심한 이념 대립으로 북반구와 남반구 국가 간의 갈등이 심화되는 남북문제가 일어나고 있다. ㉢ 분쟁 지역에서는 수많은 사상자가 발생하고, ㉣ 난민이 증가하고 있다. 한편, ㉤ 테러와 핵전쟁의 위험도 사라지지 않았다.

① ㉠   ② ㉡   ③ ㉢   ④ ㉣   ⑤ ㉤

02 ㉠, ㉡에 들어갈 내용을 옳게 연결한 것은?

> 오늘날 세계 곳곳에서 종교나 민족 간 갈등, 분쟁이 계속되고 있다. (㉠) 지역에서 인도와 파키스탄 간 무력 충돌이 벌어지고 있으며, 중동 전쟁을 벌였던 이스라엘과 (㉡)도 여전히 갈등을 일으키고 있다.

	㉠	㉡
①	르완다	팔레스타인
②	카슈미르	르완다
③	카슈미르	팔레스타인
④	팔레스타인	르완다
⑤	팔레스타인	카슈미르

03 다음과 같은 운동이 전개된 배경으로 가장 적절한 것은?

← 독일에서 전개된 반핵 시위

① 신자유주의가 확대되고 있기 때문이다.
② 선진 공업국에 세계의 부가 집중되기 때문이다.
③ 예측하기 어려운 기상 이변이 일어나기 때문이다.
④ 기아, 의료 시설과 의약품 부족 문제가 발생하였기 때문이다.
⑤ 대량 살상 무기를 개발하고 보유하는 국가가 늘어나고 있기 때문이다.

04 (가)에 들어갈 내용으로 가장 적절한 것은?

> _____(가)_____ 로 국가 간 경제 교류가 활발해지면서 국가 간의 경제적 차이도 더욱 심해진 것을 배경으로 현대 사회의 빈곤 문제가 발생하고 있다.

① 냉전 체제의 심화
② 산업 혁명의 전개
③ 지역 이기주의의 심화
④ 신자유주의와 세계화의 확대
⑤ 사회주의 계획 경제 체제의 강화

중요해
05 지도는 1인당 국민 총생산을 나타낸 것이다. 이와 관련된 탐구 활동으로 가장 적절한 것은?

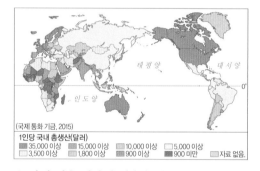

(국제 통화 기금, 2015)
1인당 국내 총생산(달러)
■35,000 이상 ■15,000 이상 ■10,000 이상 □5,000 이상
□3,500 이상 ■1,800 이상 ■900 이상 ■900 미만 □자료 없음.

① 파리 기후 협약의 내용을 살펴본다.
② 국제 연합(UN)의 결성 배경을 찾아본다.
③ 냉전 체제 속에서 발생한 열전을 정리한다.
④ 크리스트교와 이슬람교가 대립한 배경을 조사한다.
⑤ 북반구의 선진 공업국과 남반구의 개발 도상국의 산업 구조를 비교한다.

06 ㉠에 들어갈 환경 문제로 가장 적절한 것은?

> 산업화가 급속하게 진행되는 과정에서 석탄, 석유와 같은 화석 연료의 사용이 급증하면서 온실가스 배출이 증가하였다. 이로 인해 (㉠) 현상이 발생하고 있다. 그 영향으로 극지방과 고산 지대의 빙하가 녹아 해수면 높이가 상승하고 있다.

① 사막화   ② 지구 온난화
③ 방사능 오염   ④ 생물종 감소
⑤ 열대림 파괴

07 ㉠에 들어갈 단체로 옳은 것은?

국제 연합(UN)에 속한 각 국가가 파견한 부대로 구성되고 분쟁 지역의 평화 유지를 위해 활동하는 단체는?

역사 스피드 퀴즈

㉠

① 그린피스　　　　② 국제 연맹
③ 유럽 연합(EU)　　④ 평화 유지군(PKF)
⑤ 국경 없는 의사회(MSF)

중요해

08 (가)에 들어갈 내용으로 적절한 것은?

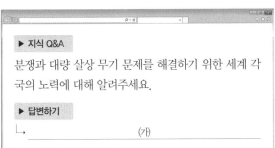

▶ 지식 Q&A

분쟁과 대량 살상 무기 문제를 해결하기 위한 세계 각 국의 노력에 대해 알려주세요.

▶ 답변하기

└　　　　　　　　　(가)

① 핵 확산 금지 조약(NPT)을 체결하였어요.
② 신·재생 에너지 개발 사업을 벌이고 있어요.
③ 난민 기구를 조직하고 난민 협약을 체결하였어요.
④ 공정한 무역을 할 수 있는 방법을 마련하고 있어요.
⑤ 온실가스 배출량을 줄이기 위한 국제 협약을 체결하였어요.

09 현대 사회의 다양한 문제를 해결하기 위한 국제 사회의 노력으로 적절하지 <u>않은</u> 것은?

① 지구의 벗이 생태계 파괴를 막기 위한 활동을 벌였다.
② 국경 없는 의사회가 재난 지역에 의료 서비스를 제공하였다.
③ 국제 부흥 개발 은행(IBRD)이 개발 도상국에 기술 및 자금을 지원하였다.
④ 미국의 트루먼 대통령이 서유럽 경제 재건을 위해 마셜 계획을 추진하였다.
⑤ 대량 살상 무기의 확산을 막기 위해 국제 사회가 생물 무기 금지 협약(BWC)을 체결하였다.

10 다음에 해당하는 사례로 볼 수 있는 것은?

현대 세계의 여러 문제를 해결하기 위해 이윤 추구를 목표로 하지 않는 자발적 단체인 비정부 기구(NGO)가 세계 곳곳에서 활발하게 활동하고 있다.

① 북대서양 조약 기구(NATO)가 결성되었다.
② 동남아시아 국가 연합(ASEAN)을 결성하였다.
③ 소련이 동유럽 국가와 경제 상호 원조 회의를 조직하였다.
④ 자유 무역 확대를 위해 세계 무역 기구(WTO)가 출범하였다.
⑤ 그린피스가 환경 보전의 중요성을 홍보하는 활동을 전개하였다.

이 문제에서 나올 수 있는 선택지는 다~!

11 현대 세계의 문제 해결을 위해 우리가 갖추어야 할 자세로 적절하지 <u>않은</u> 것은?

① 에너지 절약을 실천한다.
② 반전 평화 운동에 동참한다.
③ 난민들의 삶에 관심을 기울인다.
④ 공정 무역 제품의 사용을 자제한다.
⑤ 빈곤 지역을 돕는 기부에 동참한다.
⑥ 다문화와 다인종을 존중하는 태도를 함양한다.

학교 시험에 잘 나오는 **서술형** 문제

1 다음과 같은 문제를 해결하기 위한 국제 사회의 노력을 <u>두 가지</u> 서술하시오.

▲ 빙하가 녹아 살 곳이 사라지고 있는 북극곰　　▲ 아랄해의 사막화

_____

_____

_____

중국	서양	주요 사건
중화 민국		1944 브레턴우즈 회의 개최
		1947 인도 독립
		미국, 트루먼 독트린 발표
		1948 중동 전쟁 발발(~1979)
		베를린 봉쇄(~1949)
		1949 중화 인민 공화국 수립
		독일, 동독·서독 분단
		1950 한국, 6·25 전쟁 발발
	현 대 사 회	1952 이집트, 공화정 수립
		1954 인도·중국, 평화 5원칙 발표
		1955 아시아·아프리카 회의(반둥 회의) 개최
		1956 이집트, 수에즈 운하 국유화 선언
중 화 인 민 공 화 국		1958 중국, 대약진 운동 시작
		1960 아프리카 17개국 독립('아프리카의 해')
		1961 제1차 비동맹 회의
		베를린 장벽 설치
		1962 쿠바 미사일 위기
		1964 베트남 전쟁 발발(~1975)
		미국, 민권법 통과
		1965 미국, 투표권법 발효
		1966 중국, 문화 대혁명(~1976)
		1968 프랑스, 68 운동 전개
		1969 미국, 닉슨 독트린 발표

01 냉전 체제와 제3 세계의 형성 ~ 세계화와 경제 통합

■ 냉전 체제의 형성

냉전의 성립	• 자본주의 진영: 미국 대통령 트루먼의 (①) 선언 (→ 마셜 계획 추진), 북대서양 조약 기구(NATO) 결성 • 공산주의 진영: 코민포름(공산당 정보국) 창설, 코메콘(경제 상호 원조 회의) 조직, 바르샤바 조약 기구(WTO) 결성
냉전의 확산	• 독일: 소련의 베를린 봉쇄 → 독일 분단 → 베를린 장벽 설치 • 중국: 국공 내전 발생 → 중화 인민 공화국 수립 • 한국: 남북 분단, 6·25 전쟁 발발 • 베트남: 북베트남과 남베트남 대립 → 베트남 전쟁 발발 • 쿠바: 소련의 핵미사일 배치 시도 → (②) 위기

■ 냉전 체제의 완화와 해체

아시아·아프리카의 새로운 국가 건설	• 인도: 독립 후 인도와 파키스탄으로 분리 • 동남아시아: 베트남, 필리핀, 인도네시아 등 독립 • 서아시아: 이스라엘 건국 → 네 차례 (③) 발발 • 아프리카: 이집트에서 나세르가 공화정 수립(→ 수에즈 운하의 운영권 회복), 1960년 아프리카 17개국이 독립('아프리카의 해')
냉전 체제의 변화	• (④): 비동맹주의 추구, 아시아·아프리카 회의(반둥 회의)에서 평화 10원칙 결의 • 냉전 완화의 계기: 제3 세계의 등장, 닉슨 독트린 발표, 닉슨의 방문, 미국과 중국의 정식 외교 체결, 전략 무기 제한 협정(SALT) 체결 등
냉전 체제의 해체	• 소련: (⑤)의 개혁·개방 정책 추진(시장 경제 도입, 민주화 추진 등) → 몰타 회담 개최(냉전의 종식 선언) → 공산당의 쿠데타, 옐친이 저지 → 독립 국가 연합(CIS) 결성 • 동유럽: 동유럽에 대한 소련의 불간섭 선언 → 동유럽에서 민주화 운동 전개, 사회주의 정권 붕괴 • 독일: 베를린 장벽 붕괴 → 독일 통일 • 중국: 마오쩌둥이 대약진 운동 전개 → (⑥) 추진(→ 중국 전통문화 파괴) → 덩샤오핑의 개혁·개방 정책 추진(시장 경제 원리 일부 도입, 경제특구 지정 등) → 톈안먼 사건 발생

■ 세계화와 세계 경제의 변화

새로운 경제 질서의 형성	• 자유 무역의 확대: 관세 및 무역에 관한 일반 협정(GATT) 체결, 세계 무역 기구(WTO) 결성 등 • 신자유주의의 등장: 정부의 경제 개입 축소 및 시장 개방 추구
지역 단위 협력 노력	신자유주의와 세계화의 확대로 국가 간 무역 경쟁 심화 → 지역 간 협력 강화를 위해 유럽 연합(EU), 아시아·태평양 경제 협력체(APEC) 등 지역 경제 협력체 결성

02 탈권위주의 운동과 대중문화 발달

▌탈권위주의 운동의 전개

흑인 민권 운동	• 미국: (⑦)의 주도로 워싱턴 행진(1963) 전개 → 민권법 통과(1964), 투표권법 발효(1965) • 남아프리카 공화국: 넬슨 만델라 등이 아파르트헤이트에 저항 → 흑인에 대한 인종 차별을 금지하는 법 제정
학생 운동	미국·독일에서 대학생들이 대학 내 정치 발언의 자유 요구, 프랑스에서 대학생들 중심으로 68 운동(68 혁명) 전개 등 → 반전 운동으로 확대, 다양한 사회 운동 성장에 기여
여성 운동	남성 중심의 사회 질서와 성차별에 반대 → 출산·육아를 위한 휴직 보장 요구, 직장 내 (⑧)에 저항 등

▌대중 사회의 형성과 대중문화의 발달

대중 사회의 형성	• 배경: 제2차 세계 대전 이후 산업화·도시화의 가속화, 경제 성장, 교육 수준 향상, 민주주의의 발전 등 • 형성: 대중이 사회의 주체가 되어 영향력을 행사하는 대중 사회 형성
대중문화의 등장과 발달	• 등장: 대중 사회의 출현, 대중 매체의 발달 → 대다수 사람이 쉽게 접하고 즐기는 (⑨) 등장 • 발달: 1920년대 전파 시작 → 1960년대 청년 문화 형성 → 20세기 후반 대중이 문화 생산자로 참여

03 현대 세계의 문제 해결을 위한 노력

▌현대 세계의 다양한 문제

지역 분쟁과 국제 갈등	냉전 체제 해체 이후 인종·종교·부족의 차이로 갈등(카슈미르 분쟁, 아프리카 내전 등) 발생, 난민 문제 발생, 대량 살상 무기 문제 발생
빈곤과 질병 문제	(⑩)와 세계화의 확대 → 남북문제 발생, 아프리카와 아시아의 개발 도상국에서 각종 질병·영양실조로 인한 기아 문제 발생
환경 문제	산업화와 인구 증가로 전 세계의 자원 소비량과 폐기물 급증 → 지구 온난화, 사막화 등 문제 발생

▌현대 세계의 문제 해결을 위한 노력

국제 사회의 노력	(⑪)(UN)을 비롯한 국제기구·비정부 기구(NGO)의 평화 유지 및 구호 활동 전개, 반전 평화 운동 전개, (⑫) 배출량을 줄이기 위한 교토 의정서(1997), 파리 기후 협약(2015) 등 국제 협약 체결
우리의 자세	빈곤 지역을 돕는 기부에 동참, 다문화·다인종을 인정하고 존중하는 태도 함양, 에너지 절약 실천 등

정답 ⑦ 마틴 루서 킹 ⑧ 성차별 ⑨ 대중문화 ⑩ 자본주의 ⑪ 국제 연합 ⑫ 온실가스

중국	서양	주요 사건
중화 인민 공화국	현대 사회	1972 미국, 닉슨의 중국 방문 1975 베트남 통일 1979 미국·중국, 국교 정상화 1985 소련, 고르바초프 집권 1989 중국, 톈안먼 사건 독일, 베를린 장벽 붕괴 1990 독일 통일 1991 소련 해체, 독립 국가 연합(CIS) 결성 1993 유럽 연합(EU) 출범 1994 북미 자유 무역 협정(NAFTA) 출범 1995 세계 무역 기구(WTO) 설립 1997 교토 의정서 채택 2015 파리 기후 협약 체결

01 냉전 체제와 제3 세계의 형성 ~ 세계화와 경제 통합

01 ㉠, ㉡ 진영에 대한 설명으로 옳은 것은?

> 제2차 세계 대전이 끝나고 세계는 서로 다른 두 개의 진영으로 나뉘어 대립하였다. ㉠ 미국을 중심으로 하는 진영과 다른 한편은 ㉡ 소련을 중심으로 하는 진영이었다.

① ㉠ – 베를린 봉쇄를 실시하였다.
② ㉠ – 바르샤바 조약 기구(WTO)를 조직하였다.
③ ㉡ – 남베트남 정부를 지원하였다.
④ ㉡ – 코메콘(경제 상호 원조 회의)을 결성하였다.
⑤ ㉠, ㉡ – 비동맹주의를 내세웠다.

02 (가)에 들어갈 미국의 정책으로 옳은 것은?

① 뉴딜 정책
② 마셜 계획
③ 닉슨 독트린
④ 문화 대혁명
⑤ 레이거노믹스

03 냉전 속 열전의 사례로 적절한 것을 〈보기〉에서 고른 것은?

> ┤보기├
> ㄱ. 소련이 베를린을 봉쇄하였다.
> ㄴ. 쿠바 미사일 위기가 발생하였다.
> ㄷ. 한국에서 6·25 전쟁이 발발하였다.
> ㄹ. 북대서양 조약 기구(NATO)가 결성되었다.

① ㄱ, ㄴ
② ㄱ, ㄷ
③ ㄴ, ㄷ
④ ㄴ, ㄹ
⑤ ㄷ, ㄹ

04 밑줄 친 '이 도시'에서 있었던 사건으로 옳은 것은?

> 1948년 독일에서는 소련이 이 도시의 서쪽 지역으로 넘어가는 모든 통로를 막아버렸다. 이에 미국은 비행기 등을 이용하여 생필품을 운반하였다.

① 극동 국제 군사 재판이 개최되었다.
② 도시를 동서로 나누는 장벽이 설치되었다.
③ 소련이 핵미사일 기지 건설을 추진하였다.
④ 국민당과 공산당의 국공 내전이 발생하였다.
⑤ 제3 세계 국가들이 평화 10원칙을 발표하였다.

05 다음은 인도와 동남아시아의 독립에 대한 설명이다. ㉠~㉤ 중 옳지 않은 것은?

> 인도는 독립 후 종교 갈등이 지속되어 ㉠ 인도와 파키스탄으로 분리되었다. 베트남은 ㉡ 프랑스와 싸워 독립하였지만, 남북이 분단되어 전쟁이 발발하였고, ㉢ 남베트남이 승리하면서 통일되었다. 인도네시아는 ㉣ 네덜란드와 전쟁을 치른 후 독립하였다. 필리핀은 ㉤ 미국의 지원으로 공화국을 수립했지만 미국의 간섭에 반발하여 독립운동을 전개하였다.

① ㉠
② ㉡
③ ㉢
④ ㉣
⑤ ㉤

06 ㉠에 들어갈 인물의 활동으로 옳은 것은?

사진 속 인물은 중동 전쟁에서 패배한 왕정을 몰아내고 공화정을 세운 이집트의 (㉠)이다. 그는 제3 세계의 지도자 가운데 한 명으로 미국과 소련 중심의 냉전 체제에 변화를 가져온 인물로 평가받고 있다.

① 대약진 운동을 추진하였다.
② 네루와 평화 5원칙을 발표하였다.
③ 페레스트로이카 정책을 시행하였다.
④ 수에즈 운하의 국유화를 선언하였다.
⑤ 그리스와 튀르키예에 경제 원조를 하였다.

07 (가)에 들어갈 내용으로 가장 적절한 것은?

역사 수행 평가 보고서
• 제목: 중동 전쟁의 발생
• 원인: _____(가)
• 결과: 팔레스타인인과 주변 아랍 국가들이 이스라엘과의 네 차례 전쟁에서 모두 패함

① 아프리카에서 리비아가 독립을 이룸
② 동유럽 지역에 공산주의 정부가 세워짐
③ 1960년에 아프리카 17개 국가가 독립함
④ 유대인이 팔레스타인 지역에 국가를 수립함
⑤ 힌두교와 이슬람교 간의 종교 갈등이 발생함

08 다음 자료들을 활용한 수업의 주제로 가장 적절한 것은?

• 평화 10원칙 발표
• 제1차 비동맹 회의 개최
• 아시아·아프리카 신생 독립국의 비동맹주의 선언

① 제3 세계의 형성
② 냉전 체제의 강화
③ 신자유주의의 확산
④ 베르사유 체제의 등장
⑤ 탈권위주의 운동의 등장

09 밑줄 친 '이 회의'에서 채택한 내용으로 옳은 것은?

① 베를린 장벽을 설치한다.
② 베르사유 조약을 이행한다.
③ 온실가스 감축에 합의한다.
④ 코민포름(공화당 정보국)을 창설한다.
⑤ 모든 국가의 주권과 영토의 보존을 존중한다.

10 다음 설명에 해당하는 사례로 옳지 않은 것은?

미국과 소련 중심으로 운영되던 국제 질서에 변화의 조짐이 나타나기 시작하였다. 이로 인해 국제 질서는 양극 체제에서 다극화 체제로 변모하기 시작하였고, 점차 냉전 체제가 완화되기 시작하였다.

① 미국이 트루먼 독트린을 발표하였다.
② 중국과 소련이 노선 문제로 갈등을 겪었다.
③ 동유럽이 소련과 다른 독자 노선을 추구하였다.
④ 프랑스가 북대서양 조약 기구(NATO)를 탈퇴하였다.
⑤ 미국과 소련이 전략 무기 제한 협정(SALT)을 체결하였다.

11 다음 선언의 결과로 가장 적절한 것은?

• 미국은 강대국의 핵 위협을 제외한, 내란이나 침략인 경우 아시아 각국이 스스로 협력하여 그에 대처하기를 바란다.
• 미국은 '태평양 국가'로서 그 지역에서 중요한 역할을 계속하지만 직접적·군사적·정치적 과잉 개입은 하지 않는다.

① 소련이 쿠바에서 미사일을 철거하였다.
② 미국이 베트남 전쟁에서 군대를 철수하였다.
③ 미국이 서유럽 국가들에 경제적 지원을 하였다.
④ 소련의 지원을 받은 북한이 남한을 침입하였다.
⑤ 중국의 국민당이 내전에서 패해 타이완으로 이동하였다.

12 다음 인물 카드에서 (가)에 해당하는 인물로 옳은 것은?

(가)
• 1985년 공산당 서기장에 당선
• 미국의 부시 대통령과 몰타 회담을 개최

(앞면) (뒷면)

① 옐친　② 나세르　③ 레이건
④ 바웬사　⑤ 고르바초프

13 밑줄 친 '이 인물'에 대한 설명으로 옳은 것은?

사진은 이 인물의 뜻에 따라 문화 대혁명을 추진한 홍위병들이에요.

① 국공 내전에서 패배하였다.
② 공산당 권력을 축소하였다.
③ 대약진 운동을 전개하였다.
④ 시장 경제 제도를 도입하였다.
⑤ 톈안먼 시위를 무력 진압하였다.

14 ㉠에 공통으로 들어갈 내용으로 옳은 것은?

1970년대 석유 파동에 따른 경제 위기를 극복하기 위한 방안으로 (㉠) 경제 정책이 등장하였다. (㉠) 경제 정책은 정부의 시장 개입을 줄이고, 무역의 자유화와 시장 개방을 추구하였다.

① 공산주의
② 사회주의
③ 제국주의
④ 비동맹주의
⑤ 신자유주의

15 다음 대화의 주제로 가장 적절한 것은?

관세 및 무역에 관한 일반 협정(GATT)의 체결로 무역의 장벽을 낮췄어.

1995년에 세계 무역 기구(WTO)가 결성되었어.

특정 국가 간 관세를 없애는 자유 무역 협정(FTA) 체결이 늘고 있어.

① 자유 무역의 확산
② 유럽 연합(EU)의 역할
③ 독립 국가 연합(CIS)의 결성
④ 브레턴우즈 회의의 개최 배경
⑤ 국제 통화 기금(IMF)의 설립 배경

02 탈권위주의 운동과 대중문화 발달

16 (가)에 들어갈 내용으로 적절한 것은?

역사 조사 보고서

· 제목: _____(가)_____

· 조사 개요
  – 흑인 민권 운동의 배경을 살펴본다.
  – 독재에 맞선 민주화 운동의 사례를 정리한다.
  – 프랑스에서 전개된 68 운동의 과정을 살펴본다.

① 5·4 운동, 21개조 요구 철폐를 외치다
② 차티스트 운동, 참정권 확대에 기여하다
③ 신문화 운동, 과학과 민주주의를 강조하다
④ 탈권위주의 운동, 기성세대의 체제에 저항하다
⑤ 자유 민권 운동, 헌법 제정과 의회 개설을 요구하다

17 ㉠, ㉡에 대한 설명으로 옳지 <u>않은</u> 것은?

세계 곳곳에서 흑인 차별 정책이 지속되자, 이에 맞서 ㉠ 마틴 루서 킹, ㉡ 넬슨 만델라 등은 저항 운동을 이끌며 백인과 흑인 사이의 차별을 없애고자 하였다.

① ㉠ – 워싱턴 행진을 주도하였다.
② ㉠ – 페레스트로이카·글라스노스트 정책을 펼쳤다.
③ ㉠ – 미국에서 투표권법이 발효되는 데 기여하였다.
④ ㉡ – 아파르트헤이트에 저항하였다.
⑤ ㉡ – 남아프리카 공화국에서 흑인에 대한 인종 차별을 금지하는 법이 제정되는 데 기여하였다.

18 다음과 같은 운동이 전개된 결과로 옳은 것을 〈보기〉에서 고른 것은?

20세기 중반 이후 교육·취업의 기회균등을 요구하고, 직장 내 급여나 승진 등에서 겪는 성차별에 저항하는 탈권위주의 운동이 전개되었다.

┤ 보기 ├
ㄱ. 미국 – 와그너법 제정
ㄴ. 미국 – 여성의 평등권을 명시한 헌법 개정 시행
ㄷ. 영국 – 차별 금지법 통과
ㄹ. 영국 – 여성 참정권의 전면적 허용

① ㄱ, ㄴ
② ㄱ, ㄷ
③ ㄴ, ㄷ
④ ㄴ, ㄹ
⑤ ㄷ, ㄹ

19 (가)에 들어갈 답변으로 적절하지 <u>않은</u> 것은?

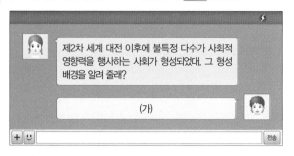

제2차 세계 대전 이후에 불특정 다수가 사회적 영향력을 행사하는 사회가 형성되었대. 그 형성 배경을 알려 줄래?

(가)

① 산업화가 가속화되었어.
② 교육 수준이 향상되었어.
③ 경제가 꾸준히 성장하였어.
④ 대중의 구매력이 감소하였어.
⑤ 민주주의가 발전을 거듭하였어.

20 ㉠에 들어갈 용어에 대한 설명으로 옳지 <u>않은</u> 것은?

앤디 워홀은 '팝 아트'라는 새로운 장르를 열었다. 그는 오른쪽 그림과 같이 유명한 사람이나 상품을 반복적으로 복제하여 만든 작품을 통해 (㉠)의 획일성을 비판하였다.

▲ 앤디 워홀, 「마릴린 먼로」

① 상업성을 추구하는 경향이 있다.
② 대량 생산과 소비가 이루어지기 어렵다.
③ 대중 사회의 출현을 배경으로 등장하였다.
④ 대다수 사람이 쉽게 접하고 즐기는 문화이다.
⑤ 라디오의 보급을 계기로 전파되기 시작하였다.

03 현대 세계의 문제 해결을 위한 노력

21 다음 내용을 아우를 수 있는 주제로 적절한 것은?

• 민족·종교·인종 간 분쟁
• 아시아·아프리카 지역의 기아 문제
• 선진 공업국과 개발 도상국 사이의 빈부 격차 문제

① 남북문제
② 냉전 체제의 붕괴
③ 대중 사회의 한계
④ 여성 운동의 변화
⑤ 현대 세계의 문제

22 ㉠에 들어갈 내용으로 옳은 것은?

인도와 파키스탄 사이에 발생한 무력 충돌은?

역사 스피드 퀴즈

㉠

① 중동 전쟁
② 베트남 전쟁
③ 카슈미르 분쟁
④ 팔레스타인 분쟁
⑤ 쿠바 미사일 위기

23 다음과 같은 문제를 해결하기 위한 노력으로 적절한 것은?

 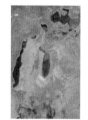

▲ 빙하가 녹아 살 곳이 사라지고 있는 북극곰   ▲ 아랄해의 사막화

① 반전 평화 운동을 전개한다.
② 지역별 경제 공동체를 형성한다.
③ 핵 확산 금지 조약(NPT)을 체결한다.
④ 신·재생 에너지 개발 사업을 추진한다.
⑤ 평화 유지군(PKF)을 분쟁 지역에 파견한다.

24 다음 사례를 통해 파악할 수 있는 국제 사회의 모습으로 적절한 것은?

• 그린피스는 플라스틱 소비량을 줄이자는 캠페인을 전개하고 있다.
• 국경 없는 의사회(MSF)는 세계 곳곳에 진료소를 설치하고 전염병을 치료하고 있다.

① 여성의 지위 향상을 위해 노력하고 있다.
② 지속 가능한 발전을 위해 노력하고 있다.
③ 지역 간 분쟁이 일어나면서 난민이 생겨나고 있다.
④ 신자유주의와 세계화가 확대되면서 국가 간 경제 교류가 활발해지고 있다.
⑤ 세계 각국의 문제를 해결하기 위해 비정부 기구(NGO)가 다양한 활동을 펼치고 있다.

한권으로 끝내기!
필수 개념과 시험 대비를 한 권으로 끝!
역사 공부의 진리입니다.

한끝과 함께 언제, 어디서든 즐겁게 공부해!

한끝으로 끝내고, 이제부터 활짝 웃는 거야!

한끝

정답과 해설

중등 역사

① · 2

visang

우리는 남다른 상상과 혁신으로
교육 문화의 새로운 전형을 만들어
모든 이의 행복한 경험과 성장에 기여한다

ABOVE IMAGINATION

우리는 남다른 상상과 혁신으로
교육 문화의 새로운 전형을 만들어
모든 이의 행복한 경험과 성장에 기여한다

정답과 해설

Ⅳ 제국주의 침략과 국민 국가 건설 운동

01 유럽과 아메리카의 국민 국가 체제 (1)

꼼꼼 개념 문제 　　　　　　　　　　　　　　　13쪽

대표 자료 확인하기　① 제1 신분　② 제2 신분　③ 제3 신분

한눈에 정리하기　① 공화정　② 명예혁명　③ 의회
④ 독립 선언문　⑤ 입법 의회　⑥ 로베스피에르　⑦ 나폴레옹

1 ㉠ 의회파 ㉡ 청교도 혁명　**2** (1) 크롬웰 (2) 권리 장전　**3** (1) ○
(2) × (3) ○　**4** (가) – (라) – (다) – (나)　**5** (1) – ㉢ (2) – ㉠ (3) – ㉡
6 (1) ㄴ (2) ㄱ (3) ㄷ

탄탄 시험 문제 　　　　　　　　　　　　　　14~17쪽

01 ③	02 ①	03 ②	04 ④	05 ③	06 ⑤	07 ⑤	08 ①
09 ③	10 ④	11 ②	12 ⑤	13 ③	14 ④	15 ④	16 ②
17 ⑤	18 ②	19 ⑤	20 ④	21 ⑤			

01 제임스 1세와 찰스 1세가 전제 정치를 강화하자 의회는 권리 청원을 제출하였고 찰스 1세는 이를 승인하였다.

02 청교도 혁명 이후 의회파를 이끈 크롬웰이 왕당파 군대를 격파하고 공화정을 수립하였다.

03 제시된 내용은 크롬웰에 대한 설명이다. 크롬웰은 항해법을 제정하여 대외 무역을 확대하였고, 엄격한 청교도 윤리를 앞세운 독재 정치를 실시하였다. ㄴ은 찰스 1세, ㄹ은 나폴레옹과 관련된 내용이다.

04 찰스 2세와 뒤를 이은 제임스 2세는 의회를 무시하고 전제 정치를 폈다. 이에 의회는 제임스 2세를 폐위하고, 제임스 2세의 딸 메리와 그녀의 남편 윌리엄 3세를 공동 왕으로 추대하였다.

05 ㉠은 권리 청원, ㉡은 권리 장전이다. 1628년 의회는 권리 청원을 제출하여 찰스 1세의 승인을 받았다. 이후 1689년 의회는 권리 장전을 제정하여 메리 여왕과 윌리엄 3세에게 승인받았다.

06 제시된 문서는 권리 장전의 일부이다. 권리 장전은 의회가 왕의 권력을 제한하는 내용을 포함하고 있어 의회에서 제정한 법이 국왕의 권력보다 앞선다는 것을 강조하였다.

07 17세기부터 많은 영국인들이 정치적·종교적 탄압을 피하거나 경제적 기회를 찾아 북아메리카로 이주하였다. 이들은 북아메리카 동부의 대서양 연안에 13개의 식민지를 건설하였다. ㉢ 식민지인들은 독자적인 의회를 구성하여 영국의 간섭 없이 자유와 자치를 누렸다.

08 영국인들이 북아메리카에 건설한 식민지는 의회 중심의 자치와 자유를 누렸다. 그러나 영국이 중상주의 정책을 강화하면서 인지세법 등을 제정하여 각종 세금을 부과하는 등 간섭을 강화하자 식민지 주민들이 반발하여 미국 혁명을 일으켰다.

09 제시된 자료의 (가)는 1773년의 사실로, 영국 정부의 식민지 정책에 반발하여 보스턴 차 사건이 일어났다. (나)는 1776년의 사실로, 식민지 대표들은 대륙 회의를 열어 독립 선언문을 발표하였다. (가) 보스턴 차 사건 이후 렉싱턴에서 영국군과 식민지 민병대 사이에 무력 충돌이 일어나 독립 전쟁이 시작되었다 (1775). ①, ②, ④는 (나) 사건 이후, ⑤는 (가) 사건 이전에 있었던 사실이다.

10 제시된 자료는 미국 독립 선언문이다. 미국 혁명 당시 식민지 대표들이 개최한 대륙 회의에서 발표된 미국 독립 선언문에는 인간의 기본권과 국민 주권, 천부 인권, 저항권 등 근대 민주주의의 기본 원리가 담겨 있다. ④ 인간과 시민의 권리 선언은 미국 혁명 이후에 발표되었다.

11 밑줄 친 '국가'는 아메리카 합중국(미국)이다. 독립을 달성한 북아메리카 13개 주 대표들이 연방제, 삼권 분립의 내용을 포함한 헌법을 제정함으로써 세계 최초의 민주 공화국인 아메리카 합중국이 수립되었다. ② 아메리카 합중국은 세계 최초의 민주 공화국이다. 입헌 군주제는 영국 등에서 수립되었다.

12 노예제 확대에 반대하는 링컨이 대통령으로 선출되자 노예제 유지를 찬성하는 남부의 여러 주가 연방을 탈퇴하고 북부를 공격하면서 남북 전쟁이 시작되었다.

13 남북 전쟁 초기에는 남부가 우세하였지만 링컨이 노예 해방을 선언하고, 인구와 경제력이 우세한 북부가 반격하면서 남북 전쟁에서 승리하였다.

14 남북 전쟁 이후 미국은 빠른 속도로 국민적 단합을 이루었다. 또한 이민자가 급증하였고, 대륙 횡단 철도가 개통되었다. 또한 풍부한 천연자원과 노동력을 바탕으로 산업화가 급속히 이루어졌다. ④ 조지 워싱턴은 독립 전쟁 이후 수립된 미국의 초대 대통령으로 선출되었다.

15 (가) 신분은 제3 신분이다. 프랑스 인구의 대다수를 차지하였던 제3 신분인 평민은 각종 세금에 시달리면서도 정치적 권리는 거의 없었다. ①, ②, ③, ⑤는 성직자와 귀족에 대한 설명이다.

16 인간과 시민의 권리 선언(인권 선언)은 국민 의회가 발표하였다.

17 국민 의회는 인간의 자유와 평등, 국민 주권, 재산권 보호 등 프랑스 혁명의 기본 이념을 담은 인간과 시민의 권리 선언(인권 선언)을 발표하였다.

18 ② 로베스피에르의 실각 이후에 총재 정부가 수립되었다. 이후 총재 정부 시기의 혼란을 틈타 나폴레옹이 쿠데타를 일으켰다.

19 국민 공회는 공화정을 선포하고, 급진파의 주도로 루이 16세를 처형하였다. 이 밖에도 봉건적 제도를 폐지하고, 공안 위원

회를 설치하여 혁명에 반대하는 사람들을 처형하는 공포 정치를 실시하였다. ⑤ 국민 공회는 보통 선거제에 기초한 헌법을 제정하였다.

20 제시된 지도와 같은 원정을 단행한 인물은 나폴레옹이다. 나폴레옹은 내정 개혁을 통해 국민들로부터 지지를 얻자 국민 투표를 실시하여 황제에 즉위하였다. ①은 루이 16세, ③은 온건파, ⑤는 크롬웰에 대한 설명이다.

21 나폴레옹의 정복 전쟁으로 프랑스 혁명의 정신인 자유주의가 유럽에 널리 전파되고 민족주의가 확산되었다.

학교 시험에 잘 나오는 서술형 문제

1 **예시답안** 권리 장전. 의회가 권리 장전을 승인받음으로써 영국에서 절대 왕정이 무너지고 의회를 중심으로 한 입헌 군주제의 토대가 마련되었다.

구분	채점 기준
상	권리 장전을 쓰고, 권리 장전의 승인으로 영국에서 입헌 군주제의 토대가 마련되었다고 서술한 경우
중	문서의 승인으로 영국에서 입헌 군주제의 토대가 마련되었다고 서술한 경우
하	권리 장전만 쓴 경우

2 **예시답안** 북부는 임금 노동을 바탕으로 공업이 발달하여 노예제에 반대하고 보호 무역을 주장하였다. 반면 남부는 노예를 이용한 대농장 경영이 발달하여 노예제에 찬성하고 자유 무역을 주장하였다. 이러한 북부와 남부의 대립이 격화되어 남북 전쟁이 일어났다.

구분	채점 기준
상	북부와 남부의 경제적 차이와 노예제에 대한 입장 차이를 모두 서술한 경우
하	위 내용 중 한 가지만 서술한 경우

3 (1) (가) 국민 의회, (나) 국민 공회
(2) **예시답안** (가) 국민 의회는 입헌 군주제와 재산에 따른 제한 선거 등을 내용으로 하는 헌법을 제정하였으며, (나) 국민 공회는 공화제와 보통 선거 등을 내용으로 하는 헌법을 제정하였다.

구분	채점 기준
상	(가) 국민 의회가 제정한 헌법과 (나) 국민 공회가 제정한 헌법의 내용을 비교하여 서술한 경우
하	(가) 국민 의회가 제정한 헌법과 (나) 국민 공회가 제정한 헌법의 내용 중 한 가지만 서술한 경우

02 유럽과 아메리카의 국민 국가 체제(2)

꼼꼼 개념 문제   20쪽

대표 자료 확인하기 ① 영국 ② 인민헌장 ③ 농노 해방령

한눈에 정리하기 ① 빈 체제 ② 입헌 군주제 ③ 차티스트 운동 ④ 사르데냐 ⑤ 철혈 정책 ⑥ 아이티

1 (1) 탄압 (2) 2월 혁명 2 (1) ○ (2) ✕ 3 (1) ㄷ (2) ㄱ (3) ㄴ
4 (1) 브나로드 운동 (2) 크림 전쟁 5 ㄱ, ㄴ, ㄷ 6 (1) - ㉠
(2) - ㉡ (3) - ㉢

탄탄 시험 문제   21~23쪽

01 ⑤ 02 ⑤ 03 ② 04 ④ 05 ④ 06 ① 07 ③ 08 ③
09 ④ 10 ④ 11 ② 12 ⑤ 13 ⑤ 14 ③ 15 ③

01 빈 회의에서 유럽 각국의 대표들은 유럽의 영토와 정치 체제를 프랑스 혁명 이전으로 되돌려 놓는다는 원칙에 합의하였다.

02 ㉢ 자유주의자들과 파리 시민들은 혁명을 일으켜 루이 필리프를 왕으로 세우고 입헌 군주제를 수립하였다.

03 제시된 내용은 2월 혁명에 대한 설명이다. 2월 혁명의 영향으로 유럽에서는 자유주의와 민족주의 운동이 더욱 확산되었다. 오스트리아에서는 혁명이 일어나 메테르니히가 추방되어 빈 체제가 붕괴되었으며, 독일과 이탈리아에서는 통일 국가 수립 운동이 추진되었다.

04 프랑스의 2월 혁명과 영국의 차티스트 운동은 노동자들이 선거권의 확대를 요구하면서 전개한 자유주의 운동이다.

05 ④는 프랑스의 자유주의 운동에 대한 설명이다. 프랑스에서는 2월 혁명으로 성년 남자의 보통 선거가 실현되었다.

06 제시된 자료는 인민헌장이다. 영국에서 제1차 선거법 개정으로도 선거권을 얻지 못한 노동자들은 '21세 이상 모든 남자의 보통 선거' 등의 요구 사항을 담은 인민헌장을 발표하고 차티스트 운동을 전개하였다.

07 지도는 1861년에 성립된 이탈리아 왕국의 영토를 나타낸 것이다. 시칠리아와 나폴리를 점령한 가리발디가 자신의 점령지를 사르데냐 국왕에게 바치면서 이탈리아 왕국이 탄생하였다.

08 ㉠에 들어갈 인물은 비스마르크이다. 프로이센의 재상 비스마르크는 오직 철혈 정책을 통해서만 독일의 통일을 이룰 수 있다고 주장하였다.

09 관세 동맹을 체결(1834)하고 경제적 통합을 달성한 프로이센은 강력한 군비 확장 정책을 추진하여 오스트리아, 프랑스와의 전쟁에서 차례대로 승리하였다. 이후 프로이센의 빌헬름 1세가 독일 제국의 수립을 선포하고, 황제로 즉위하였다(1871).

10 밑줄 친 '황제'는 알렉산드르 2세이다. 알렉산드르 2세는 농노 해방을 비롯하여 지방 의회 구성, 군사 제도 개혁 등 내정 개혁을 실시하였다(1861). ①은 메테르니히, ③은 먼로, ⑤는 나폴레옹에 대한 설명이다.

11 ㉠은 브나로드 운동이다. 알렉산드르 2세의 개혁이 큰 성과를 거두지 못하자 러시아의 지식인들은 농민 계몽을 위해 브나로드 운동을 전개하였다.

12 ㉠은 영국, ㉡은 미국이다. 영국은 새로운 상품 시장을 확보하기 위해 라틴 아메리카 지역의 독립을 지지하였고, 미국은 아메리카에 대한 유럽의 간섭을 배제한다는 먼로주의를 주장하였다. 이러한 상황에 힘입어 라틴 아메리카의 독립은 확산되었다.

13 라틴 아메리카 식민지인들은 미국 독립과 프랑스 혁명, 계몽사상에 자극 받은 가운데, 나폴레옹 전쟁으로 에스파냐의 간섭이 약해진 틈을 타서 독립운동을 벌였다.

14 투생 루베르튀르를 중심으로 독립운동을 벌여 라틴 아메리카에서 최초로 독립한 국가는 아이티이다.

15 볼리바르는 베네수엘라, 콜롬비아, 에콰도르, 볼리비아를 에스파냐로부터 차례대로 해방시켜, '해방자'라는 칭호를 얻었다. ① 멕시코의 민중 봉기를 이끈 인물은 이달고 신부이다. ② 브라질의 독립을 선언한 인물은 포르투갈의 황태자이다. ④ 먼로 선언을 발표한 인물은 미국의 먼로 대통령이다. ⑤ 아르헨티나 독립에 공헌한 인물은 산마르틴이다.

학교 시험에 잘 나오는 서술형 문제

1 예시답안 7월 혁명. 샤를 10세가 전제 정치를 펼치자 자유주의자들과 파리 시민들은 샤를 10세를 몰아내고, 루이 필리프를 새로운 왕으로 추대하여 입헌 군주제를 수립하였다.

구분	채점 기준
상	7월 혁명을 쓰고, 7월 혁명의 전개 과정과 결과를 모두 서술한 경우
중	7월 혁명을 쓰고, 7월 혁명의 전개 과정과 결과 중 한 가지만 서술한 경우
하	7월 혁명만 쓴 경우

2 예시답안 비스마르크. 비스마르크는 철혈 정책을 내세워 강력한 군비 확장 정책을 추진하며 독일을 통일하고자 하였다.

구분	채점 기준
상	비스마르크를 쓰고, 철혈 정책을 내세워 강력한 군비 확장 정책을 추진하였다고 서술한 경우
하	비스마르크만 쓴 경우

3 예시답안 독립 이후 라틴 아메리카의 독립을 주도한 크리오요가 권력을 독점하고 대지주가 되었으며, 라틴 아메리카는 경제적으로 유럽과 미국에 의존하며 농업과 공업이 균형 있게 발전하지 못하였다.

구분	채점 기준
상	독립 이후 라틴 아메리카의 변화를 두 가지 서술한 경우
하	독립 이후 라틴 아메리카의 변화를 한 가지만 서술한 경우

03 유럽의 산업화와 제국주의

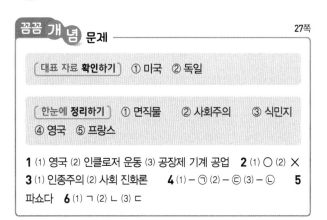

꼼꼼 개념 문제   27쪽

[대표 자료 확인하기] ① 미국 ② 독일

[한눈에 정리하기] ① 면직물 ② 사회주의 ③ 식민지 ④ 영국 ⑤ 프랑스

1 (1) 영국 (2) 인클로저 운동 (3) 공장제 기계 공업   2 (1) ○ (2) ✕
3 (1) 인종주의 (2) 사회 진화론   4 (1) – ㉠ (2) – ㉢ (3) – ㉡   5 파쇼다   6 (1) ㄱ (2) ㄴ (3) ㄷ

탄탄 시험 문제   28~31쪽

01 ④	02 ②	03 ①	04 ④	05 ⑤	06 ③	07 ⑤	08 ③
09 ②	10 ⑤	11 ⑤	12 ②	13 ①	14 ④	15 ⑤	16 ②
17 ②	18 ⑤	19 ⑤	20 ①				

01 영국은 명예혁명 이후 정치가 안정되어 경제 활동의 자유가 보장되었고, 인클로저 운동의 영향으로 도시에 노동력이 풍부하였다. 뿐만 아니라 철, 석탄과 같은 지하자원이 풍부하였고, 일찍부터 넓은 식민지를 확보하여 원료 공급지와 상품 판매처로 활용하였다. ④ 영국은 일찍부터 모직물 공업이 발달하여 자본이 축적되어 있었다. 이를 바탕으로 영국에서 가장 먼저 산업 혁명이 시작되었다.

02 증기 기관이 기계의 새로운 동력원으로 사용되면서 면직물의 대량 생산이 가능해지고, 제철 공업이 발달하였다.

03 18세기 중엽 영국의 기술자 제임스 와트가 수증기의 압력으로 기계를 움직이는 장치인 증기 기관을 개량하였다. ㉡에는 증기 기관차, ㉢에는 증기선, ㉣에는 유선 전신, ㉤에는 전화가 들어가야 한다.

04 증기 기관차, 증기선, 유선 전신, 전화의 발명으로 교통과 통신이 발달하였다. 이러한 교통과 통신의 발달은 시장의 확대와 세계 교역량의 증가에 영향을 주어 산업 발달을 가속화하였다.

05 제시된 그래프의 ㈎ 국가는 미국이다. 영국에서 시작된 산업 혁명이 전 세계로 확산되면서 여러 국가가 산업화를 이루었다. 미국은 남북 전쟁 이후 풍부한 지하자원과 노동력을 바탕으로 산업이 빠르게 발전하였다. ①은 영국, ②는 일본, ③은 독일, ④는 프랑스의 산업 혁명에 대한 설명이다.

06 산업 혁명으로 공장제 기계 공업이 발달하여 제품의 대량 생산이 가능해졌지만, 급속한 산업화와 도시화로 도시에서는 주거·환경·위생 문제가 발생하였다. 또한 자본주의 체제가 확립되었고, 자본가와 노동자 계급이 등장하면서 산업 혁명 초기에 노동자들은 낮은 임금을 받으면서 장시간 노동을 하였다.

③ 산업 혁명의 결과 사회 구조가 전통적인 농업 중심 사회에서 도시 중심의 산업 사회로 변화하였다.

07 제시된 오언과 마르크스의 주장은 사회주의 사상에 해당한다. 사회주의 사상가들은 사유 재산 제도를 부정하고 공동 생산, 공동 분배를 바탕으로 평등 사회의 건설을 추구하였다.

08 19세기는 '과학의 세기'라고 불릴 정도로 과학과 기술이 크게 발달하였다. 뢴트겐은 X선을 발견하여 의학의 발전에 기여하였다. 기술 분야에서는 에디슨이 가정용 전구를 발명하여 인류 생활에 큰 변화를 가져왔다. 생물학에서는 다윈이 진화론을 체계화하여 적자생존에 따른 종의 진화를 주장하였고, 멘델이 유전 법칙을 발견하였다. ③ 뉴턴은 17세기에 만유인력의 법칙을 발견하고 자연과 천체의 운동을 수학적으로 풀어 설명하였다.

09 ㉠에 들어갈 예술 경향은 낭만주의이다. 19세기 초반 유럽에서는 계몽사상에 대한 비판이 일어나면서 인간의 감정과 상상력을 중요시하는 낭만주의가 유행하였다.

10 제시된 자료는 제국주의를 풍자하고 있다. 19세기 후반 서양에서 자본주의가 발전하면서 자국의 산업 발전을 위해 값싼 원료 공급지, 상품 판매 시장, 자본 투자처가 필요하게 되었다. 이 과정에서 경제력과 군사력을 앞세워 약소국을 침략하여 식민지로 삼았는데 이러한 대외 팽창 정책을 제국주의라고 한다.

11 제시된 사상은 허버트 스펜서가 주장한 사회 진화론이다. 사회 진화론은 자연 상태와 같이 인간 사회에서도 더 발달된 사회가 덜 발달된 사회를 지배하는 것이 당연하다고 주장하여 제국주의 열강의 식민지 침략을 정당화하였다.

12 ㉠은 3B 정책, ㉡은 횡단 정책이다. 독일은 베를린, 비잔티움, 바그다드를 연결하는 3B 정책을 통해 발칸 반도, 서아시아, 아프리카 지역으로 세력을 확장하려 하였다. 프랑스는 알제리를 거점으로 사하라 사막에서 마다가스카르에 이르는 횡단 정책을 추진하였다.

13 밑줄 친 '이 지역'은 인도이다. 영국은 동인도 회사를 앞세워 인도에 진출하였고, 프랑스를 몰아낸 후 인도 대부분의 지역을 지배하였다. 제시된 지도의 ㉠은 인도, ㉡은 중국, ㉢은 인도차이나반도, ㉣은 인도네시아, ㉤은 오스트레일리아이다.

14 ④ 싱가포르와 말레이반도, 미얀마 등을 식민지로 삼은 국가는 영국이다.

15 리빙스턴과 스탠리 등의 탐험가와 선교사의 활동으로 아프리카에 매장되어 있는 풍부한 지하자원이 알려지면서 제국주의 열강의 아프리카 진출이 본격화되었다.

16 제시된 지도의 ㉠은 프랑스, ㉡은 영국이다. 프랑스는 알제리와 마다가스카르를 연결하고자 한 횡단 정책을, 영국은 남아프리카의 케이프타운과 이집트의 카이로를 연결하고자 한 종단 정책을 추진하였다. ② '베를린-비잔티움-바그다드'를 연결하는 3B 정책을 추진한 국가는 독일이다.

17 지도의 (가) 지역은 파쇼다이다. 영국의 종단 정책과 프랑스의 횡단 정책이 이 지역에서 충돌하여 1898년에 파쇼다 사건이 발생하였다. 파쇼다 사건은 프랑스의 양보로 마무리되었다.

18 제국주의 열강의 침입으로 라이베리아와 에티오피아를 제외한 아프리카 대부분이 열강의 식민지가 되었다.

19 수단의 무함마드 아흐마드는 스스로를 구세주라고 부르며 외국인들을 몰아내고 모든 사람이 평등한 새로운 이슬람 세계를 만들자는 마흐디 운동을 벌였다. ①은 줄루 왕국, ②, ④는 베트남, ③은 필리핀과 관련이 있다.

20 제시된 내용은 타이에 대한 설명이다. 타이는 근대적인 개혁 추진, 지리적 이점을 통해 제국주의 열강들의 침략 속에서 동남아시아에서 유일하게 독립을 유지하였다.

학교 시험에 잘 나오는 서 술 형 문제

1 **예시답안** 산업 혁명 시기에 노동자들은 열악한 노동 환경에서 낮은 임금과 장시간 노동에 시달렸다. 이에 노동자들은 근로 조건을 개선하기 위해 노동조합을 만들었고, 노동 문제의 원인을 기계 탓으로 돌려 기계 파괴 운동(러다이트 운동)을 벌이기도 하였다.

구분	채점 기준
상	산업 혁명으로 인해 나타난 노동 문제와 이를 극복하기 위한 노력을 모두 서술한 경우
하	산업 혁명으로 인해 나타난 노동 문제와 이를 극복하기 위한 노력 중 한 가지만 서술한 경우

2 **예시답안** 자료는 우월한 백인종이 미개한 인종을 문명화시킬 의무가 있음을 표현하였다. 이러한 인종주의는 제국주의 열강들의 식민지 침략을 정당화하여 제국주의를 사상적으로 뒷받침하였다.

구분	채점 기준
상	백인종이 우월하다는 인종주의를 내세워 제국주의 열강의 식민지 침략을 정당화하였다고 서술한 경우
하	제국주의 열강의 식민지 침략을 정당화하였다고만 서술한 경우

3 **예시답안** 메넬리크 2세. 메넬리크 2세는 서양 무기를 도입하고 강력한 군대를 양성하는 등 근대적 개혁을 추진하였다.

구분	채점 기준
상	메넬리크 2세를 쓰고, 근대적 개혁 사례를 두 가지 모두 서술한 경우
중	메넬리크 2세를 쓰고, 근대적 개혁 사례를 한 가지만 서술한 경우
하	메넬리크 2세만 쓴 경우

04 서아시아와 인도의 국민 국가 건설 운동

꼼꼼 개념 문제

35쪽

대표 자료 확인하기 ① 와하브 운동 ② 힌두교도 ③ 이슬람교도

한눈에 정리하기 ① 담배 불매 운동 ② 이집트 ③ 인도 국민 회의

1 (1) 탄지마트 (2) 청년 튀르크당 (3) 사우디아라비아 **2** 아랍 문화 부흥 운동 **3** (1) 카자르 왕조 (2) 알 아프가니 (3) 입헌 혁명 **4** ㄴ, ㄷ, ㄹ **5** (1) ✕ (2) ◯ (3) ◯ (4) ◯

탄탄 시험 문제

36~39쪽

01 ⑤ **02** ② **03** ④ **04** ④ **05** ② **06** ④ **07** ① **08** ⑤ **09** ① **10** ⑤ **11** ② **12** ⑤ **13** ③ **14** ① **15** ③ **16** ③ **17** ⑤

01 제시된 지도의 (가) 국가는 오스만 제국이다. 오스만 제국은 17세기 말부터 대내외적인 위기를 맞았다. 술탄을 중심으로 한 중앙 집권 체제가 흔들리면서 제국 내의 여러 민족이 독립을 요구하였고, 영국과 러시아 등 서구 열강의 침략으로 유럽 지역에 있던 영토의 대부분을 상실하였다.

02 제시된 자료는 탄지마트의 일부 내용을 담고 있다. 19세기에 들어 오스만 제국은 탄지마트라고 불리는 근대적 개혁을 추진하였다. 이에 따라 민족과 종교에 따른 차별 폐지, 근대적 군대 양성, 세금 제도를 서구식으로 변경, 입헌 군주제 실시, 서양식 의회 개설 등의 개혁을 시행하였다. ②는 청년 튀르크당 혁명에 대한 설명이다.

03 ㉠에 들어갈 단체는 오스만 제국의 청년 튀르크당이다. 술탄 압둘 하미드 2세는 헌법을 폐지하고 의회를 해산한 뒤 전제 정치를 강화하였다. 이에 반발한 젊은 장교와 관료, 지식인들은 청년 튀르크당을 결성하고 무력 혁명을 일으켰다.

04 청년 튀르크당은 무력 혁명을 일으켜 정권을 잡은 뒤 헌법을 부활시켰고, 산업을 육성하고 조세를 덜어 주는 등 개혁을 추진하였으며, 외세 배척 운동을 벌였다. ④는 와하브 운동에 대한 설명이다.

05 (가) 운동은 아라비아반도에서 이븐 압둘 와하브가 전개한 와하브 운동이다. 와하브 운동은 이슬람교의 경전인 『쿠란』의 가르침대로 생활하고 이슬람교 본래의 순수성을 되찾자는 운동이었다.

06 ㉠에 들어갈 운동은 아랍 문화 부흥 운동이다. 아랍 문화 부흥 운동은 아랍 민족의 단결과 독립운동을 자극하였으며 아랍 민족주의의 기반이 되었다. ①은 아라비 혁명, ②는 담배 불매 운동 등, ③은 청년 튀르크당 혁명, ⑤는 와하브 운동과 관련한 설명이다.

07 (가) 왕조는 이란의 카자르 왕조이다. 카자르 왕조는 19세기 초 남하 정책을 추진하는 러시아와 이를 견제하려는 영국의 경쟁에 휩쓸려 많은 영토와 이권을 빼앗겼다. 1906년에는 카자르 왕조의 전제 정치에 반대하는 입헌 혁명이 일어나 의회가 구성되고 입헌 군주제 헌법이 제정되었다.

08 카자르 왕조가 이란 지역을 재통일한 후 카자르 왕조의 국왕이 근대화 자금을 마련하기 위해 영국 상인에게 담배 독점 판매권을 주었다. 그 결과 알 아프가니를 중심으로 담배 불매 운동을 비롯한 이권 회수 운동이 일어났다. 이후 카자르 왕조는 담배 독점 판매권을 회수하였다. ①은 인도, ②는 아라비아반도, ③은 (나) 시기 이후, ④는 오스만 제국에서 있었던 일이다.

09 밑줄 친 '이 국가'는 이집트이다. 19세기 중엽 이집트는 영국과 프랑스의 자금을 빌려 철도와 전신 시설을 마련하고 지중해와 홍해를 잇는 수에즈 운하를 건설하였다. 그러나 이 과정에서 많은 빚을 지게 되면서 영국과 프랑스의 내정 간섭을 받게 되었다.

10 ㉠에 들어갈 인물은 무함마드 알리이다. 오스만 제국에 의해 이집트 총독으로 임명된 무함마드 알리는 근대적 군대를 창설하고 유럽식 행정 기구와 교육 제도를 도입하는 등 적극적인 근대화를 추진하였다.

11 제시된 인물은 아라비 파샤이다. 수에즈 운하 건설 이후 이집트에 대한 열강의 간섭이 계속되자, 아라비 파샤를 중심으로 한 군부는 '이집트인을 위한 이집트 건설'이라는 구호를 내세워 혁명을 일으켰으나 영국군에 진압되었다. 이후 이집트는 영국의 보호국이 되었다.

12 제시된 그래프는 인도와 영국의 면직물 교역의 변화를 보여 준다. 인도의 면직물은 19세기 이전까지 유럽에서 큰 인기를 얻었지만, 영국이 산업 혁명 이후 공장에서 대량 생산한 값싼 면직물을 인도에 수출하면서 인도의 면직물 산업이 몰락하였다.

13 동인도 회사를 앞세워 인도에 진출한 영국은 플라시 전투에서 프랑스에 승리하여 벵골 지역의 통치권을 차지하였고, 이후 19세기 중엽에는 인도의 거의 모든 지역을 점령하는 등 인도를 식민 지배하였다.

14 밑줄 친 '이 항쟁'은 세포이의 항쟁이다. 영국의 지배 방식에 대한 인도인의 불만으로 일어난 세포이의 항쟁은 대규모 민족 운동으로 발전하였지만, 내부 분열과 영국군의 반격 때문에 실패하였다. 세포이의 항쟁을 진압한 영국은 동인도 회사를 해체하고 인도를 직접 지배하였다. 또한 1877년에는 무굴 황제를 강제로 폐위하고 영국령 인도 제국을 세웠다.

15 인도에서는 (가) 시기에 영국이 동인도 회사를 앞세워 인도를 침략하였고, (나) 시기에는 인도 국민 회의가 결성되어 활동하였다. ㄱ은 이집트, ㄹ은 오스만 제국에서 있었던 일이다.

16 ㉠에 들어갈 단체는 인도 국민 회의이다. 중상류층 인도인을 중심으로 결성된 인도 국민 회의는 초기에 영국의 인도 지배를 인정하면서 인도인의 권익을 확보하려는 타협적인 자세를

보였다. 그러나 벵골 분할령 이후 콜카타 대회를 주최하여 4대 강령을 채택하는 등 반영 운동을 주도하였다. ③은 이란에서 있었던 사건이다.

17 제시된 지도의 분할 정책은 영국의 벵골 분할령이다. 영국은 반영 운동이 활발한 벵골 지역을 종교에 따라 동서로 나누는 벵골 분할령을 발표하였다. 그러자 인도 국민 회의의 주도로 대규모 반영 운동이 일어났고, 이에 영국은 벵골 분할령을 취소하고 명목상 인도인의 자치를 인정하였다.

학교 시험에 잘 나오는 서술형 문제

1 **예시답안** 와하브 운동. 와하브 운동은 이슬람교의 경전인 『쿠란』의 가르침대로 생활하고 이슬람교 본래의 순수성을 되찾자는 운동이었다.

구분	채점 기준
상	와하브 운동을 쓰고, 와하브 운동 당시의 주장을 서술한 경우
하	와하브 운동만 쓴 경우

2 (1) 수에즈 운하

(2) **예시답안** 수에즈 운하가 완공되면서 배로 유럽과 인도를 오가는 거리가 이전보다 3분의 1로 짧아졌다. 그러나 운하 건설 과정에서 많은 빚을 지게 된 이집트는 영국과 프랑스의 내정 간섭을 받게 되었다.

구분	채점 기준
상	수에즈 운하 개통이 가져온 결과를 두 가지 이상 서술한 경우
하	수에즈 운하 개통이 가져온 결과를 한 가지만 서술한 경우

3 **예시답안** 영국은 벵골 지역을 힌두교도가 많은 서벵골과 이슬람교도가 많은 동벵골 지역으로 나누어 통치하려고 하였다. 이에 인도인들은 영국이 종교 갈등을 이용해 민족 운동의 힘을 분산하고자 벵골 분할령을 발표했다고 보았다.

구분	채점 기준
상	영국인들이 종교 갈등을 이용해 민족 운동의 힘을 분산하려고 하였다는 내용을 모두 서술한 경우
하	영국인들이 종교 갈등을 이용하였다고만 서술하거나 민족 운동의 힘을 분산하려 하였다고만 서술한 경우

05 동아시아의 국민 국가 건설 운동

꼼꼼 개념 문제 43쪽

대표 자료 확인하기 ① 제1차 아편 전쟁 ② 불평등 조약 ③ 시모노세키 조약

한눈에 정리하기 ① 태평천국 운동 ② 신해혁명 ③ 제국주의 ④ 독립 협회

1 (1) 난징 조약 (2) 애로호 사건 **2** (1) - ㉢ (2) - ㉠ (3) - ㉡
3 (1) ○ (2) × **4** (1) 삼국 간섭 (2) 메이지 유신 (3) 러일 전쟁
5 강화도 조약 **6** (1) ㄷ (2) ㄱ (3) ㄴ

탄탄 시험 문제 44~47쪽

01 ⑤	02 ④	03 ③	04 ①	05 ②	06 ⑤	07 ④	08 ⑤
09 ④	10 ②	11 ⑤	12 ⑤	13 ④	14 ②	15 ③	16 ④
17 ②	18 ②	19 ④					

01 제시된 무역 상황은 19세기의 삼각 무역을 나타낸 것이다. 청이 영국의 무역 확대 요구를 거절하자, 영국은 인도에서 재배한 아편을 청에 몰래 팔기 시작하였고, 이로 인해 청에서 많은 양의 은이 유출되고 아편 중독자가 늘었다. 이러한 배경을 바탕으로 청과 영국이 충돌하여 제1차 아편 전쟁이 일어났다.

02 밑줄 친 '이 전쟁'은 제1차 아편 전쟁이다. 임칙서의 아편 단속을 구실로 영국은 제1차 아편 전쟁을 일으켰다. 전쟁에서 패한 청은 영국과 난징 조약을 체결하여 홍콩을 넘겨주고, 상하이를 비롯한 5개 항구를 개항하였다.

03 난징 조약 체결 후에도 영국의 무역 적자가 지속되던 중, 청관리가 광저우에 정박해 있던 애로호에 올라 밀수 혐의로 선원을 체포하다가 영국 국기를 강제로 내린 애로호 사건이 일어났다. 이를 구실로 영국은 프랑스와 연합하여 제2차 아편 전쟁을 일으켰다.

04 제시된 자료는 태평천국 운동 당시 발표된 천조 전무 제도의 내용이다. 홍수전 및 태평천국 운동 세력은 만주족을 몰아내고 한족 국가를 세우자고 주장하였으며, 토지 균등 분배, 남녀평등, 악습 폐지 등을 주장하여 농민들의 지지를 얻었다. ②는 의화단 운동, ③은 양무운동, ④는 변법자강 운동에 대한 설명이다.

05 제시된 내용은 양무운동 당시 이홍장이 주장한 것이다. 이홍장 등 양무운동의 추진 세력은 서양의 과학 기술을 받아들여 부국강병 정책을 추진하였고, 난징에 금릉 기기국과 같은 군수 공장을 설립하였다.

06 밑줄 친 '이들'은 캉유웨이를 비롯한 변법자강 운동의 주도 세력이다. 이들은 일본의 메이지 유신을 모방하여 입헌 군주제와

의회 제도를 도입하는 등 근대화를 위해 제도를 개혁해야 한다고 주장하였다. ⑤는 양무운동 당시의 주장이다.

07 제시된 상황은 부청멸양의 구호를 내세우며 전개된 의화단 운동에 대한 설명이다. 변법자강 운동의 실패 이후 서양 열강의 이권 침탈이 심각해지자 의화단 운동이 전개되었다. 의화단은 한때 베이징을 점령하기도 하였지만, 8개국 연합군에 의해 진압되었다.

08 신해혁명은 '(라) 청 정부의 민간 철도 국유화 시도 – (가) 우창에서 신식 군대의 무장봉기 – (다) 청 정부의 위안스카이 파견 – (나) 위안스카이의 대총통 취임'의 순서로 전개되었다.

09 밑줄 친 '나'는 쑨원이다. 쑨원은 일본 도쿄에서 여러 단체를 모아 중국 동맹회를 조직하고, 삼민주의를 내세워 혁명 운동을 주도하였다. 이후 혁명 세력은 쑨원을 임시 대총통으로 추대하고 중화민국을 수립하였다.

10 밑줄 친 '이 조약'은 미일 수호 통상 조약이다. 미일 수호 통상 조약은 시모다, 하코다테 외 4개 항구의 추가 개항, 미국의 영사 재판권 인정 등을 내용으로 하였다. ㄴ은 신축 조약 등, ㄹ은 난징 조약의 내용이다.

11 ㉠에 들어갈 정부는 메이지 정부이다. 메이지 정부는 근대적 개혁인 메이지 유신을 통해 번을 폐지하고 현 설치(폐번치현), 신분제 폐지, 징병제 시행, 제국 의회 설립, 일본 제국 헌법 제정 등을 추진하였다. ⑤ 미일 수호 통상 조약을 체결한 정부는 메이지 정부 성립 이전인 에도 막부이다.

12 일본의 메이지 정부는 서양의 문물과 제도를 시찰하고 서양과 맺은 불평등 조약을 개정하기 위해 미국과 유럽 등지를 시찰하는 이와쿠라 사절단을 파견하였다.

13 제시된 헌법은 일본 제국 헌법이다. 메이지 정부는 헌법 제정과 의회 개설을 요구하는 자유 민권 운동을 탄압하고, 천황의 절대적인 권한을 규정한 일본 제국 헌법을 제정하였다. 일본 제국 헌법은 의회의 권한과 국민의 기본권을 제한하였다.

14 ㉠에 들어갈 전쟁은 청일 전쟁이다. 청일 전쟁에서 승리한 일본은 청으로부터 막대한 배상금을 얻었고, 타이완과 랴오둥반도를 획득하였다. 이후 일본은 막대한 배상금을 군비 확장에 사용함으로써 제국주의 국가로 성장하는 발판을 마련하였다.

15 시모노세키 조약의 체결 이후 일본이 만주 지역에서 이권을 확장해 나가자, 이를 견제하려던 러시아는 독일과 프랑스를 끌어들여 일본이 차지한 랴오둥반도를 중국에게 반환하도록 강요하는 삼국 간섭을 일으켰다.

16 제시된 조약은 강화도 조약이다. 일본은 조선에 통상을 강요하기 위해 1875년 운요호를 보냈고, 그 결과 조선에 불평등한 내용을 담은 강화도 조약이 체결되었다.

17 김옥균을 비롯한 급진 개화파 세력은 우정총국에서 갑신정변을 일으켰다. 이들은 청의 압박으로부터 벗어나 근대적 개혁을 추진하였으나 청의 무력 개입으로 실패하였다. ④는 동학 농민 운동, ⑤는 위정척사 운동의 내용이다.

18 ㉠에 들어갈 인물은 고종이다. 아관 파천 이후 덕수궁으로 환궁한 고종은 국호를 '대한 제국', 연호를 '광무'로 고치고 황제 즉위식을 열어 대한 제국이 자주국임을 국내외에 선포하였다. ①은 서재필, ③은 쑨원, ④는 이와쿠라, ⑤는 위안스카이에 대한 설명이다.

19 개화사상과 독립 협회의 활동을 계승한 애국 계몽 운동은 주로 지식인과 관료층이 주도하였으며, 민족의 실력을 길러 국권을 회복하자는 주장을 내걸고 전개되었다.

학교 시험에 잘 나오는 서술형 문제

1 **예시답안** 난징 조약, 강화도 조약, 미일 수호 통상 조약은 모두 상대국의 치외 법권 등을 인정하는 불평등 조약이었다.

구분	채점 기준
상	치외 법권 등을 인정하는 불평등 조약이었음을 구체적으로 서술한 경우
하	불평등 조약이었다고만 서술한 경우

2 (1) (가) 양무운동, (나) 변법자강 운동
(2) **예시답안** 양무운동과 변법자강 운동은 공통적으로 서양의 기술을 받아들이고자 하는 운동이었다. 그러나 양무운동의 주도 세력이 전통적인 체제를 유지하면서 서양의 기술만을 받아들이고자 한 반면, 변법자강 운동의 주도 세력은 정치 체제의 근본적인 개혁을 주장하였다.

구분	채점 기준
상	양무운동과 변법자강 운동의 공통점과 차이점을 모두 서술한 경우
하	양무운동과 변법자강 운동의 공통점과 차이점 중 한 가지만 서술한 경우

3 **예시답안** 시모노세키 조약. 일본은 시모노세키 조약으로 받은 배상금 대부분을 군사력 강화에 투자하여 제국주의 열강으로 성장하는 발판을 마련하였다.

구분	채점 기준
상	시모노세키 조약을 쓰고, 시모노세키 조약 이후 일본이 제국주의 열강으로 성장하였음을 서술한 경우
하	시모노세키 조약만 쓴 경우

쑥쑥 마무리 문제
50~53쪽

01 ④	02 ⑤	03 ①	04 ②	05 ③	06 ⑤	07 ⑤	08 ①
09 ⑤	10 ③	11 ⑤	12 ⑤	13 ③	14 ⑤	15 ③	16 ③
17 ④	18 ⑤	19 ①	20 ②	21 ④	22 ①	23 ③	

01 제시된 법령은 크롬웰이 발표한 항해법이다. 크롬웰은 의회를 해산하고 엄격한 청교도 윤리를 앞세운 독재 정치를 펼쳐 국민의 반감을 샀다. ②는 나폴레옹, ③ 크롬웰은 청교도 혁명 당시 의회파를 이끌었다. ⑤는 앤 여왕에 대한 설명이다.

02 영국에서 제임스 2세가 전제 정치를 강화하자, 의회가 제임스 2세를 몰아내고 공주인 메리와 윌리엄 3세를 공동 왕으로 세웠다(명예혁명). 이후 의회가 메리 여왕과 윌리엄 3세에게 권리 장전을 승인받음으로써 영국에서는 절대 왕정이 무너지고 의회를 중심으로 한 입헌 군주제의 토대가 마련되었다.

03 제시된 내용은 보스턴 차 사건에 대한 설명이다. 영국이 북아메리카 식민지에 인지세를 비롯한 각종 세금을 부과하자 식민지인들이 저항하였고, 이는 보스턴 차 사건으로 이어졌다. 영국이 보스턴항을 봉쇄하고 탄압하자, 식민지 대표들은 대륙 회의를 열어 영국에 항의하였다.

04 ② 노예 해방을 발표한 인물은 링컨이며, 조지 워싱턴은 미국의 초대 대통령이다.

05 프랑스 혁명 과정에서 테니스코트의 서약이 발표되고, 루이 16세의 처형되었다. ㄱ은 줄루 왕국, ㄹ은 미국에서 일어났다.

06 7월 혁명으로 들어선 새로운 왕정도 재산 소유 정도에 따라 선거권을 제한하자 중소 시민층과 노동자들이 선거권 확대를 요구하며 혁명을 일으켰다. ①, ②, ④는 2월 혁명 이후, ③은 ⑺ 시기에 해당한다.

07 19세기 영국에서는 의회를 중심으로 한 점진적 개혁을 통해 자유주의가 발전하였다. 가톨릭교도에 대한 차별을 폐지하여 종교의 자유를 인정하였고, 제1차 선거법 개정을 통해 도시의 상공업 계층까지 선거권을 확대하였다. 또한 곡물법과 항해법을 폐지하여 자유주의 경제 체제를 확립하였다.

08 ⑺는 이탈리아, ⑻는 독일이다. 사르데냐의 재상 카보우르는 오스트리아와의 통일 전쟁에서 승리하여 중북부 이탈리아를 병합하였다. 가리발디는 시칠리아와 나폴리를 점령함으로써 이탈리아의 통일에 기여하였다. 독일은 1834년 관세 동맹을 통해 프로이센을 중심으로 경제적 통일을 이룩하였다. 이후 비스마르크가 철혈 정책을 내세워 군사력을 키웠고, 이를 바탕으로 오스트리아를 꺾고 통일의 발판을 마련하였다. ① 프랑스와의 전쟁에서 승리한 국가는 독일 통일 전 프로이센이다.

09 미국 독립과 프랑스 혁명, 계몽사상의 영향을 받은 라틴 아메리카의 여러 나라들은 나폴레옹 전쟁으로 에스파냐의 간섭이 약화되자 독립을 선포하였다. 유럽의 보수 세력이 라틴 아메리카를 식민지로 되돌리려 하였으나 영국의 독립 지지와 미국의 먼로 선언 발표에 힘입어 라틴 아메리카의 독립운동은 가속화되었다.

10 영국은 명예혁명 이후 정치가 안정되어 자유로운 경제 활동이 보장되어 있었다. 또한 석탄과 철 등 지하자원이 풍부하였으며, 인클로저 운동으로 토지를 잃은 농민들이 도시로 이동하면서 노동력이 풍부해졌다. 이를 바탕으로 18세기 후반 영국에서 가장 먼저 산업 혁명이 일어났다. ③은 독일에서 산업 혁명이 시작하게 된 배경이다.

11 산업 혁명기에 자본가들은 더 큰 이윤을 얻기 위해 노동자들에게 열악한 근로 조건을 강요하거나 성인 남성보다 임금이 적은 여성이나 아동을 고용하였다.

12 ㉠에 공통으로 들어갈 대외 정책은 제국주의이다. 19세기 후반 자본주의가 발달하면서 서구 열강들은 자국의 산업 발전을 위해 값싼 원료 공급지와 자본 투자처가 필요하였다. 이 과정에서 군사력과 경제력을 앞세워 약소국을 침략하고 식민지로 삼은 대외 팽창 정책인 제국주의가 등장하였다.

13 ㉠에 들어갈 국가는 프랑스이다. 프랑스는 뒤늦게 제국주의 경쟁에 뛰어든 독일과 모로코를 둘러싸고 두 차례에 걸쳐 대립하였다. ①은 미국, ②, ⑤는 영국, ④는 독일에 대한 설명이다.

14 밑줄 친 '이 국가'는 인도네시아이다. 17세기 이후 네덜란드의 지배를 받게 된 인도네시아에서는 지식인들과 상인들이 이슬람 동맹을 결성하여 인도네시아의 독립을 위해 노력하였다.

15 제시된 자료는 오스만 제국에서 시행한 탄지마트이다. 오스만 제국의 술탄 압둘 하미드 2세는 헌법을 폐지하고 의회를 해산한 뒤 전제 정치를 강화하였다. 이에 반발한 젊은 장교와 관료, 지식인들이 청년 튀르크당 혁명을 일으켰다. ①, ④, ⑤는 이집트, ②는 이란에서 있었던 일이다.

16 ㉠에 공통으로 들어갈 민족 운동은 와하브 운동이다. 이븐 압둘 와하브의 주도로 전개된 와하브 운동은 이슬람교 경전인 『쿠란』의 가르침대로 생활하고 이슬람교 본래의 순수성을 되찾자는 운동이었다.

17 밑줄 친 '이 사건'은 세포이의 항쟁이다. 영국의 지배 방식에 대한 불만으로 발생한 세포이의 항쟁은 각계각층의 사람들이 참여하는 대규모 민족 운동으로 발전하였다.

18 제시된 내용은 영국의 벵골 분할령이다. 영국이 벵골 분할령을 발표하자 인도 국민 회의는 영국 상품 불매, 스와라지(자치 획득), 스와데시(국산품 애용), 국민 교육 실시를 주장하며 반영 운동에 앞장섰다.

19 난징 조약, 미일 수호 통상 조약, 강화도 조약은 공통적으로 중국, 일본, 조선에 불평등한 내용을 담은 불평등 조약이었다.

20 ⑺ 양무운동이 일어난 후 캉유웨이 등 개혁적인 지식인들이 일본의 메이지 유신을 모방하여 의회 설립 등을 주장하며 개혁을 추진하였다(변법자강 운동). 이후 ⑻ 의화단 운동이 전개되었다. ①, ③, ⑤는 ⑺ 사건 이전, ④는 ⑻ 사건 이후이다.

21 ㉠에 들어갈 인물은 쑨원이다. 중화민국의 임시 대총통으로 추대된 쑨원은 일본에서 중국 동맹회를 조직하고, 삼민주의를 주장하며 혁명 운동을 주도하였다.

22 밑줄 친 '이 정부'는 메이지 정부이다. 메이지 정부는 근대적 개혁인 메이지 유신을 추진하여 신분 제도를 폐지하고, 징병제를 실시하는 등의 개혁을 시행하였고, 천황 중심의 중앙 집권 체제를 수립하였다.

23 제시된 조약은 청일 전쟁에서 일본이 승리하면서 체결된 시모노세키 조약이다. 청일 전쟁은 조선에서 동학 농민 운동이 일어나자, 이를 진압한다는 구실로 청과 일본이 한반도에 군대를 파견하면서 발생하였다.

V 세계 대전과 사회 변동

01 세계 대전과 국제 질서의 변화(1)

꼼꼼 개념 문제
59쪽

대표 자료 확인하기 ① 파리 강화 회의 ② 베르사유 조약

한눈에 정리하기 ① 사라예보 ② 러시아 ③ 소비에트
④ 간디

1 ㉠ 3국 동맹 ㉡ 3국 협상 **2** (1) ○ (2) ✕ (3) ✕ (4) ○ **3** (1)
피의 일요일 사건 (2) 11월 혁명 (3) 신경제 정책 **4** (1) 파리 강화
회의 (2) 베르사유 체제 (3) 국제 연맹 **5** 5·4 운동 **6** (1) - ㉢
(2) - ㉠ (3) - ㉣ (4) - ㉤ (5) - ㉡

탄탄 시험 문제
60~63쪽

01 ⑤	**02** ⑤	**03** ④	**04** ①	**05** ②	**06** ①	**07** ③	**08** ③
09 ④	**10** ①	**11** ②	**12** ④	**13** ⑤	**14** ④	**15** ⑤	**16** ①
17 ②	**18** ③	**19** ④	**20** ①	**21** ③			

01 독일이 프랑스를 고립시키기 위해 오스트리아·헝가리 제국, 이탈리아와 3국 동맹을 맺자, 이에 맞서 영국과 프랑스가 러시아를 끌어들여 3국 협상을 맺었다. 이로 인해 제국주의 국가들 간의 갈등이 심화된 상황에서 사라예보 사건이 발생한 것을 배경으로 제1차 세계 대전이 시작되었다. ① 소련의 수립과 발전, ③ 파리 강화 회의의 개최, ④ 국제 연맹의 창설은 제1차 세계 대전 이후에 일어난 일이다. ② 러시아 혁명은 제1차 세계 대전 중에 일어난 일이다.

02 제1차 세계 대전 발발 이전 발칸반도에서는 오스만 제국의 지배에서 벗어나려는 여러 민족이 독립운동을 활발히 전개하는 과정에서 대립과 충돌이 심해졌다. 또한 러시아, 세르비아 중심의 범슬라브주의와 독일, 오스트리아·헝가리 제국 중심의 범게르만주의가 대립하여 긴장이 고조되었다. ㉠, ㉡은 제1차 세계 대전 발발 이후에 일어난 일이다.

03 제시된 사건은 사라예보 사건이다. 사라예보 사건이 발생하자 오스트리아·헝가리 제국은 세르비아에 전쟁을 선포하였고, 이후 3국 동맹과 3국 협상의 국가들이 잇달아 전쟁에 뛰어들면서 제1차 세계 대전이 시작되었다. ①, ②, ③, ⑤는 사라예보 사건 이전에 일어난 일이다.

04 ㉠에 공통으로 들어갈 국가는 독일이다. 제1차 세계 대전 초반 독일은 서부 전선에서 영국·프랑스 연합군과 맞섰으며, 동부 전선에서 러시아를 공격하여 큰 피해를 입혔다.

05 영국이 독일로 가는 물자를 통제하기 위해 해상을 봉쇄하자 독일은 중립국 선박까지 공격하는 무제한 잠수함 작전을 펼쳤다. 이로 인해 자국민이 사망하는 피해를 입은 미국은 제1차

세계 대전에 연합국 편으로 참전하였다. ㄴ. 무제한 잠수함 작전은 사라예보 사건을 계기로 발발한 제1차 세계 대전 중에 전개되었다. ㄷ. 무제한 잠수함 작전은 독일 공화국 정부가 수립되기 이전에 전개되었다.

06 제시된 지도는 제1차 세계 대전의 전개 과정을 나타낸다. 제1차 세계 대전 중 서부 전선에서는 독일군과 프랑스군이 참호를 파고 대치하는 참호전이 전개되어 전쟁이 장기화되었다. 한편, 국내에서 혁명이 일어난 러시아가 독일과 단독으로 강화를 맺고 전선에서 이탈하자, 독일은 서부 전선에서 대공세를 펼쳤으나 실패하였다. 이후 연합국의 전세가 유리해지자 독일의 동맹국들이 항복하였고, 독일에서 혁명으로 수립된 공화국 정부가 연합국과 휴전 조약을 체결하면서 전쟁이 종결되었다. ① 제1차 세계 대전이 끝난 후 개최된 파리 강화 회의의 결과 승전국들과 독일 사이에 베르사유 조약이 체결되었다.

07 제1차 세계 대전은 여성들도 전쟁에 참여하고, 식민지인들이 전쟁에 동원되는 등 국가의 모든 힘과 자원을 투입하는 총력전으로 전개되었다. ①, ②, ④, ⑤ 제1차 세계 대전의 특징에 해당하지만, 제시된 내용과 관련이 적다.

08 1905년 러일 전쟁으로 생활이 어려워진 노동자들이 개혁을 요구하며 전개한 평화 시위를 정부가 무력으로 진압하여 많은 사상자가 발생하였다(피의 일요일 사건). 이후 차르 니콜라이 2세는 상황을 진정시키기 위해 언론과 집회의 자유 보장, 의회(두마) 설치 등의 개혁을 약속하였다. ①, ②, ④, ⑤는 차르 니콜라이 2세가 개혁을 약속한 이후에 일어난 사건이다.

09 러시아에서 제1차 세계 대전으로 많은 인명 피해가 발생하고 경제난이 심화되자 전쟁 중지, 전제 정치 타도, 식량 배급 등을 요구하는 봉기가 일어났고, 노동자와 병사들이 소비에트를 결성하였다. 그 결과 전제 군주제가 붕괴되고 임시 정부가 수립되었다(3월 혁명). ㄱ은 러시아 3월 혁명 이후, ㄷ은 러시아 3월 혁명 이전에 일어난 일이다.

10 러시아 3월 혁명을 통해 수립된 임시 정부가 개혁을 미루고 전쟁을 지속하자 레닌이 이끄는 볼셰비키가 무장봉기를 일으켜 임시 정부를 타도하고 소비에트 정부를 수립하였다. ① 러일 전쟁은 러시아 11월 혁명 이전에 일어난 사건이다.

11 ㉠은 레닌, ㉡은 스탈린이다. 러시아 11월 혁명을 주도하며 소비에트 정부를 세운 레닌은 토지와 산업을 국유화하는 등 사회주의 개혁을 추진하였다. 레닌의 뒤를 이은 스탈린은 공산당 독재 체제를 강화하였다.

12 레닌은 공산당 일당 독재를 선언하고 국제 공산당 기구인 코민테른을 조직하여 각국의 공산당 조직과 사회주의 운동을 지원하였다. 한편, 경제난이 심화되자 자본주의 요소를 일부 도입한 신경제 정책(NEP)을 시행하였으며, 러시아를 비롯한 15개의 소비에트 공화국으로 구성된 소비에트 사회주의 공화국 연방(소련)을 수립하였다. ④는 스탈린의 활동에 해당한다.

13 제1차 세계 대전이 끝나자 연합국은 전후 문제를 처리하기 위해 파리 강화 회의를 열었다. 회의는 미국 윌슨 대통령이 제안하였던 14개조 평화 원칙을 바탕으로 진행되었으며, 회의에서

일본이 중국 정부에 강요한 21개조 요구가 승인되었다. ⑤ 파리 강화 회의의 결과 베르사유 조약이 체결되었다.

14 제시된 자료는 베르사유 조약의 내용이다. 제1차 세계 대전 이후 승전국과 독일 사이에 베르사유 조약이 체결된 결과 승전국 위주의 새로운 국제 질서인 베르사유 체제가 성립되었다. ① 베를린 회의 개최는 베르사유 조약의 체결 이전에 일어난 일이다. ② 베르사유 조약은 독일에 막대한 배상금을 지불하게 하는 등 독일에 대한 보복적 성격이 강하였다. ③, ⑤ 워싱턴 회의 개최와 켈로그·브리앙 조약(부전 조약) 체결은 베르사유 조약의 체결 이후에 일어난 일이다.

15 밑줄 친 '이 조직'은 국제 연맹이다. 국제 연맹은 제1차 세계 대전 이후 국제 분쟁의 평화적 해결을 위한 국제 평화 기구로 창설되었다.

16 일본이 중국 정부에 강요한 21개조 요구가 파리 강화 회의에서 승인되자 중국에서 베이징 대학생들을 중심으로 5·4 운동이 전개되었다. ②, ③, ④, ⑤는 파리 강화 회의에서 일본의 21개조 요구가 승인되기 이전에 일어난 사건이다.

17 제시된 사건들은 '(나) 제1차 국공 합작 – (가) 장제스의 중국 통일 – (다) 마오쩌둥과 공산당의 대장정 – (라) 제2차 국공 합작' 순으로 일어났다.

18 ㉠에 들어갈 인물은 간디이다. 간디는 영국의 식민 지배에 맞서 영국 상품 불매, 국산품 애용, 납세 거부 등 폭력을 쓰지 않고 영국의 법률이나 명령을 따르지 않는 비폭력·불복종 운동을 벌였다. ① 신문화 운동, ② 제2차 국공 합작, ④ 북벌은 중국에서 일어난 사건이다. ⑤는 네루의 활동에 해당한다.

19 ㉠에 들어갈 인물은 호찌민이다. 호찌민은 베트남 공산당(인도차이나 공산당)을 조직하여 대대적인 독립 전쟁을 준비하는 등 베트남의 민족 운동을 주도하였다.

20 오스만 제국이 제1차 세계 대전에서 패한 후 무스타파 케말은 술탄 제도를 폐지하고 튀르키예 공화국을 수립하였다. ②는 이집트, ③은 인도네시아, ④는 중국, ⑤는 타이에서 전개된 민족 운동의 내용이다.

21 제1차 세계 대전 이후 오스만 제국에서는 무스타파 케말이 터키 공화국을 수립하였고, 서아시아 각국에서 독립운동이 전개되어 이라크가 독립하였다. 아프리카에서는 모로코가 에스파냐로부터 자치권을 얻어 냈고, 중남부 아프리카에서는 아프리카 사람들이 스스로의 힘으로 독립하여 아프리카 대륙을 통일하려고 한 운동인 범아프리카주의가 확산되었다. ③ 제1차 국공 합작은 중국에서 일어난 민족 운동이다.

학교 시험에 잘 나오는 서술형 문제

1 (1) 러시아 혁명
(2) **예시답안** 19세기 러시아에서 전제 정치 유지, 노동자 계층 성장 등이 나타나는 상황에서 피의 일요일 사건이 일어났고, 이후 차르 니콜라이 2세의 개혁 성과도 미흡하였던 것을 배경으로 러시아 혁명이 일어났다.

구분	채점 기준
상	러시아 혁명의 배경을 세 가지 이상 서술한 경우
중	러시아 혁명의 배경을 두 가지만 서술한 경우
하	러시아 혁명의 배경을 한 가지만 서술한 경우

2 **예시답안** 국제 연맹은 미국과 소련 등 강대국이 불참하였고, 국제 분쟁 해결에 군사적 수단을 동원하지 못하였다.

구분	채점 기준
상	국제 연맹의 한계를 두 가지 모두 서술한 경우
하	국제 연맹의 한계를 한 가지만 서술한 경우

3 **예시답안** 무스타파 케말. 무스타파 케말은 정치와 종교의 분리, 헌법 제정, 여성 참정권 부여, 문자 개혁 등을 시행하여 튀르키예의 근대화를 추진하였다.

구분	채점 기준
상	무스타파 케말을 쓰고, 무스타파 케말이 추진한 근대화 정책의 내용을 정치와 종교의 분리, 문자 개혁 등을 포함하여 서술한 경우
하	무스타파 케말만 쓴 경우

02 세계 대전과 국제 질서의 변화(2)

65쪽

꼼꼼 개념 문제

대표 자료 확인하기 ① 식민지 ② 보호 무역

한눈에 정리하기 ① 미국 ② 파시스트당 ③ 히틀러
④ 일본 ⑤ 노르망디

1 대공황 **2** ㉠ 뉴딜 정책 ㉡ 블록 경제 **3** (1) 전체주의
(2) 국가 (3) 추축국 **4** (1) ㄴ (2) ㄱ (3) ㄹ (4) ㄷ **5** (1) ◯
(2) ◯ (3) ✕ (4) ✕ **6** (1) – ㉡ (2) – ㉠

탄탄 시험 문제

66~67쪽

01 ⑤ **02** ③ **03** ③ **04** ④ **05** ④ **06** ⑤ **07** ② **08** ⑤
09 ① **10** ④

01 제1차 세계 대전 이후 미국에서는 기업이 생산을 늘려 나갔으나 소비가 생산을 따라가지 못하면서 재고가 쌓였다. 이러한 상황에서 뉴욕 증권 거래소의 주가 폭락으로 대공황이 일어나면서 실업자가 급증하였다. ①은 대공황 발생 이후 일어난 사건이다. ②는 대공황을 배경으로 일어난 사건이다. ③ 미국은 제1차 세계 대전 이후 호황을 누리며 세계 경제를 주도하였다. ④ 대공황의 위기에 대응하기 위해 미국에서는 국가가 경제에 적극 개입하는 뉴딜 정책을 추진하였다.

02 제시된 내용에서 설명하는 정책은 뉴딜 정책이다. 대공황의 위기 극복을 위해 미국 루스벨트 대통령은 정부가 생산 활동에 적극 개입하는 뉴딜 정책을 추진하였다.

03 파운드 블록을 형성한 국가는 영국, 프랑 블록을 형성한 국가는 프랑스이다. 영국과 프랑스는 대공황의 위기를 극복하기 위해 본국과 식민지를 묶는 블록 경제를 형성하였다. 이들 국가는 본국에서 과잉 생산된 상품을 식민지에 팔고, 수입품에 높은 관세를 물려 수입량을 억제하는 보호 무역 정책을 시행하였다. ③ 대공황 이후 미국에서 뉴딜 정책의 일환으로 테네시강 유역 개발 공사와 같은 대규모 공공사업을 추진하였다.

04 제시된 자료에는 국가와 민족을 우선시하는 전체주의 사상이 담겨 있다. 이를 통해 국가와 민족의 번영을 앞세워 시민의 자유를 억압하고, 대외 팽창을 추진하였던 전체주의 국가의 특징을 파악할 수 있다.

05 이탈리아에서는 ㉠ 무솔리니가 이끄는 파시스트당이 로마 진군을 통해 정권을 장악하였다. 독일에서는 히틀러가 이끄는 ㉡ 나치당이 인기를 얻어 일당 독재를 수립하였고, ㉢ 게르만 우월주의를 앞세워 유대인을 박해하는 등 인종 차별 정책을 시행하였다. 일본에서는 대공황 이후 군부가 정권을 장악한 후 군사력 증강에 목적을 두는 ㉣ 군국주의를 강화하고 대륙

침략을 본격화하였다. 에스파냐에서는 ㉤ 프랑코가 이끄는 군부 세력이 반란을 통해 파시즘 정권을 수립하였다.

06 1937년 독일, 이탈리아, 일본이 방공 협정을 체결하여 결속력을 강화하면서 추축국이 형성되었다.

07 1939년 독일은 소련과 비밀리에 ㉠ 독소 불가침 조약을 체결한 후 ㉡ 폴란드를 침공하였다. 이에 영국과 프랑스가 독일에 선전 포고를 하면서 제2차 세계 대전이 시작되었다.

08 제2차 세계 대전 중 독일은 영국의 저항으로 전쟁이 장기화되자 오랜 전쟁에 대비해 식량과 석유를 확보하기 위해 불가침 조약을 파기하고 소련을 침략하였다. ① 1931년에 일본이 만주 사변을 일으켰다. ② 1882년에 독일은 오스트리아·헝가리 제국, 이탈리아와 3국 동맹을 체결하였다. ③ 1914년에 일어난 사라예보 사건을 계기로 제1차 세계 대전이 일어났다. ④ 1922년에 이탈리아에서는 무솔리니의 파시스트당이 로마 진군을 통해 정권을 장악하였다.

09 미국은 일본의 동남아시아 침략 행위를 비난하며 일본에 석유, 철강 등의 수출을 금지하는 경제 제재 정책을 펼쳤다. 이에 맞서 일본이 미국의 하와이 진주만 기지를 기습 공격하자, 미국이 연합국 편으로 참전하면서 태평양 전쟁이 시작되었다. ㄷ. 미국에서 시작된 대공황을 배경으로 제2차 세계 대전이 발발하였다. ㄹ. 일본의 동남아시아 침략에 맞서 미국이 경제 봉쇄로 일본을 견제하자, 일본이 진주만 미군 기지를 공격하였다.

10 1941년 태평양 전쟁이 일어난 후 1942년 미국이 미드웨이 해전에서 일본군을 물리쳤고, 1943년 소련이 스탈린그라드 전투에서 독일군을 격파하였다. 이어 1944년 연합군은 노르망디 상륙 작전으로 프랑스를 해방하였고, 1945년 연합군이 진격하자 마침내 독일이 항복하였다. 이후 미국이 일본에 원자 폭탄을 투하하고, 소련이 만주로 진격하자 일본이 무조건 항복을 선언하면서 제2차 세계 대전이 연합군의 승리로 끝났다. ④ 이탈리아 등에서 전체주의 세력이 등장하여 정권을 장악한 것을 배경으로 제2차 세계 대전이 시작되었다.

학교 시험에 잘 나오는 서술형 문제

1 **예시답안** 미국 정부는 대공황 극복을 위해 뉴딜 정책을 추진하였다. 이에 따라 정부가 생산량을 조절하고, 대규모 공공사업을 통해 실업자를 구제하였으며, 노동자의 권리 보장과 사회 보장 제도 시행을 통해 구매력을 향상하고자 노력하였다.

구분	채점 기준
상	미국 정부가 대공황 극복을 위해 뉴딜 정책을 시행하였다고 서술하고, 뉴딜 정책의 구체적인 내용을 제시한 경우
하	미국 정부가 대공황 극복을 위해 뉴딜 정책을 시행하였다고만 서술한 경우

03 민주주의의 확산 ~ 인권 회복과 평화 확산을 위한 노력

꼼꼼 개념 문제

70쪽

대표 자료 확인하기 ① 바이마르 헌법 ② 민주적 ③ 뉘른 베르크 ④ 극동 국제 군사

한눈에 정리하기 ① 여성 참정권 ② 홀로코스트 ③ 대서양 헌장

1 (1) 공화정 (2) 독일 (3) 보통 선거 **2** (1) ◯ (2) ✕ (3) ◯ **3** ㉠ 전체주의 ㉡ 인민 전선 **4** (1) ㄴ (2) ㄷ (3) ㄱ **5** 일본군 '위안부' **6** (1) 국제 연합 (2) 일본 (3) 켈로그·브리앙 조약

탄탄 시험 문제

71~73쪽

| 01 ① | 02 ② | 03 ⑤ | 04 ② | 05 ③ | 06 ③ | 07 ① | 08 ⑤ |
| 09 ④ | 10 ④ | 11 ③ | 12 ② | 13 ④ | 14 ⑤ | 15 ① | |

01 유럽 각국에서 재산이나 성별에 관계없이 투표하는 보통 선거가 확대되고, 유럽 대부분 국가에서 헌법과 의회를 갖춘 공화정이 채택된 것을 통해 제1차 세계 대전 이후 유럽에서 민주주의가 발전하였음을 추론할 수 있다. ②, ③은 제1차 세계 대전 이전의 정세에 해당한다. ④, ⑤는 제1차 세계 대전 이후 일부 국가의 정세에 해당하지만, 제시된 내용과 관련이 적다.

02 제1차 세계 대전 이후 오스만 제국은 시리아, 이라크, 팔레스타인 등으로 분리되었으며, 아나톨리아반도의 오스만 제국에서는 제정이 무너지고 튀르키예 공화국이 세워졌다. ㄴ. 독일 제헌 의회에서 바이마르 헌법이 제정되었다. ㄷ. 오스트리아·헝가리 제국이 베르사유 조약으로 해체되었다.

03 제시된 지도는 제1차 세계 대전 이후의 유럽 정세를 나타낸다. 제1차 세계 대전을 거치면서 독일, 오스트리아·헝가리 제국, 오스만 제국, 러시아 등 옛 제국이 붕괴하였으며, 동유럽의 여러 민족이 신생 국가로 독립하였다.

04 ㉠에 공통으로 들어갈 용어는 자본주의이다. 1920년대 미국에서는 자본주의가 본격적으로 발전하였고, 대공황 이후 경제 운영에 정부의 역할이 중시되었던 것을 바탕으로 제2차 세계 대전 이후 자본주의가 고도로 성장하였다.

05 19세기 전후 여성 참정권 운동이 시작되어 지속적으로 전개되었고, 여러 국가에서 민주적인 제도가 확산되었다. 또한 총력전으로 전개된 제1차 세계 대전 과정에서 여성이 군수품을 제작하는 등 직간접적으로 참여하면서 여성의 사회적·경제적 역할이 확대되었다. 이러한 상황을 배경으로 제1차 세계 대전 전후 독일, 미국 등 여러 국가에서 여성 참정권이 확대되면서 보통 선거가 정착되어 갔다. ③ 제1차 세계 대전 이후 등장한 전체주의 세력에 대항하기 위해 인민 전선이 형성되었다.

06 1918년 제1차 세계 대전이 끝난 후 1919년 독일 의회가 바이마르 공화국 수립을 선포하였다. 1928년 영국에서 여성의 참정권이 전면적으로 인정되었고, 이후 1929년 미국에서 대공황이 발생하였다. ㄱ. 제1차 세계 대전 이후 미국이 세계 경제 질서를 주도하였다. ㄹ. 아시아와 아프리카 지역의 여성들은 대체로 제2차 세계 대전 이후 독립을 달성하고 민주주의를 도입하는 과정에서 참정권을 획득하였다.

07 제1차 세계 대전 이후 각국은 노동자의 권리 확대를 위해 가족 수당과 노인 연금을 지급하는 등 사회 보장 정책을 시행하였다. 미국은 뉴딜 정책을 시행하면서 와그너법을 제정하여 노동자의 단결권과 단체 교섭권을 인정하였고, 주 40시간 근로제와 최저 임금제를 도입하였다. 또한 노동자의 이익을 대변하는 정당이 등장하였으며, 파업에 대한 권리가 보장되었다. ① 제1차 세계 대전 이후 유럽 등지에서 노동자의 권리 확대를 위해 노동조합의 결성과 파업에 대한 권리가 보장되었다.

08 노동자의 경제적·사회적 지위 향상을 목표로 설립된 국제 노동 기구(ILO)는 노동자들의 권리를 확보하는 데 중요한 역할을 담당하였다. ①은 코민테른에 대한 설명이다. ② 제1차 세계 대전이 끝난 후 국제 노동 기구가 설립되었다. ③, ④는 국제 노동 기구가 창설되기 이전에 일어난 일이다.

09 ㉠은 프랑스, ㉡은 에스파냐이다. 프랑스에서는 사회주의와 민주주의 세력들이 연합하여 전체주의에 대항하는 인민 전선을 수립하였고, 에스파냐에서도 파시즘 군부에 반대하는 사람들이 인민 전선 정부를 수립하여 전체주의 세력에 저항하였다.

10 제2차 세계 대전에서는 참전국의 무차별 공습, 추축국의 의도적인 대량 학살 등으로 엄청난 규모의 인명 피해가 발생하였다. ㄱ. 피의 일요일 사건은 제1차 세계 대전 이전에 일어난 사건이다. ㄷ. 제2차 세계 대전 중 핵폭탄 등의 대량 살상 무기가 사용되면서 많은 민간인이 희생되었다.

11 밑줄 친 부분에 해당하는 사건은 홀로코스트이다. 제2차 세계 대전 중 독일의 나치당은 약 600만 명의 유대인을 계획적으로 학살하는 홀로코스트를 일으켰다.

12 일본은 중일 전쟁 시기 난징을 점령한 후 수십만 명의 민간인을 학살하는 난징 대학살을 일으켰으며, 만주에 설치한 731 부대에서 조선인과 중국인 등을 대상으로 생체 실험을 자행하였다. ㄴ은 제1차 세계 대전 중 독일, ㄷ은 제2차 세계 대전 중 미국에 대한 설명이다.

13 제1차 세계 대전 이후 설립된 국제 연맹과 제2차 세계 대전 이후 설립된 국제 연합(UN)은 모두 국제 평화를 목적으로 설립된 국제기구이다. ①, ② 국제 연합은 국제 연맹과 달리 미국, 소련 등 강대국이 대부분 참여하였으며, 국제 연합군이나 평화 유지군을 두어 군사적 제재 수단을 보유하였다. ③ 국제 연합은 국제 연맹과 달리 국제 분쟁의 조정과 중재를 위해 안전 보장 이사회를 설치하였다. ⑤ 베르사유 조약에 따라 창설된 국제 연맹과 달리 국제 연합은 영토 불확대 등을 규정한 대서양 헌장의 정신에 따라 창설되었다.

14 제2차 세계 대전 이후 연합국 대표들은 침략 전쟁과 비인간적인 행위를 범죄로 규정하였다. 이에 따라 평화를 깨뜨리고 반인도적인 전쟁 범죄를 저지른 독일과 일본의 책임자들을 처벌하기 위해 독일에서 뉘른베르크 재판이 개최되었고, 일본에서 극동 국제 군사 재판이 개최되었다. ㄱ, ㄴ. 파리 강화 회의가 개최되고, 그 결과로 베르사유 조약이 체결된 것은 제1차 세계 대전 직후에 일어난 일이다.

15 세계 각국이 로카르노 조약으로 국경선을 합의한 것, 전쟁을 국가 분쟁의 해결 수단으로 사용하지 말자는 켈로그·브리앙 조약을 체결한 것, 전쟁에 대한 경각심을 갖도록 하기 위해 박물관을 설립한 것, 세계 곳곳에서 핵무기 반대 운동이 전개된 것은 평화 유지를 위한 노력에 해당한다. ① 인클로저 운동이 전개된 시기는 제1차 세계 대전 이전이다.

학교 시험에 잘 나오는 서술형 문제

1 예시답안 바이마르 헌법은 보통 선거와 노동자의 권리를 보장하는 민주적인 성격을 지녔다.

구분	채점 기준
상	바이마르 헌법의 특징을 보통 선거 보장과 노동자의 권리 보장을 모두 언급하여 서술한 경우
하	바이마르 헌법이 민주적인 성격을 지녔다고만 서술한 경우

2 예시답안 제1차 세계 대전 전후 노동자들의 경제적 역할이 증대하고, 전쟁 중 노동자들이 자국의 승리를 위해 협조하여 노동자의 사회적 지위가 높아진 것을 배경으로 각국이 노동자의 권리 보호를 위한 노력을 전개하였다.

구분	채점 기준
상	노동자의 권리 보호를 위한 노력이 전개된 배경을 두 가지 이상 서술한 경우
하	노동자의 권리 보호를 위한 노력이 전개된 배경을 한 가지만 서술한 경우

3 예시답안 극동 국제 군사 재판. 극동 국제 군사 재판은 일본 천황이 제외된 채 재판이 진행되었고, 731 부대의 범죄 행위가 덮였다는 한계를 지녔다.

구분	채점 기준
상	극동 국제 군사 재판을 쓰고, 그 한계를 두 가지 모두 서술한 경우
중	극동 국제 군사 재판을 쓰고, 그 한계를 한 가지만 서술한 경우
하	극동 국제 군사 재판만 쓴 경우

쏙쏙 마무리 문제 76~79쪽

01 ①	02 ③	03 ③	04 ①	05 ②	06 ④	07 ②	08 ④
09 ①	10 ⑤	11 ⑤	12 ④	13 ②	14 ④	15 ⑤	16 ⑤
17 ③	18 ①	19 ④	20 ②	21 ①	22 ②	23 ⑤	24 ①

01 밑줄 친 '이 지역'은 발칸반도이다. 오스만 제국의 지배를 받던 발칸반도에서는 민족, 종교가 다양하여 분쟁이 계속되었고, 이후 19세기 후반 제국주의 열강의 대립이 격화되면서 발칸반도는 '유럽의 화약고'라고 불렸다.

02 제시된 자료는 제1차 세계 대전의 발발 과정을 나타낸다. 제1차 세계 대전 중 국내에서 혁명이 일어난 러시아는 독일과 강화를 맺고 전선에서 이탈하였다. ①, ②, ④, ⑤는 제2차 세계 대전과 관련된 내용이다.

03 제1차 세계 대전은 '(나) 영국의 해상 봉쇄 – (다) 독일의 무제한 잠수함 작전 전개 – (가) 미국의 참전 – (라) 독일 항복'의 순서로 일어났다.

04 제1차 세계 대전은 참전국이 식민지 주민들을 전쟁에 동원하고, 여성들도 군수품을 만드는 일 등에 참여하게 하는 등 국가의 모든 인적 자원과 물적 자원을 투입하는 총력전으로 펼쳐졌으며, 참전국이 참호를 파고 장기간 대치하는 참호전의 양상으로 전개되었다. ①은 제2차 세계 대전의 특징에 해당한다.

05 제시된 청원은 러시아에서 전제 정치가 유지되고, 러일 전쟁으로 민중의 생활이 어려워진 상황에서 노동자와 농민이 벌였던 평화 시위 과정에서 발표되었다. 시위 당시 러시아 정부군의 발포로 많은 사람들이 죽었다(피의 일요일 사건). ㄴ, ㄹ은 피의 일요일 사건 이후에 일어난 일이다.

06 러시아에서는 노동자와 군인들이 소비에트를 결성하여 차르를 몰아내고 임시 정부를 수립하였다(3월 혁명). 그러나 임시 정부가 개혁을 미루고 전쟁을 지속하자 레닌이 이끄는 볼셰비키가 무장봉기를 일으켜 임시 정부를 무너뜨리고 소비에트 정부를 수립하였다(11월 혁명). 소비에트 정부 수립 후 레닌은 공산당 일당 독재를 선언하였으며, 여러 소비에트 정부를 묶어 소비에트 사회주의 공화국 연방(소련)을 수립하였다. ④는 소비에트 사회주의 공화국 연방(소련) 수립 이후에 일어난 일이다.

07 (가)에 들어갈 사건은 러시아 혁명이다. 러시아 혁명을 주도한 레닌은 사회주의 혁명의 확산을 위해 코민테른을 만들었으며, 이를 통해 여러 국가의 반제국주의 운동을 지원하였다. 이에 따라 여러 국가에서 공산당이 조직되고 노동 운동과 민족 해방 운동이 확산되었다.

08 밑줄 친 '이 회의'는 파리 강화 회의이다. 파리 강화 회의의 결과 제1차 세계 대전의 승전국인 연합국과 독일 사이에 베르사유 조약이 체결되었다. ①, ②, ③, ⑤는 파리 강화 회의가 개최되기 이전에 일어난 일이다.

09 ㉠은 베르사유 체제, ㉡은 국제 연맹, ㉢은 켈로그·브리앙 조약(부전 조약)이다. ㄱ. 베르사유 체제는 제1차 세계 대전 이후

승전국을 중심으로 마련된 새로운 국제 질서를 말한다. ㄴ. 국제 연맹은 미국과 소련 등의 강대국이 불참하였다는 한계가 있었다. ㄷ. 산하에 안전 보장 이사회가 설치된 국제기구는 국제 연합(UN)이다. ㄹ. 베르사유 조약에 따라 오스트리아·헝가리 제국이 해체되었다.

10 제시된 선언문이 발표된 민족 운동은 5·4 운동이다. 제1차 세계 대전 중 일본이 산둥반도의 이권을 포함하여 중국의 군벌 정부에 강요한 21개조 요구를 파리 강화 회의에서 승인하자, 베이징 대학생들의 주도로 21개조 요구 철회 등을 주장하는 5·4 운동이 일어났다. ①, ②, ③, ④는 5·4 운동 이후에 일어난 사건이다.

11 제시된 카드에서 설명하는 인물은 무스타파 케말이다. 1923년 튀르키예 공화국 수립 후 튀르키예 공화국의 초대 대통령에 선출된 무스타파 케말은 문자 개혁을 시행하는 등 튀르키예의 근대화를 위해 노력하였다.

12 ①, ② 인도에서는 영국의 식민 지배에 맞서 간디가 소금 행진에 나서는 등 비폭력·불복종 운동을 전개하였고, 네루가 인도의 완전한 독립을 요구하며 무력으로 저항하였다. ③ 베트남에서는 호찌민이 베트남 공산당을 조직하고 프랑스에 맞서 민족 운동을 이끌었다. ⑤ 모로코는 에스파냐로부터 자치권을 획득하였다. ④ 5·4 운동은 제1차 세계 대전 이후 중국에서 전개된 민족 운동이다.

13 대공황의 위기에 대응하기 위해 영국과 프랑스 등은 블록 경제를 형성하였고, 미국은 루스벨트 대통령이 뉴딜 정책을 추진하였다.

14 ㉠에 들어갈 국가는 이탈리아이다. 이탈리아에서는 대공황 이전에 무솔리니가 이끄는 파시스트당이 정권을 장악한 후 일당 독재를 강화하였다.

15 전체주의 세력이 집권하였던 시기에 독일은 체코슬로바키아를 병합하였고, 이탈리아는 에티오피아를 침략하는 등 공격적인 대외 팽창 정책을 펼쳤다. ㄱ, ㄴ은 전체주의 세력이 집권하기 이전에 있었던 일이다.

16 제시된 지도와 같이 전개된 전쟁은 제2차 세계 대전이다. 제2차 세계 대전 중 독일은 영국의 저항으로 전쟁이 장기화되자, 식량과 석유를 확보하기 위해 소련을 침공하였다. 이후 추축국이 잇따라 항복하였고, 마침내 일본이 항복하면서 제2차 세계 대전은 연합국의 승리로 종결되었다. 한편, 제2차 세계 대전 이후 대서양 헌장의 정신에 따라 국제 연합(UN)이 창설되었다. ⑤는 제1차 세계 대전에 대한 설명이다.

17 제2차 세계 대전에서 ㉠ 미국, 영국, 소련은 연합국으로 참전하였고, ㉡ 독일, 이탈리아, 일본은 추축국으로 참전하였다.

18 무솔리니가 이끄는 파시스트당은 대공황이 발생하기 이전에 로마 진군을 통해 정권을 장악하였다(1922). ② 소련의 스탈린그라드 전투 승리(1943)는 ㈐ 시기, ③ 극동 국제 군사 재판 개최(1946~1948)는 ㈑ 시기, ④ 만주 사변(1931)은 ㈏ 시기, ⑤ 태평양 전쟁 발발(1941)은 ㈐ 시기에 일어난 사건이다.

19 제1차 세계 대전이 끝난 후 유럽 대부분 국가들이 왕정을 폐지하고 헌법과 의회를 갖춘 공화정을 채택하였으며, 패전국의 식민 지배를 받던 국가들이 민족 자결주의 원칙에 따라 독립하였다. 독일에서는 제헌 의회에서 노동자의 권리와 여성 참정권을 보장한 민주적인 헌법인 바이마르 헌법을 제정하였으며, 재산이나 성별 등에 관계없이 투표하는 보통 선거를 확대해 나가는 국가들이 늘어나는 등 민주주의가 확산되었다. ㉣ 전체주의 정권이 들어선 국가들에서 일당 독재를 강화하며 시민의 자유를 억압한 것은 민주주의가 확산된 사례에 해당하지 않는다.

20 여성 참정권 운동이 지속적으로 전개되고, 제1차 세계 대전 이후 여성의 사회 참여가 증가하여 여성의 경제적·사회적 역할이 확대된 것을 배경으로 여러 국가에서 여성의 참정권이 확대되는 결과가 나타났다.

21 대공황 이후 미국은 뉴딜 정책을 시행하면서 노동자의 단결권과 단체 교섭권을 인정한 와그너법을 제정하였고, 그 결과 미국 노동자의 권리가 더욱 강화되었다. ② 대공황 이전에 미국에서 개최된 워싱턴 회의에서는 군비 축소에 대한 논의가 진행되었다. ③은 에스파냐, ④는 독일, ⑤는 대공황 이전 러시아에서 일어난 일이다.

22 제시된 작품은 제2차 세계 대전 당시 유대인 소녀가 숨어 지내며 쓴 『안네의 일기』이다. 이 작품에는 독일의 히틀러와 나치당이 유대인을 수용소에 가두고 계획적으로 학살한 홀로코스트의 모습이 잘 드러나 있다. ①, ④, ⑤는 제2차 세계 대전 전후에 있었던 일이지만, 제시된 작품과 관련이 적다. ③은 제1차 세계 대전 이전에 일어난 일이다.

23 ㉠에 들어갈 국제기구는 국제 연합(UN)이다. 국제 연합은 국제 평화와 안전 유지, 국제 협력을 목표로 하며, 국제 연합군이나 평화 유지군을 두고 있어 국제 분쟁을 해결하기 위해 군사력을 동원할 수 있었다. ㄱ. 국제 연합에는 미국, 소련을 비롯한 강대국 대부분이 참여하였다. ㄴ. 미국과 영국이 대서양 헌장을 발표하여 새로운 국제 평화 기구의 설립에 합의한 것을 배경으로 국제 연합이 창설되었다.

24 뉘른베르크 재판에서는 독일의 주요 전쟁 범죄자를 재판하여 나치스 전범 12명이 사형을 당하는 등 처벌을 받았다. ② 독일에서는 히틀러의 나치당이 선거에서 승리하여 바이마르 공화국을 무너뜨렸다. ③ 난징 대학살은 중일 전쟁 시기에 일어났다. ④ 일본에서는 대공황 이후 군부 세력이 정권을 잡고 군국주의를 강화하면서 대륙 침략을 본격화하였다. ⑤ 뉘른베르크 재판과 극동 국제 군사 재판은 모두 제2차 세계 대전이 끝난 후에 개최되었다.

Ⅵ 현대 세계의 전개와 과제

01 냉전 체제와 제3 세계의 형성 ~ 세계화와 경제 통합

꼼꼼 개념 문제   85쪽

대표 자료 확인하기 ① 자본주의 ② 공산주의 ③ 냉전
④ 평화 10원칙

한눈에 정리하기 ① 트루먼 ② 비동맹주의(비동맹 중립 노선)
③ 닉슨 독트린 ④ 덩샤오핑

1 마셜 계획 **2** (1) 베를린 장벽 (2) 코메콘(경제 상호 원조 회의)
(3) 중화 인민 공화국 (4) 쿠바 미사일 위기 **3** (1) – ⓛ (2) – ㉠
(3) – ⓒ **4** (1) ✕ (2) ○ **5** (1) 제3 세계 (2) 마오쩌둥
(3) 고르바초프 **6** ㄱ, ㄷ, ㄹ, ㅁ

탄탄 시험 문제   86~89쪽

01 ②	02 ③	03 ⑤	04 ⑤	05 ④	06 ③	07 ③	08 ⑤
09 ④	10 ①	11 ③	12 ①	13 ③	14 ④	15 ②	16 ①
17 ③	18 ②	19 ②	20 ①				

01 제시된 선언은 트루먼 독트린이다. 미국의 트루먼 대통령은 공산주의의 확산을 막겠다는 트루먼 독트린을 발표하고, 서유럽에 경제적 지원을 하는 마셜 계획을 추진하였다.

02 소련을 중심으로 하는 공산주의 진영은 미국에 맞서 코민포름(공산당 정보국)과 코메콘(경제 상호 원조 회의)을 조직하여 공산주의 국가를 단결시키고자 하였다. 또한 군사 동맹 기구인 바르샤바 조약 기구(WTO)도 조직하였다.

03 6·25 전쟁과 베트남 전쟁은 냉전 시기에 아시아 지역에서 발생한 열전의 사례이다. 냉전은 아시아 지역에서 군사적 충돌로 이어졌다.

04 제시된 그림은 쿠바 미사일 위기의 풍자화이다. 소련이 쿠바에 핵미사일을 배치하려고 하자, 미국이 반발하면서 세계는 핵전쟁이 일어나기 직전의 상황까지 치달았다. 결국 소련이 미사일 철거를 결정하여 위기가 해소되었다.

05 밑줄 친 '이 국가'는 베트남이다. 프랑스가 베트남의 독립을 부정하면서 프랑스와 베트남 간에 전쟁이 발생하였다. 베트남은 프랑스와 싸워 독립하였으나 남북으로 분단되었다가 북베트남에 의해 통일되었다. ①은 중국, ②는 유고슬라비아·인도·이집트, ③은 이스라엘 등, ⑤는 아프리카 17개국에 대한 설명이다.

06 ㉠에 들어갈 국가는 이집트이다. 이집트에서는 나세르가 중동 전쟁에서 패배한 왕정을 몰아내고 공화정을 수립하였다. 나세르는 영국과 프랑스가 차지하고 있던 수에즈 운하의 국유화를 선언하고 운하 운영권을 되찾았다.

07 오랫동안 독립운동을 벌인 인도는 1947년 영국의 지배에서 벗어났다. 그러나 종교 갈등이 지속되어 힌두교 국가인 인도와 이슬람교 국가인 파키스탄으로 분리되었다. 이후 불교도가 많은 스리랑카도 독립하였고, 동파키스탄은 방글라데시로 독립하였다.

08 제시된 선언은 아시아와 아프리카 29개국 대표들이 결의한 평화 10원칙이다. 아시아와 아프리카의 제3 세계 세력은 자본주의 진영과 공산주의 진영 어디에도 가입하지 않겠다는 비동맹주의를 내세웠다. 이들은 인도네시아의 반둥에서 아시아·아프리카 회의(반둥 회의)를 개최하여 상호 불가침 및 국제 분쟁의 평화적 해결 등을 강조한 평화 10원칙을 결의하였다. ⑤ 제3 세계는 자본주의 진영과 공산주의 진영 어디에도 가입하지 않겠다는 비동맹주의를 내세웠다.

09 제시된 세력은 제3 세계이다. 제3 세계는 비동맹주의를 내세우며 자본주의 진영과 공산주의 진영 어디에도 가담하지 않았고, 미국과 소련 중심의 국제 질서가 다극화되는 데 영향을 주었다.

10 제시된 선언은 닉슨 독트린이다. 미국의 닉슨 대통령은 아시아에서 일어나는 군사적 분쟁에 개입하지 않겠다는 닉슨 독트린을 선언하여 냉전 완화의 분위기를 조성하였다.

11 닉슨 대통령은 1969년 닉슨 독트린을 발표하고 베트남에서 미군을 철수하였다. 이후 1972년 미국 대통령으로는 처음으로 닉슨 대통령이 직접 중국을 방문하였고, 1979년 미국과 중국이 국교를 정상화하였다.

12 밑줄 친 '나'는 소련의 고르바초프이다. 고르바초프는 개혁(페레스트로이카)·개방(글라스노스트) 정책을 추진하여 시장 경제 제도를 받아들이고 민주화를 추진하였다. ④는 닉슨, ⑤는 바웬사에 대한 설명이다.

13 ③ 고르바초프가 개혁(페레스트로이카)·개방(글라스노스트) 정책을 추진하면서, 소련은 시장 경제 제도를 받아들이고 공산당의 권력을 축소하였다.

14 제시된 지도는 동유럽 사회주의 정권의 붕괴 과정을 보여 준다. 소련의 고르바초프가 동유럽 국가들에 대한 불간섭을 선언하자, 동유럽 국가들에서 민주화 운동이 일어나 사회주의 정권이 붕괴되었다.

15 마오쩌둥은 중국의 독자적인 사회주의 경제 건설을 추진하면서 대약진 운동을 전개하였지만 실패하였다. 이후 마오쩌둥은 사회주의 사상으로 무장한 홍위병을 앞세워 문화 대혁명을 추진하였고, 이로 인해 중국 전통문화가 파괴되었다. ㄴ, ㄹ은 덩샤오핑 집권기에 있었던 사건이다.

16 제시된 주장을 한 인물은 덩샤오핑이다. 덩샤오핑은 시장 경제 제도를 도입하는 개혁을 추진하였다. 이에 따라 기업가와 농민의 이윤을 보장하고, 경제특구를 설치하는 등 외국인의 투자를 허용하였다. ②, ③, ④는 마오쩌둥, ⑤는 쑨원에 대한 설명이다.

17 세계 무역 기구(WTO)는 1995년 무역과 투자의 자유화를 추구하며 결성되었고, 이후 자유 무역 협정이 늘고 있다.

18 세계화의 영향으로 국가 간의 사람, 상품, 자본의 이동이 자유로워졌고, 다국적 기업이 성장하였다. ㄴ, ㄹ. 세계화의 영향으로 노동자의 국제 이주와 다양한 문화 간의 교류가 증가하였다.

19 ㉠은 신자유주의이다. 신자유주의 정책은 정부의 경제 개입을 줄이고 무역의 자유화와 시장 개방을 추구하였다. ② 신자유주의는 국영 기업의 민영화를 추진하였다.

20 (가)에 들어갈 지역별 경제 협력체는 유럽 연합(EU)이다. 유럽 연합은 유럽의 정치, 경제, 통화의 통합을 추구하였고, 유로화를 공동 화폐로 사용하는 등 긴밀한 관계를 맺고 있다. ㄹ은 독립 국가 연합(CIS) 등에 대한 설명이다.

학교 시험에 잘 나오는 **서술형** 문제

1 (1) ㉠ 제3 세계, ㉡ 평화 10원칙
(2) **예시답안** 제3 세계는 자본주의 진영과 공산주의 진영 어디에도 속하지 않겠다는 비동맹주의를 내세우며, 미국과 소련 중심의 냉전 체제 완화에 영향을 주었다.

구분	채점 기준
상	제3 세계의 기본 노선과 이들이 국제 사회에 끼친 영향을 모두 서술한 경우
하	제3 세계의 기본 노선과 이들이 국제 사회에 끼친 영향 중 한 가지만 서술한 경우

2 **예시답안** 대약진 운동의 실패로 정치적 위기에 빠진 마오쩌둥은 이를 극복하기 위해 사회주의 사상으로 무장한 홍위병을 앞세워 문화 대혁명을 추진하였다. 이로 인해 중국의 전통문화가 파괴되고 많은 예술인과 지식인이 억압을 받았다.

구분	채점 기준
상	문화 대혁명의 추진 배경으로 마오쩌둥의 정치적 위기 극복을 쓰고, 문화 대혁명의 결과를 서술한 경우
하	문화 대혁명의 추진 배경이나 그 결과 중 한 가지만 서술한 경우

3 **예시답안** 신자유주의. 신자유주의는 정부의 경제 개입을 줄이고 무역의 자유화와 시장 개방을 추구한다.

구분	채점 기준
상	신자유주의를 쓰고, 그 특징을 서술한 경우
하	신자유주의만 쓴 경우

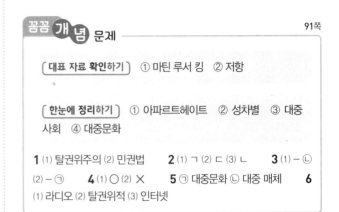

02 탈권위주의 운동과 대중문화 발달

꼼꼼 **개념** 문제　　　　　　　　　　　91쪽

（대표 자료 확인하기） ① 마틴 루서 킹　② 저항

（한눈에 정리하기） ① 아파르트헤이트　② 성차별　③ 대중 사회　④ 대중문화

1 (1) 탈권위주의 (2) 민권법　　**2** (1) ㄱ (2) ㄷ (3) ㄴ　　**3** (1) – ㉡
(2) – ㉠　　**4** (1) ○ (2) ✕　　**5** ㉠ 대중문화 ㉡ 대중 매체　　**6**
(1) 라디오 (2) 탈권위적 (3) 인터넷

탄탄 **시험 문제**　　　　　　　　　　92~93쪽

01 ③	**02** ①	**03** ②	**04** ⑤	**05** ③	**06** ①	**07** ⑤	**08** ②
09 ③	**10** ⑤						

01 ㉠에 들어갈 용어는 탈권위주의 운동이다. 1960년대 전후 등장한 탈권위주의 운동은 흑인 민권 운동, 민주화 운동, 학생 운동, 여성 운동 등의 형태로 전개되었다. ③ 대약진 운동은 1950년대 중국에서 전개된 경제 발전 운동으로, 탈권위주의 운동의 사례로 보기 어렵다.

02 제2차 세계 대전 이후 산업화로 물질 만능주의가 널리 퍼진 것과 대중 교육이 확산되면서 시민 의식이 성장한 것 등을 배경으로 탈권위주의 운동이 등장하였다. ㄷ. 탈권위주의 운동은 미소 냉전 체제로 인해 이념 대립이 심화된 것을 배경으로 등장하였다. ㄹ. 세계 무역 기구(WTO)는 탈권위주의 운동이 등장한 이후인 1995년에 결성되었다.

03 1963년에 전개되었던 워싱턴 행진에는 많은 사람이 인종 차별에 반대하며 동참하였다. ①은 민주화 운동, ③은 노동 운동, ④는 여성 운동, ⑤는 학생 운동과 관련한 주장에 해당한다.

04 제시된 인물은 마틴 루서 킹이다. 미국에서 마틴 루서 킹은 흑인 차별 반대 시위를 이끌며, 흑인이 백인과 동등한 시민권을 얻기 위한 흑인 민권 운동을 주도하였다. ① 68 운동은 프랑스에서 대학생들과 노동자들을 중심으로 전개된 학생 운동이다. ②는 루스벨트, ③은 트루먼, ④는 윌슨, ⑥은 닉슨의 활동에 해당한다.

05 밑줄 친 '이 운동'은 68 운동(68 혁명)이다. 1968년 프랑스의 대학생들이 대학 개혁과 민주화를 주장하며 시위를 벌이자, 노동자들도 총파업으로 동참하면서 68 운동이 전개되었고, 이는 사회 변혁 운동으로 발전하였다. ① 68 운동은 프랑스에서 시작되었다. ② 넬슨 만델라는 남아프리카 공화국에서 흑인 민권 운동을 주도하였다. ④ 68 운동은 유럽뿐 아니라 미국, 일본 등 전 세계로 확산되었다. ⑤ 68 운동이 일어나기 전인 1964년에 미국에서 민권법이 제정되었다.

06 1960년대 이후 전개된 여성 운동은 출산·육아를 위한 휴직 보장과 교육·취업의 기회균등을 요구하였다. 또한 직장 내 임금과 승진 등에서 겪는 성차별에 저항하였으며, 신체적 자기 결정권을 주장하였다. ①은 1950년대부터 남아프리카 공화국에서 전개된 흑인 민권 운동의 내용이다.

07 ①, ②, ③ 1960년대 이후 자유로운 공동체를 꿈꾸며 전개된 학생 운동은 전쟁에 반대하는 운동으로 이어졌으며, 민권 운동과 여성 운동 등 다양한 사회 운동이 성장하는 밑거름이 되었다. ④ 여성 운동은 남성 중심의 사회 질서와 성차별에 반대하였다. ⑤ 여성 운동이 전개된 결과 1970년대 영국에서 차별 금지법이 통과되는 등 여성의 권리와 이익이 점차 신장되었다.

08 제2차 세계 대전 이후 산업화와 도시화의 가속화, 경제 성장 등을 배경으로 불특정 다수의 대중이 사회의 주체가 되어 영향력을 행사하는 대중 사회가 형성되었다. ① 대중 매체 중 라디오는 1920년대에 보급되기 시작하였다. ③, ④, ⑤는 제시된 내용과 관련이 적은 내용이다.

09 대중문화는 대중 매체에 의해 대량 생산되어 다수의 개인이 소비하는 형태의 문화로, 영화와 텔레비전의 등장 이후 빠르게 확산되었다. ㄱ. 대중문화는 대다수 사람이 쉽게 접하고 즐길 수 있는 문화이다. ㄹ. 대중문화는 라디오가 보급되면서 전파되기 시작하였다.

10 자유를 추구하는 히피 문화가 확산된 것, 청년들 사이에서 청바지와 로큰롤이 유행한 것, 평화를 노래한 우드스톡 페스티벌이 개최된 것은 1960년대 형성된 탈권위적 청년 문화를 보여 주는 사례이다. ⑤ 넥타이와 정장으로 대표되는 옷차림은 1960년대 청년들이 거부하였던 기성세대의 문화에 해당한다.

학교 시험에 잘 나오는 서술형 문제

1 **예시답안** 넬슨 만델라와 마틴 루서 킹은 인종 차별에 맞서 저항 운동을 이끌며 흑인들의 인권을 보장하기 위한 흑인 민권 운동을 전개하였다.

구분	채점 기준
상	넬슨 만델라와 마틴 루서 킹이 전개한 흑인 민권 운동의 특징을 인종 차별에의 저항, 흑인 인권 보장을 언급하여 서술한 경우
하	넬슨 만델라와 마틴 루서 킹이 흑인 민권 운동을 전개하였다고만 서술한 경우

2 **예시답안** 대중문화. 대중 사회의 출현과 대중 매체의 발달을 배경으로 대중문화가 등장하였다.

구분	채점 기준
상	대중문화를 쓰고, 그 등장 배경을 두 가지 모두 서술한 경우
중	대중문화를 쓰고, 그 등장 배경을 한 가지만 서술한 경우
하	대중문화만 쓴 경우

03 현대 세계의 문제 해결을 위한 노력

꼼꼼 개념 문제 95쪽

대표 자료 확인하기 ① 북반구 ② 남반구 ③ 남북문제

한눈에 정리하기 ① 냉전 ② 핵 확산 금지 조약 ③ 비정부 기구

1 (1) 카슈미르 (2) 르완다 **2** (1) 난민 (2) 대량 살상 무기 **3** (1) × (2) ○ (3) ○ **4** ㉠ 지구 온난화 ㉡ 사막화 **5** ㄷ, ㄹ **6** (1) ― ㉡ (2) ― ㉠

탄탄 시험 문제 96~97쪽

01 ②	02 ③	03 ⑤	04 ④	05 ⑤	06 ②	07 ④	08 ①
09 ④	10 ⑤	11 ④					

01 ㉡ 오늘날 북반구의 선진 공업국과 남반구의 개발 도상국 사이에 빈부 격차 문제가 발생하고 있다. 현대 세계에서는 냉전과 같은 극심한 이념 대립은 대부분 사라졌다.

02 ㉠은 카슈미르, ㉡은 팔레스타인이다. 카슈미르 지역에서는 인도와 파키스탄 간 무력 충돌이 발생하고 있다. 또한 중동 전쟁이 일어났던 팔레스타인 지역에서는 이스라엘과 팔레스타인이 여전히 갈등을 일으키고 있다.

03 핵무기를 비롯한 대량 살상 무기를 사용하고 보유하는 국가가 늘어나는 등 지역 간 분쟁이 계속되어 핵전쟁의 위기가 감돌았다. 이에 세계 곳곳에서 전쟁과 대량 살상 무기 개발에 반대하는 반전 평화 운동이 전개되었다.

04 신자유주의와 세계화가 확대되면서 국가 간 경제 교류가 활발해졌다. 그러자 높은 기술과 자본을 가진 선진국에 세계의 부가 집중되어 선진국과 그렇지 못한 빈곤 국가들 사이에 경제적 차이가 심해지고 있다.

05 제시된 지도는 선진국이 몰려 있는 북반구와 개발 도상국이 많은 남반구가 1인당 국내 총생산에서 큰 차이가 나는 것을 보여 준다. 자본과 기술을 가진 선진국에 세계의 부가 집중되어 선진국과 개발 도상국 사이에 경제적 차이가 생겨났다.

06 ㉠에 들어갈 환경 문제는 지구 온난화이다. 화석 연료 사용 등에 따른 온실가스 배출량 증가로 지구 온난화 현상이 지속되고 있다. 지구 온난화로 빙하가 녹아 해수면 높이가 상승하면서 일부 지역이 침수되고 있다. ① 사막화는 무분별한 개발로 삼림이 파괴되고 황폐화되는 땅이 증가하는 현상이다. ③ 핵실험을 하는 과정에서 방사능 오염이 발생하고 있다. ④, ⑤ 적도 주변의 열대 우림이 농경지나 목장으로 바뀌면서 이산화 탄소 배출량이 늘고 많은 생물의 종이 사라지고 있다.

07 국제 연합(UN)은 평화 유지군(PKF)을 분쟁 지역에 파견하

여 평화 유지를 위해 힘쓰고 있다. ① 그린피스는 생태계 파괴를 막기 위해 다양한 활동을 펼치고 있는 비정부 기구(NGO)이다. ② 국제 연맹은 1920년에 창설된 국제기구이다. ④ 유럽 연합(EU)은 유럽의 정치적·경제적 통합을 추구하는 경제 협력체이다. ⑤ 국경 없는 의사회(MSF)는 인종, 종교, 계급, 성별을 막론하고 도움이 필요한 모든 사람에게 의료 서비스를 제공하고 있는 비정부 기구(NGO)이다.

08 국제 사회는 대량 살상 무기 문제를 해결하기 위해 핵 확산 금지 조약(NPT) 등을 체결하여 대량 살상 무기를 축소하고 폐기하기 위한 노력을 하고 있다.

09 ④ 마셜 계획은 공산주의 세력의 확산을 막기 위해 냉전 시대에 트루먼 대통령이 발표한 것이다.

10 민간인들이 힘을 합쳐 조직한 그린피스 등의 비정부 기구(NGO)는 세계 각국의 질병, 인권, 환경 등의 문제를 해결하기 위해 다양한 활동을 전개하고 있다.

11 현대 세계의 문제들은 한 국가나 개인이 해결하기 어렵고, 세계가 함께 고민하고 협력해야 해결이 가능하다. 우리는 난민들에게 관심을 기울이고 열린 마음을 가져야 한다. 또한 기아와 빈곤에 시달리는 여러 지역을 돕는 기부에 동참하거나 국제적인 자원 봉사 활동에 참여하고, 다문화와 다인종을 인정하고 존중하는 태도를 길러야 한다. 이와 더불어 환경 문제 해결을 위해 에너지 절약 등을 실천해야 한다. ④ 현대 세계의 문제를 해결하기 위해서는 공정 무역 제품을 구매하여 국가 간 빈부 차이를 개선하기 위해 노력하는 자세가 필요하다.

학교 시험에 잘 나오는 서술형 문제

1 예시답안 국제 사회는 환경 문제를 해결하기 위해 온실가스 배출량을 줄이기 위한 국제 협약을 체결하고, 화석 연료를 대체할 신·재생 에너지 개발 사업을 추진하고 있다.

구분	채점 기준
상	환경 문제 해결을 위한 국제 사회의 노력을 두 가지 모두 서술한 경우
하	환경 문제 해결을 위한 국제 사회의 노력을 한 가지만 서술한 경우

쑥쑥 마무리 문제 100~103쪽

01 ④	02 ②	03 ③	04 ②	05 ③	06 ④	07 ④	08 ①
09 ⑤	10 ①	11 ②	12 ⑤	13 ④	14 ⑤	15 ①	16 ④
17 ②	18 ③	19 ④	20 ②	21 ⑤	22 ③	23 ④	24 ⑤

01 ㉠은 냉전 시기의 자본주의 진영, ㉡은 공산주의 진영이다. 제2차 세계 대전 이후 미국 중심의 자본주의 진영과 소련 중심의 공산주의 진영 사이에 냉전이 전개되었다. 코메콘(경제 상호 원조 회의)은 소련이 동유럽 국가와의 경제 협력을 위해 조직한 기구이다.

02 (가)는 마셜 계획이다. 미국의 트루먼 대통령은 공산주의 세력의 확산을 막기 위해 서유럽 국가에 경제적 지원을 하는 마셜 계획을 추진하였다.

03 냉전은 일부 지역에서 군사적 충돌인 열전으로 이어졌다. 한국에서는 북한이 남한을 침입하여 6·25 전쟁이 일어났고, 소련이 쿠바에 핵미사일을 배치하려고 하자 미국이 반발하면서 세계는 핵전쟁 직전의 상황까지 치닫기도 하였다.

04 밑줄 친 '이 도시'는 독일의 베를린이다. 제2차 세계 대전 이후인 1948년에 소련은 서베를린으로 넘어가는 모든 통로를 막아 버렸다(베를린 봉쇄). 이후 베를린 봉쇄는 해제되었으나 독일은 동서로 분단되었고, 1961년 베를린을 동서로 나누는 베를린 장벽이 설치되었다.

05 제2차 세계 대전 이후 동남아시아의 여러 나라는 서구 열강의 식민 지배를 벗어나려 하였다. ㉢ 베트남은 프랑스와 싸워 독립하였으나 공산 정권이 들어선 북베트남과 미국이 지원하는 남베트남으로 나뉘어 대립하다가 베트남 전쟁이 일어났고, 북베트남이 승리하여 통일되었다.

06 ㉠에 들어갈 인물은 나세르이다. 이집트의 대통령 나세르는 영국과 프랑스가 통제하고 있던 수에즈 운하의 국유화를 선언하고, 운하 운영권을 되찾았다. ①은 마오쩌둥, ②는 저우언라이, ③은 고르바초프, ⑤는 트루먼에 대한 설명이다.

07 제2차 세계 대전 이후 서아시아의 여러 나라도 독립을 이루었다. 팔레스타인 지역에서는 유대인이 영국, 미국 등의 지원을 받아 이스라엘을 건국하였다. 이 조치에 반발하여 팔레스타인인과 주변 아랍 국가들이 이스라엘과 네 차례의 중동 전쟁을 벌였으나 모두 패하였다.

08 제2차 세계 대전 이후 독립한 아시아와 아프리카의 신생 독립국들은 미국 중심의 자본주의 진영과 소련 중심의 공산주의 진영 어느 편에도 가담하지 않겠다는 비동맹주의를 내세웠다. 이들은 아시아·아프리카 회의에서 평화 10원칙을 발표하면서 제3 세계의 형성을 공식화하였고, 이후 제1차 비동맹 회의를 개최하였다.

09 밑줄 친 '이 회의'는 아시아·아프리카 회의(반둥 회의)이다. 이 회의에 참가한 제3 세계 국가들은 모든 국가의 주권과 영토 보존의 존중, 제국주의와 식민주의 반대, 국제 분쟁의 평화적 해결 등의 원칙을 제시한 평화 10원칙을 채택하였다.

10 냉전은 사회주의 노선 문제로 인한 중국과 소련의 갈등, 프랑스의 북대서양 조약 기구(NATO) 탈퇴, 동유럽의 독자 노선 추구, 미국과 소련의 전략 무기 제한 협정(SALT) 등을 배경으로 점차 완화되었다. ①은 냉전이 형성된 배경에 해당한다. 미국 대통령 트루먼이 트루먼 독트린을 발표하면서 미국 중심의 자본주의 진영과 소련 중심의 공산주의 진영 사이에 냉전이 전개되었다.

11 제시된 선언은 닉슨 독트린이다. 1969년 미국 대통령 닉슨은 아시아의 군사적 분쟁에 더 이상 개입하지 않겠다는 닉슨 독트린을 발표하였고, 이후 미국은 베트남 전쟁에서 군대를 철수하였다.

12 ㈎에 해당하는 인물은 소련의 고르바초프이다. 고르바초프는 1985년 공산당 서기장에 당선된 후 개혁(페레스트로이카)과 개방(글라스노스트) 정책을 추진하였고, 미국의 부시 대통령과 몰타 회담을 열어 냉전이 끝났음을 공식적으로 선언하였다.

13 밑줄 친 '이 인물'은 마오쩌둥이다. 마오쩌둥은 독자적인 사회주의 경제 건설을 추진하기 위해 인민공사를 설립하고, 농업의 집단화를 꾀하는 대약진 운동을 전개하였으나 실패하였다.

14 ㉠에 공통으로 들어갈 내용은 신자유주의이다. 1970년대 두 차례의 석유 파동을 겪으면서 세계 경제는 불황기에 접어들었다. 그러자 정부의 경제 개입을 줄이고 무역의 자유화와 시장 개방을 추구하는 신자유주의가 등장하였다. 신자유주의는 정부의 역할 축소, 사회 복지 예산 축소, 공공 기관의 민영화 등을 강조하였다.

15 관세 및 무역에 관한 일반 협정(GATT)의 체결, 세계 무역 기구(WTO) 결성, 자유 무역 협정(FTA) 체결의 증가 등은 세계화로 인한 자유 무역의 확산을 보여 주는 사례이다.

16 흑인 민권 운동, 민주화 운동, 학생 운동은 모두 기성세대의 권위주의적 질서와 체제에 저항하였던 탈권위주의 운동에 해당한다.

17 ①, ③ 미국에서 1963년 마틴 루서 킹의 주도로 워싱턴 행진이 전개되었고, 그 결과 1965년 투표권법이 발효되었다. ④, ⑤ 남아프리카 공화국에서 1950년대부터 넬슨 만델라 등이 인종 분리 정책인 아파르트헤이트에 저항하였고, 그 결과 흑인에 대한 인종 차별을 금지하는 법이 제정되었다. ② 소련의 고르바초프가 페레스트로이카·글라스노스트 정책을 펼쳤다.

18 제시된 내용은 여성 운동에 해당한다. 20세기 중반 이후 전개된 여성 운동의 결과 1970년대 영국의 차별 금지법이 통과되었고, 미국에서 여성의 평등권을 명시한 헌법 개정이 이루어졌다. ㄱ. 미국에서는 대공황 이후 와그너법이 제정되어 노동자의 권리가 확대되었다. ㄹ. 영국에서는 1928년에 여성의 참정권이 전면적으로 허용되었다.

19 불특정 다수가 사회적 영향력을 행사하는 사회는 대중 사회이다. 제2차 세계 대전 이후 산업화와 도시화의 가속화, 경제 성장, 교육 수준 향상, 민주주의의 발전 등을 계기로 대중 사회가 형성되었다. ④ 제2차 세계 대전 이후 노동자의 임금이 올라가고 정부의 사회 보장 정책이 확대되어 대중의 구매력이 높아진 것을 배경으로 대중 사회가 형성되었다.

20 ㉠에 들어갈 용어는 대중문화이다. ①, ④ 대중문화는 대다수 사람이 쉽게 접하고 즐기는 문화로, 소비를 전제로 생산되기 때문에 상업성을 추구하는 경향이 있다. ③, ⑤ 대중 사회의 출현을 배경으로 등장한 대중문화는 라디오가 보급되면서 전파되기 시작하였다. ② 대중문화는 대중 매체를 통해 대량으로 생산되어 다수의 개인이 소비하는 형태의 문화이다.

21 오늘날 현대 세계에서는 지역 분쟁과 갈등, 빈곤과 질병 문제 등 인류가 함께 풀어 가야 할 문제가 발생하고 있다.

22 ㉠에 들어갈 내용은 카슈미르 분쟁이다. 인도가 분리 독립할 때 이슬람교도가 대부분이었던 카슈미르 지방이 인도에 강제 편입되면서 파키스탄의 이슬람교도와 인도의 힌두교도 간 분쟁이 계속되고 있다.

23 제시된 사진들을 통해 알 수 있는 문제는 환경 문제이다. 환경 문제를 해결하기 위해서는 화석 연료를 대체할 신·재생 에너지 개발 사업을 추진해야 한다.

24 그린피스, 국경 없는 의사회(MSF) 등의 비정부 기구(NGO)는 세계 각국의 환경, 질병 등의 문제를 해결하기 위한 다양한 활동을 펼치고 있다.

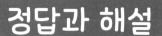

IV 제국주의 침략과 국민 국가 건설 운동(1회)

4~10쪽

100점 도전! 실전 문제

01 ⑤	02 ③	03 ④	04 ②	05 ③	06 ①	07 ①	08 ④
09 ①	10 ⑤	11 ②	12 ③	13 ④	14 ①	15 ②	16 ①
17 ②	18 프랑스		19 ②	20 ⑤	21 ①	22 ④	23 ②
24 ②	25 ④	26 세포이		27 ①	28 ⑤	29 ④	30 ①
31 ⑤	32 ②	33 ①	34 ⑤	35 ①	36 ⑤		

01 청교도 혁명은 '㈐ 의회의 권리 청원 제출 이후 찰스 1세의 승인 – ㈎ 찰스 1세의 의회 해산 이후 재소집 – ㈑ 의회파와 왕당파 간 내전 발생, 의회파 승리 – ㈏ 찰스 1세 처형, 공화정 수립' 순으로 전개되었다.

02 제시된 내용은 명예혁명에 대한 설명이다. 명예혁명은 찰스 2세와 제임스 2세의 전제 정치 강화에 대한 의회의 반발로 일어났다.

03 제시된 내용은 보스턴 차 사건에 대한 설명이다. 프랑스와의 7년 전쟁으로 재정이 어려워진 영국 정부는 식민지에 각종 세금을 부과하여 식민지에 대한 통제를 강화하였다. 이에 식민지 주민들이 반발하면서 보스턴 차 사건이 일어났다.

04 ㈎는 독립 선언문, ㈏는 아메리카 합중국 헌법이다. 식민지 대표들이 독립 선언문을 발표한 이후 식민지인들은 여러 나라의 지원을 받아 영국군과의 독립 전쟁에서 승리하였고, 영국과 파리 조약을 맺어 13개 식민지의 독립을 인정받았다. 독립 후 각 주의 대표들이 연방제를 주요 내용으로 하는 헌법을 제정하였다. ①, ④는 독립 선언문 발표 이전, ③, ⑤는 아메리카 합중국 헌법 제정 이후에 일어났다.

05 ㈎는 남부 지역, ㈏는 북부 지역이다. 노예제 확대에 반대하는 링컨이 대통령으로 선출되자 남부 지역의 여러 주가 연방을 탈퇴하면서 남북 전쟁이 시작되었다. 남북 전쟁은 인구와 경제력이 우세한 북부 지역의 승리로 끝났다. ㄱ. 남부 지역은 자유 무역과 노예제 유지를 주장하였다. ㄹ. 북부 지역은 보호 무역과 노예제 폐지를 주장하였다.

06 18세기 후반까지 프랑스는 소수의 제1, 2 신분인 성직자와 귀족이 정치적·경제적 특권을 독점하였고, 다수의 제3 신분인 평민은 과도한 세금을 내면서도 차별에 시달렸다. 이러한 불평등한 구조를 '구제도의 모순'이라고 불렀다.

07 제시된 문서는 인간과 시민의 권리 선언(인권 선언)이다. 국민 의회가 결성된 이후 국왕이 국민 의회를 탄압하려 하자, 분노한 파리 시민들이 바스티유 감옥을 습격하였다. 이후 국민 의회는 자유와 평등의 이념을 담은 '인간과 시민의 권리 선언(인권 선언)'을 발표하였다.

08 밑줄 친 '새로운 의회'는 입법 의회이다. 프랑스 혁명이 자국으로 번질 것을 두려워한 오스트리아, 프로이센 등이 프랑스를 위협하자 입법 의회는 이들과 혁명전쟁을 벌였다. ①, ②, ⑤는 국민 공회, ③은 국민 의회의 활동에 해당한다.

09 밑줄 친 '그'는 나폴레옹이다. 나폴레옹은 국민 교육 제도를 도입하고 『나폴레옹 법전』을 편찬하였다. 나폴레옹은 영국을 굴복시키기 위해 대륙 봉쇄령을 내렸고, 이를 어긴 러시아를 응징하기 위해 대규모 러시아 원정을 감행하였다. ① 빈 회의는 오스트리아의 재상인 메테르니히가 주도하였다.

10 2월 혁명의 영향으로 오스트리아에서는 메테르니히가 추방되었고, 프로이센에서는 민족주의 운동이 일어나 프랑크푸르트 의회에서 독일의 통일 방안이 논의되었다.

11 영국에서는 1832년 제1차 선거법 개정을 통해 도시의 상공업 계층까지 선거권이 부여되었다. 하지만 선거법 개정으로도 선거권을 얻지 못한 노동자들은 인민헌장을 발표하고 차티스트 운동을 전개하였다.

12 사르데냐 왕국이 이탈리아 중북부 지역을 병합하자 가리발디는 의용대를 이끌고 이탈리아 남부를 점령하였다. 그는 자신의 점령지를 사르데냐 국왕에게 바쳐 이탈리아 통일에 기여하였다.

13 밑줄 친 '이 국가'는 러시아이다. 19세기 후반 러시아의 지식인들이 농민 계몽을 위해 브나로드 운동을 전개하였다. ①, ⑤는 영국, ②는 프랑스, ③은 미국에서 있었던 일이다.

14 ㉠에 들어갈 내용은 산업 혁명이다. 산업 혁명은 기계의 발명과 기술의 혁신으로 생산력이 급증함에 따라 나타난 사회·경제적 대변혁을 말한다. ③ 산업 혁명은 18세기 후반 영국에서 시작되어 독일 등 전 세계로 확산되었다.

15 산업 혁명으로 상품의 대량 생산이 가능해져 사람들의 생활이 풍요로워졌고, 교통과 통신이 발전하여 지역 간 교류가 활발해졌다. 그러나 산업 혁명의 혜택이 모든 사람에게 고르게 돌아가지 않아 빈부의 격차가 커졌다. 또한 자본가는 더 많은 이윤을 얻기 위해 노동자에서 적은 임금을 주고 오랜 시간 일하게 하였다. ② 산업 혁명으로 생산과 소비가 시장에 의해 결정되는 자본주의 체제가 확립되었다.

16 ㉠에 들어갈 사상은 사회주의이다. 사회주의 사상가들은 사유 재산 제도를 부정하고 공동 생산, 공동 분배를 바탕으로 평등 사회 건설을 추구하였다. ㄷ. 사회주의 사상은 자본주의 경제 체제를 비판하였다. ㄹ. 제국주의를 정당화하는 이론은 사회 진화론과 인종주의이다.

17 제시된 내용은 제국주의와 관련이 있다. 19세기 후반 서양에서는 자본주의가 발전하였다. 서양의 열강들이 자국의 산업 발전을 위해 값싼 원료 공급지와 상품 판매 시장으로 활용할 식민지를 얻고자 대외 팽창 정책을 실시하면서 제국주의가 등장하였다.

18 프랑스는 아프리카 알제리를 거점으로 사하라 사막에서 마다가스카르에 이르는 횡단 정책을 추진하였다.

19 ㉠에 들어갈 국가는 영국이다. 17세기경 인도에 진출한 영국은 동인도 회사를 통해 인도를 지배하다가 19세기 후반부터는 총독을 파견하여 직접 통치하였다. ①은 벨기에, ③은 네덜란드, ④는 프랑스, ⑤는 미국에 대한 설명이다.

20 베트남의 판보이쩌우는 근대화에 성공한 일본의 사례를 보고 도움을 얻고자 베트남의 청년들을 일본에 유학 보내 근대 문물과 제도를 배우도록 하였다. ①은 수단, ②, ④는 인도네시아, ③은 에티오피아의 민족 운동에 대한 설명이다.

21 19세기에 들어 오스만 제국에서는 그리스의 독립을 시작으로 제국 내 소수 민족의 독립 움직임이 번졌고, 영국과 러시아 등 열강의 침략이 더해지면서 안팎으로 위기가 발생하였다. 결국 오스만 제국은 유럽 지역에 있던 영토의 대부분을 상실하였다.

22 밑줄 친 '이 개혁'은 탄지마트이다. 오스만 제국은 대내외적 위기를 극복하기 위해 탄지마트라고 불리는 근대적 개혁을 실시하였다. ④ 극단적인 튀르크 민족주의를 내걸어 다른 민족의 반발을 산 것은 청년 튀르크당 혁명이다.

23 이슬람 세계를 이끌던 오스만 제국이 쇠퇴하자 영국, 러시아와 같은 서양 열강이 아랍 지역에 침입하여 영향력을 확대하였다. 이러한 상황에서 이븐 압둘 와하브는 이슬람교의 경전인 『쿠란』의 가르침대로 생활하고 이슬람교 본래의 순수성을 되찾자는 와하브 운동을 전개하였다.

24 제시된 지도의 ㈎ 왕조는 카자르 왕조이다. 이란의 카자르 왕조는 19세기 러시아의 남하 정책과 이를 견제하려는 영국의 경쟁에 휩쓸려 많은 영토와 이권을 빼앗겼다. 이에 알 아프가니 등의 개혁 세력과 이슬람 성직자들이 중심이 되어 담배 불매 운동을 비롯한 이권 회수 운동을 벌였고, 이후 입헌 정치 실시를 요구하는 입헌 혁명이 일어나 의회가 구성되었다.

25 이집트의 근대화 과정은 '㈐ 무함마드 알리의 근대화 추진 – ㈎ 수에즈 운하의 건설 – ㈑ 아라비 파샤의 민족 운동 전개 – ㈏ 이집트의 영국 보호국화'의 순서로 이루어졌다.

26 밑줄 친 '동인도 회사 용병'은 세포이이다. 영국 동인도 회사에 고용된 용병이었던 세포이들은 영국의 지배 방식에 대한 불만으로 세포이의 항쟁을 일으켰다.

27 제시된 상황을 배경으로 발생한 사건은 세포이의 항쟁이다. 세포이의 항쟁은 대규모 민족 운동으로 발전하였지만, 내부 분열과 영국군의 반격으로 실패하였다. 이후 영국은 동인도 회사를 해체하고, 영국령 인도 제국을 수립하였다.

28 제시된 지도는 영국의 벵골 분할령을 나타낸다. 영국은 종교 갈등을 이용해 인도 민족 운동의 힘을 분산하려는 의도로, 종교에 따라 벵골 지역을 동서로 나누는 벵골 분할령을 발표하였다. 이에 인도 국민 회의를 중심으로 영국 상품 불매, 스와라지(자치 획득), 스와데시(국산품 애용), 국민 교육 실시 등의 4대 강령을 채택한 반영 운동이 전개되었다.

29 제시된 조약은 제1차 아편 전쟁으로 체결된 난징 조약이다. 제1차 아편 전쟁은 영국이 인도에서 재배한 아편을 중국에 몰래 팔기 시작한 것을 배경으로 전개되었다. ①은 태평천국 운동 등, ②는 양무운동, ③은 변법자강 운동, ⑤는 의화단 운동에 대한 설명이다.

30 제시된 인물은 태평천국 운동을 주도하였던 홍수전이다. 크리스트교의 영향을 받은 홍수전은 만주족을 몰아내고 한족의 국가를 세우자는 멸만흥한을 강조하면서, 토지 균등 분배, 남녀 평등, 악습 폐지 등을 주장하였다.

31 제시된 그림은 의화단 운동 당시 철도를 파괴하는 의화단을 그린 것이다. 의화단은 '청을 도와 서양인과 크리스트교를 몰아내자.'라는 구호를 앞세워 운동을 전개하였으나, 영국, 일본, 러시아를 비롯한 8개국 연합군에 의해 진압되었다. 이후 청은 서구 열강과 신축 조약을 체결하고 막대한 배상금을 지급하였다.

32 제시된 지도는 신해혁명의 전개 과정을 나타낸 것이다. 청 정부는 개혁 추진 비용과 신축 조약에 따른 배상금 지불 등으로 경제적인 어려움에 빠지자 민간 철도를 국유화하고 이를 담보로 외국 자본을 빌리려고 하였다. 이를 반대하는 움직임이 확산되는 가운데 우창에서 봉기가 일어나며 신해혁명이 전개되었다.

33 ㈎에 들어갈 인물은 쑨원이다. 쑨원은 도쿄에서 여러 단체를 모아 중국 동맹회를 조직하고, 삼민주의를 내세워 혁명 운동을 주도하였다.

34 밑줄 친 '이 사절단'은 이와쿠라 사절단이다. 메이지 정부는 서양과 맺은 불평등 조약의 내용을 개정하고 서양의 발전상을 시찰하기 위해 이와쿠라 사절단을 파견하였다.

35 ① 일본이 류큐를 병합하여 오키나와현으로 삼은 것은 청일 전쟁이 일어나기 이전의 사건이다.

36 1894년 전봉준은 농민들을 모아 지배층의 횡포와 외세에 저항하는 동학 농민 운동을 전개하였지만, 관군과 일본군에게 진압되었다.

서술형 문제

1 (1) 나폴레옹
(2) 예시답안 나폴레옹의 원정으로 유럽 전역에 프랑스 혁명의 이념인 자유주의와 민족주의가 확산되었다.

구분	채점 기준
상	프랑스 혁명의 이념인 자유주의와 민족주의 확산을 모두 서술한 경우
하	위 내용 중 한 가지만 서술한 경우

2 **예시답안** 탄지마트. 오스만 제국은 탄지마트에 따라 민족과 종교에 따른 차별을 폐지하고, 세금 제도와 교육 제도를 서구식으로 바꾸는 등의 변화를 시도하였다.

구분	채점 기준
상	탄지마트를 쓰고, 그 내용을 두 가지 이상 서술한 경우
중	탄지마트를 쓰고, 그 내용을 한 가지만 서술한 경우
하	탄지마트만 쓴 경우

3 **예시답안** 톈진 조약, 베이징 조약. 청은 톈진 조약과 베이징 조약을 체결하여 추가로 개항하고, 외국 공사의 베이징 주재와 크리스트교 포교를 허용하였다.

구분	채점 기준
상	톈진 조약과 베이징 조약을 쓰고, 그 주요 내용을 서술한 경우
하	톈진 조약과 베이징 조약만 쓴 경우

Ⅳ 제국주의 침략과 국민 국가 건설 운동(2회)

11~17쪽

100점 도전! 실전 문제

01 ⑤	02 ⑤	03 ④	04 ③	05 ②	06 ②	07 ④	08 ④
09 ⑤	10 ③	11 ⑤	12 ②	13 ⑤	14 ⑤	15 ①	16 ③
17 ④	18 ⑤	19 ④	20 ①	21 ①	22 ④	23 ⑤	24 ①
25 수에즈 운하	26 ⑤	27 ②	28 ③	29 ⑤	30 ⑤	31 ④	
32 ⑤	33 ③	34 ④	35 ③	36 ①	37 ②	38 ⑤	39 ⑤

01 밑줄 친 '새로운 계층'은 젠트리이다. 17세기 영국에서는 젠트리와 시민 계급이 성장하였다. 이들은 대부분 청교도였으며, 의회에서 다수를 차지하였다.

02 의회가 찰스 2세를 폐위하고, 메리와 윌리엄 3세를 공동 왕으로 추대하였다. 이듬해 메리 여왕과 윌리엄 3세는 의회가 제정한 권리 장전을 승인하였다.

03 ④ 권리 청원은 영국 의회가 찰스 1세에게 제출하여 승인을 받은 청원서로, 이는 청교도 혁명과 관련이 있다.

04 식민지군은 대륙 회의에서 총사령관으로 임명된 조지 워싱턴의 활약과 여러 나라의 지원으로 요크타운 전투에서 승리하였고, 마침내 영국과 파리 조약을 체결하여 13개 식민지의 독립을 인정받았다. ①, ⑤는 파리 조약 체결 이후, ②, ④는 조지 워싱턴의 총사령관 임명 전에 있었던 사실이다.

05 ㉠은 연방제, ㉡은 삼권 분립이다. 독립을 달성한 북아메리카 13개 주는 연방제를 특징으로 하는 새로운 헌법을 제정하였다. 헌법은 주권이 국민에게 있음을 밝히고, 삼권 분립의 원칙을 규정하였다. 이로써 세계 최초의 민주 공화국인 아메리카 합중국(미국)이 탄생하였다.

06 독립 이후 미국은 서부 개척으로 영토가 확장되고 산업 혁명이 전개되면서 경제가 발전하였다. 이 과정에서 남부와 북부의 경제적 차이와 노예제 문제로 갈등이 나타났다. 미국 남부에서는 노예 노동을 이용한 대농장 경영이 발달한 반면, 북부에서는 임금 노동을 바탕으로 한 공업이 발달하였다. 노예제를 반대하는 북부와 찬성하는 남부가 대립하는 가운데 북부 출신의 링컨이 대통령에 당선되었다. 이에 남부의 여러 주가 연방을 탈퇴함으로써 남북 전쟁이 시작되었다. ② 링컨의 노예 해방 선언은 (가) 시기 이후인 1863년에 발표되었다.

07 (가)는 입법 의회, (나)는 총재 정부이다. ④ 총재 정부 시기에는 5명의 총재가 행정과 외교를 담당하였다. ①, ⑤ 국민 공회는 보통 선거제에 기초한 헌법을 제정하고, 공안 위원회와 혁명 재판소를 통해 혁명에 반대하는 사람들을 처형하는 공포 정치를 실시하였다. ②, ③ 국민 의회는 인간과 시민의 권리 선언(인권 선언)을 발표하고, 입헌 군주제를 규정한 헌법을 제정하였다.

08 밑줄 친 '이 인물'은 나폴레옹이다. 나폴레옹은 영국을 굴복시키기 위해 유럽 대륙과 영국의 통상을 금지하는 대륙 봉쇄령을 선포하였다. ①은 루이 16세, ②, ③은 국민 공회, ⑤는 국민 의회와 관련이 있다.

09 빈 회의에서 유럽 각국은 유럽의 정치적 상황을 프랑스 혁명 이전으로 되돌려 놓는다는 원칙에 합의하였다.

10 제시된 내용은 프랑스의 7월 혁명에 대한 설명이다. 7월 혁명의 결과 입헌 군주제가 수립되었다. ① 2월 혁명의 영향으로 빈 체제가 붕괴되었다. ②, ④는 7월 혁명 이전의 일이다. ⑤는 2월 혁명의 결과이다.

11 7월 혁명으로 들어선 새로운 왕정도 재산 소유 정도에 따라 선거권을 제한하자 파리 노동자와 시민들이 선거권 확대를 요구하면서 2월 혁명을 일으켰다. 이 혁명의 영향으로 오스트리아에서 혁명이 일어나 메테르니히가 추방되었다.

12 ㉠에 들어갈 국가는 독일이다. 프로이센은 비스마르크의 강력한 군비 확장 정책을 바탕으로 오스트리아와의 전쟁에서 승리하고 북독일 연방을 결성하였다. 이후 독일 제국을 수립하여 통일을 달성하였다. ②는 이탈리아의 통일 운동과 관련이 있다.

13 제시된 지도의 ㈎는 멕시코, ㈏는 아이티, ㈐는 브라질, ㈑는 볼리비아, ㈒는 아르헨티나이다. 산마르틴은 에스파냐에 맞서 아르헨티나의 독립을 위해 투쟁하였다.

14 ③ 산업 혁명 시기 새로운 기계의 사용으로 전통적인 가내 수공업은 쇠퇴하고 공장제 기계 공업이 확산되었다.

15 ㉠에 들어갈 국가는 독일이다. 독일은 제철 공업을 중심으로 산업화가 빠르게 전개되었다. ② 미국은 남북 전쟁 이후 풍부한 지하자원과 노동력을 바탕으로 산업이 빠르게 발전하였다. ③ 일본은 근대화 정책을 통해 산업화를 추진하였다. ④ 러시아는 19세기 말부터 시베리아 횡단 철도를 놓는 등 산업화를 추진하였다. ⑤ 프랑스는 석탄이 생산되는 북동부 지역부터 산업화가 이루어졌다.

16 제시된 자료는 산업화로 발생한 도시 문제를 보여 주고 있다. ③ 찰스 2세는 17세기에 영국을 통치한 왕으로, 의회를 무시하는 등 전제 정치를 펼쳐 의회의 반발을 샀다.

17 산업 혁명 이후 사회 문제가 확산되자 자본주의 체제를 비판하면서 사유 재산 제도를 부정하고 평등 사회 건설을 주장하는 사회주의 사상이 출현하였다. ①, ② 공리주의는 다수의 이익을 위해서는 각 개인의 이익 일부를 희생할 수 있다는 사상이다. ②, ③, ⑤ 인종주의는 인종 간에 우열이 존재한다고 믿는 사고방식이다.

18 ㉤ 인간의 이성을 중시하는 계몽주의 사상은 17~18세기에 유행하였다. 19세기 유럽에서는 계몽주의에 대한 비판이 일어나면서 인간의 감정과 상상력을 중요시하는 낭만주의가 유행하였다.

19 제시된 그림은 제국주의를 정당화하고 있다. 제국주의 열강들은 아시아나 아프리카의 민족이 미개하여 식민지로 삼아 문명화하는 것이 자신들의 의무라고 주장하며 식민지 침략을 정당화하였다.

20 ㉠은 영국, ㉡은 독일이다. 영국은 아시아 지역에서 인도와 미얀마를 지배하였다. ②는 미국, ③은 네덜란드, ④는 프랑스, ⑤는 프랑스, 독일과 관련이 있다.

21 수단의 무함마드 아흐마드는 스스로를 구세주라 부르며 외국인들을 몰아내고 모든 사람이 평등한 이슬람 세계를 만들고자 하였다. 그의 군대는 이집트 군대를 물리쳤으나 영국군의 강한 군사력에 밀려 패배하였다.

22 오스만 제국에서 시행된 근대적 개혁이 실패하고 러시아와의 전쟁에서도 패하자 술탄 압둘 하미드 2세는 헌법을 폐지하고 의회를 해산한 뒤 전제 정치를 강화하였다. 이에 반발한 젊은 장교와 관료, 지식인들은 청년 튀르크당을 결성하였고, 무력 혁명으로 정권을 잡은 뒤 헌법을 부활시켰다. 이어 청년 튀르크당은 산업을 육성하고 조세를 덜어 주는 등의 개혁을 추진하는 한편, 외세 배척 운동을 벌였다.

23 밑줄 친 '이 운동'은 와하브 운동이다. 이븐 압둘 와하브가 주도한 와하브 운동은 이슬람교 본래의 순수성을 되찾자는 운동으로, 아랍인의 민족의식을 일깨워 오스만 제국의 지배에 저항하는 민족 운동으로 발전하였다.

24 제시된 내용은 이란의 담배 불매 운동이다. 담배 불매 운동은 이란인의 민족의식을 고취시켰고, 이후 일어난 입헌 혁명의 중요한 계기가 되었다.

25 ㈎ 운하는 수에즈 운하이다. 19세기 중엽 이집트는 영국과 프랑스의 자금을 빌려 철도와 전신 시설을 마련하고 지중해와 홍해를 잇는 수에즈 운하를 건설하였다.

26 수에즈 운하의 건설로 유럽과 인도 사이의 거리가 이전보다 3분의 1로 줄어들었다. 그러나 수에즈 운하를 건설하면서 영국과 프랑스에 막대한 빚을 지게 된 이집트는 영국과 프랑스의 내정 간섭을 받게 되었다.

27 ㉠은 무함마드 알리, ㉡은 아라비 파샤이다. 무함마드 알리는 근대적인 군대를 창설하는 등 이집트의 근대화를 추진하였다. 한편, 이집트에 대한 영국과 프랑스의 내정 간섭이 계속되자 아라비 파샤가 민족 운동을 주도하였다.

28 제시된 사건은 영국령 인도 제국의 수립이다. 세포이의 항쟁을 진압한 영국은 동인도 회사를 해체하고 인도를 직접 지배하였다. 1877년에는 영국 국왕이 인도 황제를 겸하는 영국령 인도 제국을 세웠다.

29 밑줄 친 '이 단체'는 인도 국민 회의이다. 초기의 인도 국민 회의는 영국의 인도 지배를 인정하면서 인도인의 권익을 확보하려는 타협적인 자세를 보였지만, 점차 영국의 식민 지배에 대한 비판 의식이 높아지면서 인도인의 이익을 대변하는 단체로 발전하였다.

30 제시된 정책은 벵골 분할령이다. 영국은 종교 갈등을 이용해 인도의 민족 운동을 분열시키려는 목적으로 벵골주를 서벵골과 동벵골로 나누어 통치하는 벵골 분할령을 발표하였다. 그러자

인도 국민 회의는 콜카타 대회를 열어서 4대 강령을 채택하고 반영 운동을 전개하였다.

31 청은 18세기 중반 이후 광저우에서만 서양과의 대외 무역을 허락하였다. 막대한 양의 은을 지급하고 중국의 차와 도자기를 수입하였던 영국은 무역 적자를 줄이기 위해 청에 교역 확대를 요구하였다. 그러나 청이 이를 거절하자, 영국이 인도에서 재배한 아편을 청에 몰래 팔기 시작하면서 삼각 무역 형태가 나타났다.

32 ㈎는 난징 조약, ㈏는 미일 수호 통상 조약이다. 두 조약은 모두 치외 법권을 인정한 불평등 조약이었다.

33 중국에서는 '㈏ 태평 천국 운동 – ㈐ 양무운동 – ㈑ 변법자강 운동 – ㈎ 의화단 운동'의 순서로 근대화 운동이 전개되었다.

34 제시된 자료는 양무운동을 주도한 이홍장의 주장이다. 이홍장 등의 한인 관료들은 중체서용의 논리를 바탕으로 서양의 기술을 받아들이자는 양무운동을 전개하였으나, 청일 전쟁의 패배로 그 한계가 드러났다.

35 변법자강 운동은 강유웨이, 량치차오 등의 개혁적 지식인들이 일본의 메이지 유신을 모방하여 정치 제도의 개혁을 추진한 운동이다.

36 제시된 자료는 쑨원이 주장한 삼민주의의 내용이다. 쑨원은 민족, 민권, 민생을 강조한 삼민주의를 바탕으로 혁명 운동을 주도하였다. ① 민족주의는 만주족 왕조인 청 정부를 타도하고 한족 국가를 세우자는 주장이다.

37 ㈎ 시기는 개항 이후 에도 막부가 붕괴되고 메이지 정부가 수립되어 근대적 개혁인 메이지 유신이 단행되던 시기이다. 당시에는 메이지 유신이 추진되면서 징병제가 실시되었고, 서구 문물을 살펴보고 서양과 맺은 불평등 조약을 개정하기 위해 이와쿠라 사절단이 파견되기도 하였다. ㄹ은 에도 막부 시기에 있었던 일이다.

38 ㉠에 들어갈 전쟁은 청일 전쟁이다. 청일 전쟁에서 승리한 일본은 청과 시모노세키 조약을 맺어 막대한 배상금을 얻었고, 이를 기반으로 산업을 발전시키고 군비를 확장하여 제국주의 국가로 성장하는 발판을 마련하였다.

39 ㉠에 들어갈 조약은 시모노세키 조약이다. 청일 전쟁에서 승리한 일본은 청과 시모노세키 조약을 체결하여 청으로부터 타이완과 랴오둥반도를 넘겨받고, 막대한 배상금을 얻었다.

서술형 문제

1 ⑴ 차티스트 운동
⑵ **예시답안** 제1차 선거법 개정으로도 여전히 선거권을 갖지 못한 노동자들이 선거권을 얻기 위해 인민헌장을 발표하고 차티스트 운동을 전개하였다.

구분	채점 기준
상	제1차 선거법 개정으로도 노동자들이 선거권을 얻지 못하였다고 서술한 경우
하	노동자들이 선거권을 얻지 못하였다고만 서술한 경우

2 **예시답안** 인도의 면직물은 19세기 이전까지 유럽에서 큰 인기를 얻었다. 그러나 산업 혁명 이후 영국 공장에서 대량으로 생산된 값싼 면직물이 인도로 들어오면서 인도의 면직물 산업이 몰락하였다.

구분	채점 기준
상	인도와 영국의 면직물 무역량 변화의 원인과 그 결과를 모두 서술한 경우
하	인도와 영국의 면직물 무역량 변화의 원인과 그 결과 중 한 가지만 서술한 경우

3 **예시답안** 조선은 신분제와 과거제 폐지, 왕실과 국가 재정 분리 등을 내용으로 하는 갑오개혁을 단행하였다.

구분	채점 기준
상	갑오개혁 당시의 개혁 내용을 두 가지 이상 서술한 경우
하	갑오개혁 당시의 개혁 내용을 한 가지만 서술한 경우

Ⅴ 세계 대전과 사회 변동(1회)

20~24쪽

100점 도전! 실전 문제

01 ①	02 ④	03 ②	04 ②	05 ①	06 ③	07 ⑤	08 ③
09 ②	10 ④	11 ③	12 ⑤	13 ⑤	14 ①	15 ⑤	16 ④
17 ④	18 ②	19 ④	20 ⑤	21 ②	22 ④	23 ①	24 ④
25 ②	26 ④	27 ①					

01 (가)는 3국 동맹, (나)는 3국 협상이다. 독일이 프랑스를 고립시키기 위해 오스트리아·헝가리 제국, 이탈리아와 3국 동맹을 맺자, 영국과 프랑스가 러시아를 끌어들여 3국 협상을 맺었다.

02 20세기 초 유럽에서 3국 동맹과 3국 협상이 대립하고, 발칸반도에서 범슬라브주의와 범게르만주의가 대립하는 상황 속에서 사라예보 사건이 발생하면서 제1차 세계 대전이 시작되었다. ①, ②, ⑤는 제1차 세계 대전 이전, ③은 제2차 세계 대전 중에 일어난 사건이다.

03 독일, 오스트리아·헝가리 제국, 오스만 제국 등이 속한 동맹국과 영국, 프랑스, 러시아 등이 속한 연합국이 대결하는 구도로 전개되었던 제1차 세계 대전은 1918년 독일이 항복하면서 연합국의 승리로 종결되었다. ㄴ, ㄹ은 제2차 세계 대전과 관련이 있다.

04 미국은 중립국 선박까지 공격하는 독일의 무제한 잠수함 작전으로 인해 자국민이 사망하는 사건이 일어난 것을 계기로 제1차 세계 대전에 연합국 편으로 참전하였다. ①, ③은 미국 혁명 과정에서, ④, ⑤는 제2차 세계 대전 중에 일어난 사건이다.

05 19세기경 전제 정치가 유지되었던 러시아에서 피의 일요일 사건이 일어나 많은 사상자가 발생하였고, 이후에도 전제 정치가 계속된 것을 배경으로 러시아 혁명이 일어났다. ④ 알렉산드르 2세가 암살된 것은 러시아 혁명 이전에 있었던 일이다.

06 러시아 혁명은 '(다) 피의 일요일 사건 - (가) 소비에트 결성 - (나) 임시 정부 수립 - (라) 볼셰비키의 무장봉기' 순서로 전개되었다.

07 밑줄 친 '이 정책'은 신경제 정책(NEP)이다. 혁명 이후 레닌은 시장 경제를 일부 인정한 신경제 정책을 통해 경제난을 극복하고자 하였다.

08 ㉠에 들어갈 인물은 스탈린이다. 스탈린은 중공업 발전을 목표로 경제 개발 5개년 계획을 추진하여 성과를 거두었으나, 그 과정에서 반대파를 탄압하고 숙청하는 등 독재 체제를 강화하였다. ㄱ은 차르 니콜라이 2세, ㄹ은 레닌에 대한 설명이다.

09 제1차 세계 대전 이후 전후 문제 처리를 위해 개최된 ㉠ 파리 강화 회의는 미국 ㉡ 윌슨 대통령의 14개조 평화 원칙을 기본 원칙으로 삼아 진행되었다. 회의의 결과로 연합국과 독일 사이에 ㉢ 베르사유 조약이 체결되었고, 이를 배경으로 승전국 중심으로 형성된 새로운 국제 질서인 ㉣ 베르사유 체제가 성립되었다. 한편, 1920년 국제 평화와 안전을 확보하기 위한 국제기구인 ㉤ 국제 연맹이 창설되었다. 따라서 ㉠, ㉢만이 옳은 내용이므로, ㉠ ~ ㉤ 중 옳은 것의 개수는 2개이다.

10 5·4 운동 이후 중국에서 국민당과 공산당이 결성되었고, 국민당을 이끌던 쑨원의 노력으로 군벌과 제국주의 세력을 타도하기 위한 제1차 국공 합작이 이루어졌다. ①, ②, ③, ⑤는 중국에서 일어난 사건이지만, 제시된 내용과 관련이 적다.

11 제1차 세계 대전 이후 인도에서 영국의 식민 지배가 강화되자 간디는 영국 상품 불매 등의 비폭력·불복종 운동으로 맞섰고, 네루는 투쟁적인 운동을 펼치며 인도의 완전한 독립을 주장하였다. ㄱ, ㄹ은 제1차 세계 대전 이전에 일어난 사건이다.

12 ㉠은 인도네시아, ㉡은 베트남이다. 인도네시아에서는 수카르노가 인도네시아 국민당을 결성하고 독립운동을 전개하였다. 베트남에서는 호찌민이 베트남 공산당을 결성하고 프랑스에 맞서 민족 운동을 이끌었다.

13 제1차 세계 대전 이후 이집트에서 반영 운동이 일어나자 영국은 수에즈 운하 관리권과 군대 주둔권을 유지하는 조건으로 이집트의 독립을 인정하였다. ①, ②, ③은 제1차 세계 대전 이전에 일어난 사건이다. ④는 제1차 세계 대전 이후 오스만 제국에서 전개된 민족 운동에 해당한다.

14 ①, ② 대공황 시기 미국에서는 많은 회사와 은행들이 문을 닫아 실업자가 급증하였고, 실업자들이 일자리와 가난 해소를 요구하는 시위를 벌여 사회가 불안해졌다. ④, ⑤ 대공황의 위기 극복을 위해 미국 정부는 기업의 생산량을 조절하고, 노동자의 권리를 보장하여 구매력을 향상시키는 등 경제 회복을 위해 노력하였다. ③ 본국과 식민지를 묶어 파운드 블록을 형성함으로써 대공황의 위기에 대응한 국가는 영국이다.

15 많은 식민지를 확보하고 있었던 영국과 프랑스는 대공황의 위기를 극복하기 위해 본국과 해외 식민지 사이의 경제적 유대를 강화하였으며, 수입품에 높은 관세를 물려 수입량을 억제하는 보호 무역 체제를 강화하였다. ㄱ. 대공황 시기 독일, 이탈리아 등 전체주의 국가들이 일당 독재 체제를 수립하였다. ㄴ은 이탈리아와 일본에 대한 설명이다.

16 제시된 내용에서 설명하는 체제는 전체주의이다. 대공황 전후 경제적 혼란과 사회적 불안을 틈타 이탈리아, 독일, 일본 등에서는 강력한 독재 체제를 갖추고 국가와 민족을 최우선으로 하는 전체주의 세력이 집권하여 시민의 자유를 억압하였다.

17 제시된 내용과 같이 주장한 인물은 히틀러이다. 히틀러는 독일 민족의 우월성을 강조하는 게르만 우월주의를 앞세워 유대인을 박해하는 등 인종 차별 정책을 펼쳤다. ① 히틀러가 집권하기 이전인 1919년에 독일 제헌 의회에서 바이마르 헌법이 제정되었다. ②는 무솔리니에 대한 설명이다. ③ 일본에서는 군부 세력이 정권을 장악한 후 군국주의를 바탕으로 만주 사변을 일으켰다. ⑤는 루스벨트에 대한 설명이다.

18 1937년에 독일, 이탈리아, 일본이 방공 협정을 맺어 추축국이 성립되었고, 이후 1939년에 독일이 소련과 비밀리에 불가침 조약을 맺고 폴란드를 침공하였다. ①, ③, ⑤는 독일의 폴란드 침공 이후에 일어난 사건과 관련한 내용이다. ④ 1914년에 일어난 사라예보 사건을 계기로 제1차 세계 대전이 시작되었다.

19 ㈎ 일본은 진주만 미군 기지를 기습 공격하여 태평양 전쟁을 일으켰다. ㈏ 소련은 스탈린그라드 전투에서 독일에 승리하였고, 이후 연합군의 노르망디 상륙 작전을 통해 ㈐ 프랑스가 해방되었다. ㈑ 미국이 히로시마와 나가사키에 원자 폭탄을 투하하자 일본이 항복하면서 제2차 세계 대전이 종결되었다.

20 대공황 전후 전체주의 국가들이 출현하는 상황 속에서 독일이 폴란드를 침공한 것을 계기로 제2차 세계 대전이 시작되었다. 제2차 세계 대전은 미국, 영국, 소련 등의 연합국과 독일, 이탈리아, 일본 등의 추축국이 대결하는 구도로 전개되었으며, 연합국의 승리로 종결되었다. ⑩ 대공황이 발생하여 세계 경제가 침체된 것을 배경으로 제2차 세계 대전이 시작되었다.

21 제1차 세계 대전 이후 오스만 제국의 장교였던 무스타파 케말이 연합국과 협상을 벌여 튀르키예의 주권과 독립을 보장받고 튀르키예 공화국을 탄생시켰다.

22 ①, ③은 제1차 세계 대전 이후 노동자의 권리가 확대된 사례에 해당한다. ②, ⑤는 제1차 세계 대전 과정에서 여성의 참정권이 확대된 사례에 해당한다. ④ 영국에서는 1832년 제1차 선거법 개정을 통해 도시의 신흥 상공업자를 비롯한 중산 계급에 선거권이 부여되었다.

23 전체주의 정권이 등장하여 시민의 자유를 제한하고 일당 독재를 강화하자 프랑스에서는 사회주의와 민주주의 세력들을 연합하여 전체주의에 대항하는 인민 전선이 수립되었다. ②, ③, ④는 전체주의 세력이 집권하기 이전에 일어난 사건이다. ⑤는 제1차 세계 대전 이후 일어난 민족 운동의 내용으로, 전체주의를 극복하기 위한 노력으로 보기는 어렵다.

24 제2차 세계 대전 중 참전국이 벌인 민간인 거주 지역 폭격과 독일이 계획적으로 일으킨 홀로코스트 등 대량 학살이 일어나 많은 희생자가 발생하였다.

25 중일 전쟁 시기 난징을 점령한 일본군이 수십만 명의 민간인을 학살하였던 사건인 난징 대학살이 일어났고(1937), 이후 미국의 경제 봉쇄에 맞서 일본이 진주만 미군 기지를 공격하여 태평양 전쟁을 일으켰다(1941). ①, ③은 중일 전쟁 이전, ④, ⑤는 태평양 전쟁 이후에 있었던 사실이다.

26 ㄱ, ㄴ. 세계 대전 과정 중에 식민지 주민들은 점령국이 저지른 전쟁에 끌려가 전쟁터의 총알받이가 되거나 힘든 노동에 시달렸다. 일본은 731 부대에서 각종 비인간적이고 반인륜적인 실험을 행하여 많은 사람의 인권을 유린하였다. ㄹ. 제1차 세계 대전 이후 국제 분쟁의 해결 방법으로 전쟁을 일으키지 말 것을 기본 이념으로 삼는 켈로그·브리앙 조약(부전 조약)이 체결되었다. ㄷ. 나폴레옹 몰락 이후 전후의 혼란을 수습하기 위해 빈 회의가 개최된 시기는 1814~1815년이다.

27 제시된 연표의 내용에 해당하는 국가는 독일이다. 독일에서는 바이마르 공화국이 수립되었고, 이후 나치당이 권력을 장악하였다. 독일은 오스트리아를 병합하는 등 대외 침략에 나섰으며, 제2차 세계 대전 이후 독일 뉘른베르크에서 개최된 국제 전범 재판에서는 독일의 주요 범죄자들이 처벌을 받았다.

서술형 문제

1 **예시답안** 제1차 세계 대전. 제1차 세계 대전은 3국 동맹과 3국 협상의 대립이 심화되고, 범슬라브주의와 범게르만주의의 대립으로 발칸반도에서 긴장이 고조되는 상황 속에서 사라예보 사건이 발단이 되어 발생하였다.

구분	채점 기준
상	제1차 세계 대전을 쓰고, 그 발발 배경을 두 가지 이상 서술한 경우
중	제1차 세계 대전을 쓰고, 그 발발 배경을 한 가지만 서술한 경우
하	제1차 세계 대전만 쓴 경우

2 **예시답안** (일본이 하와이 진주만의 미군 기지를 기습 공격한 결과) 미국이 제2차 세계 대전에 연합국 편으로 참전하면서 태평양 전쟁이 시작되었다.

구분	채점 기준
상	미국의 제2차 세계 대전 참전과 태평양 전쟁 발발을 모두 언급하여 서술한 경우
하	미국의 제2차 세계 대전 참전과 태평양 전쟁 발발 중 한 가지만 언급하여 서술한 경우

3 **예시답안** 국제 연합(UN)은 국제 분쟁을 해결하기 위한 군사력 동원이 가능하였으며, 미국과 소련 등 강대국이 대부분 참여하였다.

구분	채점 기준
상	국제 연맹과 비교할 때 갖는 국제 연합(UN)의 특징을 두 가지 모두 서술한 경우
하	국제 연맹과 비교할 때 갖는 국제 연합(UN)의 특징을 한 가지만 서술한 경우

01 ④	**02** ②	**03** ④	**04** ②	**05** ⑤	**06** ②	**07** ③	**08** ④
09 ③	**10** ④	**11** ①	**12** ②	**13** ⑤	**14** ①	**15** ③	**16** ⑤
17 ④	**18** ①	**19** ⑤	**20** ③	**21** ①	**22** ②	**23** ②	**24** ②
25 ④	**26** ③						

01 20세기 초반 3국 동맹과 3국 협상의 대립으로 제국주의 국가들 간의 대립이 심해지고, 범게르만주의와 범슬라브주의의 대립으로 발칸반도에서 긴장이 고조되는 상황을 배경으로 제1차 세계 대전이 시작되었다. ㄱ, ㄷ. 제1차 세계 대전 이후 대공황의 위기가 전 세계로 확산되고, 이탈리아 등 전체주의 국가들이 출현하는 상황을 배경으로 제2차 세계 대전이 시작되었다.

02 제시된 지도의 (가)는 러시아, (나)는 이탈리아이다. 제1차 세계 대전 중 국내에서 혁명이 일어난 러시아는 독일과 단독으로 강화를 맺고 전선에서 이탈하였다. ① 러시아는 범슬라브주의를 내세웠다. ③ 오스트리아·헝가리 제국이 보스니아 헤르체고비나를 합병하였다. ④ 이탈리아는 제1차 세계 대전에서 연합국 편으로 참전하였다. ⑤ 아프리카 침략 과정에서 독일과 프랑스가 모로코를 둘러싸고 두 차례 대립하였다(모로코 사건).

03 1882년에 3국 동맹이 체결된 이후 1914년에 세르비아 청년이 오스트리아·헝가리 제국의 황태자 부부를 암살한 사라예보 사건이 일어났다. 이를 계기로 오스트리아·헝가리 제국이 세르비아에 선전 포고를 하면서 제1차 세계 대전이 시작되었다. 전쟁이 계속되던 중 미국이 제1차 세계 대전에 연합국 편으로 참전하고, 독일은 서부 전선에서 대공세를 펼쳤으나 실패하였다. 이후 독일에서는 혁명이 일어나 독일 제국이 붕괴되고 공화국이 수립되었다. ④ 독일에서는 1933년에 히틀러가 이끄는 나치스가 인기를 얻어 일당 독재를 수립하였다.

04 제1차 세계 대전은 탱크 등의 신무기가 등장하고, 참전국들이 참호를 파고 대치하는 참호전의 형태로 장기화되었다는 특징이 있었다. ㄴ, ㄹ. 제2차 세계 대전과 관련한 사진이다.

05 제시된 사건은 피의 일요일 사건이다. 1905년 러시아에서 일어난 피의 일요일 사건을 계기로 차르 니콜라이 2세가 언론과 집회의 자유 보장, 의회(두마)의 설립 등을 약속하였다.

06 ㉠은 소비에트, ㉡은 볼셰비키이다. 러시아 3월 혁명은 노동자와 병사들이 소비에트를 결성하여 일으켰고, 11월 혁명은 레닌이 주도한 볼셰비키가 무장봉기를 통해 일으켰다.

07 밑줄 친 전쟁은 제1차 세계 대전이다. 러시아 3월 혁명을 통해 수립된 임시 정부가 전쟁을 지속하자 볼셰비키가 임시 정부를 타도하고 소비에트 정부를 수립하였고, 이어 레닌은 독일과 단독으로 강화 조약을 맺고 제1차 세계 대전에서 이탈하였다.

08 ㉠에 들어갈 조약은 베르사유 조약이다. 제1차 세계 대전 이후 연합국과 독일 사이에 베르사유 조약이 체결되면서 독일은 일부 영토를 잃고 해외 식민지를 상실하였으며, 군대 보유가 제한되고 막대한 배상금을 물게 되었다. ④ 독일에서는 제1차 세계 대전이 시작되기 이전에 베를린, 비잔티움, 바그다드를 연결하는 식민지 확대 정책인 3B 정책이 추진되었다.

09 제1차 세계 대전 이후 국제 평화와 안전 확보를 위해 창설된 국제 평화 기구인 국제 연맹은 침략국을 제재할 수 있는 군사력을 동원할 수 없었다는 한계가 있었다. ㄱ. 국제 연맹에는 미국과 소련이 불참하였다. ㄹ은 국제 연합(UN)에 대한 설명이다.

10 ①은 중국, ②는 이집트, ③은 아랍 지역, ⑤는 한국에서 제1차 세계 대전 이후 전개된 민족 운동의 사례이다. ④는 제1차 세계 대전 이전에 전개된 민족 운동의 사례이다.

11 ㉠에 공통으로 들어갈 국가는 일본이다. 중국에서는 파리 강화 회의에서 산둥반도의 이권이 일본에 넘어간 것을 계기로 5·4 운동이 전개되었고, 일본이 중일 전쟁을 일으켜 대륙 침략을 본격화하자 제2차 국공 합작이 이루어졌다.

12 장제스는 군벌 제압 후 중국을 통일하고, 무스타파 케말은 정치와 종교의 분리, 문자 개혁, 헌법 제정 등을 통해 튀르키예의 근대화를 추진하였다. ㄴ. 인도에서 영국의 소금법 제정에 맞서 소금 행진을 전개한 인물은 간디이다. ㄷ. 옌안으로 이동하여 장제스가 수립한 국민당 정부에 저항한 인물은 마오쩌둥이다.

13 제1차 세계 대전 이후 미국 기업의 생산을 소비가 따라가지 못해 재고가 누적되는 상황에서 1929년 뉴욕 증권 거래소 주가가 급락하는 대공황이 일어나자, 많은 회사와 은행이 문을 닫고 실업자가 늘어났다. ①, ④는 대공황 이후, ②, ③은 제1차 세계 대전 이전에 일어난 사건이다.

14 1929년 미국에서 시작된 대공황의 위기가 전 세계로 확산되면서 세계 경제가 침체되었다. 대공황의 위기를 극복하기 위해 영국과 프랑스 등은 블록 경제를 형성하였고, 독일과 이탈리아, 일본 등은 다른 국가를 침략하였다. ②, ③, ④, ⑤는 대공황 이후 전개된 제2차 세계 대전과 관련한 내용이다.

15 제시된 내용에 해당하는 국가는 이탈리아이다. 이탈리아는 대공황 이전인 1922년에 무솔리니가 이끄는 파시스트당이 로마 진군을 통해 정권을 장악하였으며, 대공황 이후 대외 팽창 과정에서 에티오피아를 침략하였다. ㄱ은 일본, ㄹ은 독일에 대한 설명이다.

16 독일, 일본, 이탈리아에서는 대공황 전후 경제적 혼란과 사회적 불안을 틈타 전체주의 세력이 집권하였다. 전체주의 국가들은 강력한 독재 체제를 갖추고 국가와 민족의 번영을 앞세워 시민들의 자유를 억압하였으며, 대공황의 위기를 극복하기 위해 군비를 증강하여 대외 팽창에 나섰다. ⑤ 독일, 일본, 이탈리아 등 전체주의 국가들은 민족이나 국가 전체의 이익을 최우선으로 내세우며 이를 위한 개인의 희생을 강요하였다.

17 제시된 사건들은 '(라) 영국과 프랑스의 선전 포고 – (마) 독일의 소련 침공 – (다) 미국의 미드웨이 해전 승리 – (가) 독일 항복 – (나) 소련의 만주 진격'의 순서로 전개되었다.

18 미국이 일본의 동남아시아 침략 행위를 비판하며 경제 봉쇄로 맞서자, 1941년 일본은 하와이 진주만의 미군 기지를 공격

하여 태평양 전쟁을 일으켰다. ②, ③은 제2차 세계 대전 이전에 일어난 사건이다. ④ 러시아 혁명 이후 레닌이 신경제 정책 (NEP)을 실시하였다. ⑤ 제1차 세계 대전 중 독일이 무제한 잠수함 작전을 전개하였다.

19 제1차 세계 대전은 독일이 항복하면서 연합국의 승리로 종결되었고, 제2차 세계 대전은 일본이 항복하면서 연합국의 승리로 종결되었다. ① 제1차 세계 대전은 동맹국과 연합국의 대결 구도로 전개되었다. 추축국과 연합국의 대결 구도로 전개된 전쟁은 제2차 세계 대전이다. ② 카이로 회담, 얄타 회담, 포츠담 회담을 거치면서 제2차 세계 대전의 전후 처리 문제가 결정되었다. ③ 제1차 세계 대전 중에 러시아 혁명이 발발하였다. ④ 제1차 세계 대전의 전후 문제를 처리하기 위해 파리 강화 회의가 개최되었다.

20 제1차 세계 대전이 연합국의 승리로 끝난 이후 유럽 대부분 국가들은 왕정을 폐지하고, 헌법과 의회를 갖춘 공화정을 채택하였다. 이 시기 독일에서는 바이마르 공화국이 수립되었고, 아나톨리아반도의 오스만 제국에서는 튀르키예 공화국이 수립되었다. ㄱ, ㄹ. 산업 혁명의 결과 자본주의 체제가 확립되고, 서구 열강의 대외 팽창 정책인 제국주의가 등장한 시기는 제1차 세계 대전 이전이다.

21 ㉠에 들어갈 국가는 미국이다. 제1차 세계 대전 이후 경제 기반이 파괴된 유럽에 상품을 수출하면서 세계 경제 질서를 주도해 나갔던 미국은 1920년대에 본격적으로 자본주의를 발전시켰다.

22 팽크허스트 등의 여성 운동가들이 지속적으로 여성 참정권 운동을 전개하고, 제1차 세계 대전 과정에서 여성의 사회적·경제적 역할이 커지면서 여러 국가에서 여성 참정권이 확대되었다.

23 제1차 세계 대전 전후 자본주의가 발달하면서 노동자들의 경제적 역할이 커졌고, 전쟁 중 각국의 노동자들이 자국의 승리를 위해 적극 협조하면서 노동자들의 사회적 지위가 향상되었다. 이에 따라 각국에서 노동자 계급의 이익을 대변하는 정당이 등장하고, 정부가 노동 기본권을 보장하는 등 노동자의 권리 보호를 위한 노력을 전개하였다. ㄴ. 제1차 세계 대전 이후 등장한 전체주의 세력은 노동조합을 해산하는 등 노동자의 권리를 침해하였다. ㄷ. 중국에서 5·4 운동이 일어난 것은 노동자의 권리 보호를 위한 노력이 전개된 배경으로 보기 어렵다.

24 ㉠은 독일, ㉡은 일본군이다. 제2차 세계 대전 중 독일의 나치스가 일으킨 홀로코스트와 중일 전쟁 시기 일본군이 일으킨 난징 대학살로 인해 많은 희생자가 발생하였다.

25 독일과 일본의 생체 실험 자행, 나치 독일의 사회적 약자 제거, 일본의 일본군 '위안부' 동원은 세계 대전 과정에서 일어난 인권 유린의 참상을 보여 주는 사례들이다. ① 제시된 사건들은 두 차례의 세계 대전 과정에서 일어났다. ② 국제 연합(UN)은 제2차 세계 대전 이후 창설되었다. ③ 프랑스 혁명이 일어난 시기는 제시된 사건들이 발생하기 이전이다. ⑤ 제시된 사건들과 관련하여 제2차 세계 대전 이후 뉘른베르크 재판과 극동 국제 군사 재판이 개최되었다.

26 밑줄 친 '이것'은 대서양 헌장이다. 1941년 미국과 영국은 대서양 헌장을 발표하여 전후 평화 수립 원칙을 정하고, 국제 연합 (UN)의 창설을 결정하였다.

서술형 문제

1 예시답안 5·4 운동. 5·4 운동의 주도 세력은 21개조 요구 철회, 산둥반도의 이권 반환, 친일파 처벌 등을 주장하였다.

구분	채점 기준
상	5·4 운동을 쓰고, 그 주도 세력이 내세운 주장을 서술한 경우
하	5·4 운동만 쓴 경우

2 예시답안 전체주의. 전체주의는 국가와 민족의 이익을 내세우며, 이를 위한 개인의 희생을 강요하였다.

구분	채점 기준
상	전체주의를 쓰고, 그 특징을 제시어 세 개를 모두 포함하여 서술한 경우
중	전체주의를 쓰고, 그 특징을 미흡하게 서술한 경우
하	전체주의만 쓴 경우

3 예시답안 제1차 세계 대전 과정에서 여성의 사회 참여 확대, 민주적 제도의 확산 등을 배경으로 제1차 세계 대전 전후 여성의 참정권이 확대되었다.

구분	채점 기준
상	여성의 참정권이 확대되었음을 서술하고, 그 배경을 두 가지 이상 제시한 경우
중	여성의 참정권이 확대되었음을 서술하고, 그 배경을 한 가지만 제시한 경우
하	여성의 참정권이 확대되었다고만 서술한 경우

100점 도전! 실전 문제

32~35쪽

01 ②	02 ㈎ 자본주의 진영 ㈏ 공산주의 진영	03 ①	04 ③
05 ④	06 ③	07 ①	08 ②	09 ⑤	10 ③	11 ⑤	12 ①
13 ⑤	14 ⑤	15 ③	16 ①	17 ④	18 ⑤	19 ⑤	20 ⑤
21 ①			

01 제2차 세계 대전 이후 미국 대통령 트루먼은 공산주의 세력의 확대를 막겠다는 트루먼 독트린을 선언하고, 이에 따라 서유럽에 경제적 지원을 하는 마셜 계획을 추진하였다.

02 ㈎는 자본주의 진영, ㈏는 공산주의 진영이다. 제2차 세계 대전 이후 미국 중심의 자본주의 진영과 소련 중심의 공산주의 진영 사이에 냉전이 전개되었다.

03 ① 코메콘(경제 상호 원조 회의)은 소련을 중심으로 한 공산주의 진영에서 창설되었다. 냉전 당시 자본주의 진영에서는 서유럽 국가들의 경제적 지원을 위해 마셜 계획을 추진하였다.

04 국공 내전, 베트남 전쟁, 6·25 전쟁은 모두 아시아 지역에서 자본주의 진영과 공산주의 진영이 군사적으로 충돌한 열전의 사례이다.

05 ㉠에 공통으로 들어갈 도시는 독일의 베를린이다. 소련은 독일의 서방 지역 점령지와 베를린 사이의 교통로를 봉쇄하는 베를린 봉쇄를 시행하였다. 이후 독일이 분단되어 서독과 동독 사이에 베를린 장벽이 설치되었다.

06 밑줄 친 '이 국가'는 인도이다. 인도는 오랜 독립운동 후 영국으로부터 독립하였지만, 종교 갈등이 지속되어 힌두교 국가인 인도와 이슬람교 국가인 파키스탄으로 분리되었다. 이후 인도의 네루는 중국의 저우언라이와 만나 평화 5원칙에 합의하였다. ①은 이스라엘, ②는 독일, ④는 베트남, ⑤는 소련에 대한 설명이다.

07 팔레스타인 지역에서는 유대인이 영국, 미국 등의 지원을 받아 이스라엘을 건국하였다. 이 조치에 반발하여 팔레스타인인과 주변 아랍 국가들이 이스라엘과 네 차례 중동 전쟁을 벌였으나 모두 패하였다.

08 제3 세계의 형성 과정은 '㈎ 인도의 네루와 중국의 저우언라이의 평화 5원칙 합의 – ㈐ 아시아·아프리카 회의에서 평화 10원칙 발표 – ㈏ 제1차 비동맹 회의 개최'의 순서로 진행되었다.

09 ㈎는 1947년에 발표된 트루먼 독트린, ㈏는 1969년에 발표된 닉슨 독트린이다. ⑤ 중국 정부가 톈안먼 광장에서 일어난 민주화 시위를 무력 진압한 톈안먼 사건은 1989년에 중국에서 일어났다. ①은 1964년, ②는 1949년, ③은 1952년, ④는 1955년에 일어난 일이다.

10 ㉠은 소련의 고르바초프, ㉡은 중국의 덩샤오핑이다. 고르바초프와 덩샤오핑은 공통적으로 시장 경제 제도를 도입하는 개혁을 추진하였다.

11 소련의 고르바초프가 개혁·개방 정책을 추진하고 동유럽에 대한 불간섭을 선언하자, 동유럽 각국에서 민주화 운동이 일어나 사회주의 정권이 붕괴되었다.

12 ㉠에 들어갈 지역 협력체는 유럽 연합(EU)이다. 유럽 연합(EU)에 속한 국가들은 각종 사안을 함께 논의하고 유로화를 공동 화폐로 사용하는 등 긴밀한 관계를 맺고 있다.

13 밑줄 친 '이 운동'은 탈권위주의 운동이다. 냉전 체제로 인한 이념 대립의 심화 등을 배경으로 등장한 탈권위주의 운동은 민권 운동, 학생 운동, 여성 운동 등의 형태로 전개되었다. ㄱ. 탈권위주의 운동은 젊은 학생들을 중심으로 전개되었다. ㄴ. 신자유주의는 1970년대에 일어난 석유 파동을 배경으로 등장하였다.

14 ㉠은 마틴 루서 킹, ㉡은 넬슨 만델라이다. 마틴 루서 킹은 미국, 넬슨 만델라는 남아프리카 공화국에서 인종 차별에 맞서 저항 운동을 이끌며 흑인과 백인 사이의 차별을 없애고자 하였다.

15 제시된 내용은 학생 운동에 해당한다. 학생 운동은 대학 교육이 권위적이고 일방적으로 기성세대의 가치관을 강요한 것을 배경으로 전개되었으며, 프랑스에서 전개된 68 운동(68 혁명) 등은 체제 저항 운동으로 이어지기도 하였다. 또한 학생 운동은 반전 운동으로 확산되었으며, 민권 운동, 여성 운동 등 다양한 사회 운동이 성장하는 밑거름이 되었다. ③ 제2차 세계 대전 이후 등장한 베이비붐 세대가 탈권위주의 운동을 주도하고 확산시켰다.

16 제시된 상황은 대중 매체의 발달 과정을 나타낸 것이다. 이처럼 대중 매체가 발달하면서 다수의 취향을 충족하는 대중문화가 발달하였다. ②는 제시된 상황을 통해 파악하기 어려운 내용이다. ③, ④ 대중 매체가 발달하면서 대중의 영향력이 증대하였으며, 대중 사회가 성장하였다. ⑤ 20세기 후반 이동 전화와 인터넷이 보급되면서 대중이 문화의 생산자로 적극 참여하게 되었다.

17 1960년대 청바지와 로큰롤이 유행하고 히피 문화가 확산된 것을 통해 기존 사회 질서에 저항하는 성격을 띤 탈권위적 청년 문화가 형성되었음을 추론할 수 있다. ① 낭만주의는 19세기 초반 유럽에서 유행하였다. ②, ③은 대중 사회의 성장 과정에서 나타난 사회 모습에 해당하지만, 제시된 내용과 관련이 적다. ⑤ 사실주의와 자연주의는 19세기 후반에 등장하였다.

18 제시된 사진에 나타난 현대 세계의 문제는 지역 분쟁이다. 냉전이 끝난 후에도 세계 여러 지역에서는 인종, 종교, 부족의 차이 등으로 갈등과 분쟁이 발생하고 있다.

19 제시된 지도는 아프리카, 아시아 등지의 국가에서 많은 사람들이 굶주림에 시달리고 있는 기아 문제가 발생하고 있음을 보여 준다. 한편 선진국에서도 빈부 격차가 커지면서 빈곤 계층이 점차 늘어나고 있다.

20 국제 사회는 대량 살상 무기의 위협이 점차 커지자 핵 확산 금지 조약(NPT) 등을 체결하여 대량 살상 무기의 사용과 개발을 금지하고 있다.

시험대비 문제집

21 현대 사회의 문제들은 한 국가나 개인이 해결하기 어렵고 세계가 함께 고민하고 협력하여 해결해야 한다. ① 현대 사회의 문제 해결을 위해 인종, 종교, 부족 등의 갈등으로 인해 생겨난 난민들에게 관심을 기울이고 열린 마음을 가져야 한다.

서술형 문제

1 (1) 마오쩌둥
(2) 문화 대혁명. 마오쩌둥은 정치적 위기를 모면하기 위해 홍위병을 앞세워 문화 대혁명을 추진하였다. 이로 인해 중국의 전통문화가 파괴되고 많은 예술인과 지식인이 억압을 받았다.

구분	채점 기준
상	문화 대혁명을 쓰고, 그 결과를 서술한 경우
하	문화 대혁명만 쓴 경우

2 (예시답안) 여성 운동은 출산·육아를 위한 휴직 보장과 교육·취업의 기회균등을 요구하고, 직장 내 성차별에 저항하며 신체적 자기 결정권을 주장하는 등 남성 중심의 사회 질서와 성차별에 저항하였다.

구분	채점 기준
상	1960년대 이후 전개된 여성 운동의 내용을 세 가지 이상 서술한 경우
중	1960년대 이후 전개된 여성 운동의 내용을 두 가지만 서술한 경우
하	1960년대 이후 전개된 여성 운동의 내용을 한 가지만 서술한 경우

3 (예시답안) 대량 살상 무기를 사용하고 보유하는 국가들이 늘어나 핵전쟁의 위험이 사라지지 않았으며, 핵 실험을 하는 과정에서 방사능 오염에 따른 피해가 발생하였다.

구분	채점 기준
상	핵전쟁의 위험 존재, 핵 실험 과정에서 방사능 오염에 따른 피해 발생 등 대량 살상 무기의 부정적인 영향 두 가지를 서술한 경우
하	대량 살상 무기의 부정적인 영향을 한 가지만 서술한 경우

Ⅵ 현대 세계의 전개와 과제(2회)

36~39쪽

100점 도전! 실전 문제

01 ⑤	02 ③	03 ②	04 ①	05 ①	06 ⑤	07 ④	08 ②
09 ③	10 ⑤	11 ②	12 ②	13 ①	14 ⑤	15 ②	16 ①
17 난민	18 ④	19 ⑤	20 ⑤				

01 냉전은 제2차 세계 대전 이후 미국을 중심으로 하는 자본주의 진영과 소련을 중심으로 하는 공산주의 진영이 직접적인 무력 충돌보다는 정치, 군사, 외교 등에서 경쟁과 대립을 유지하던 상황을 말한다. ①은 문화 대혁명, ②는 베를린 봉쇄, ③은 베트남 전쟁, ④는 중동 전쟁에 대한 설명이다.

02 냉전은 전 세계적으로 확대되었다. 소련이 베를린을 봉쇄한 이후 동독과 서독이 분단되어 베를린 장벽이 설치되었다. 이후 미국과 군비 경쟁을 벌이던 소련이 쿠바에 핵미사일을 배치하려고 하자 미국이 반발하면서 쿠바 미사일 위기가 발생하였다.

03 아프리카에서는 1951년 리비아의 독립을 시작으로 많은 나라가 독립을 이루었다. 1960년에는 17개국이 독립하여 '아프리카의 해'라고 불렸다.

04 ㉠은 평화 10원칙이다. ① 제3 세계 국가들은 자본주의 진영과 공산주의 진영 어디에도 속하지 않겠다는 비동맹주의 노선을 추구하였다.

05 밑줄 친 '이 인물'은 닉슨이다. 닉슨은 아시아의 군사적 분쟁에 더 이상 개입하지 않겠다는 닉슨 독트린을 발표하였고, 미국 대통령으로서 처음으로 중국을 방문하였다.

06 1960년대 이후 냉전 체제에 변화의 조짐이 나타났다. 사회주의 진영에서는 중국과 소련이 사회주의 노선과 영토 문제로 갈등을 겪었고, 자본주의 진영에서는 프랑스가 북대서양 조약 기구(NATO)를 탈퇴하는 등 미국과 소련 중심의 양극화 체제가 다극화 체제로 변화하는 움직임이 나타났다.

07 소련의 해체 과정은 '㈐ 고르바초프의 개혁·개방 정책 추진 – ㈎ 몰타 회담 개최 – ㈏ 옐친의 독립 국가 연합(CIS) 결성'의 순서로 일어났다.

08 소련의 고르바초프가 동유럽 국가들에 대한 불간섭을 선언하자, 동유럽 국가들에서 민주화 운동이 일어나 사회주의 정권이 붕괴되었다. 이러한 분위기 속에서 1989년 독일의 베를린 장벽이 무너졌고 이듬해에 독일이 통일되었다.

09 주요 장면 중 첫 번째 장면은 마오쩌둥 집권기에 일어난 문화 대혁명, 두 번째 장면은 덩샤오핑 집권기에 일어난 톈안먼 사건과 관련이 있다. 두 시기 사이인 ㈎ 시기에는 덩샤오핑이 개혁·개방 정책을 추진하였고, 해안 지역에 경제특구를 설치하여 외국 자본을 유치하였다.

10 밑줄 친 '이 조직'은 세계 무역 기구(WTO)이다. 세계 무역 기구(WTO)는 무역과 투자의 자유화를 추구하며 1995년에 결성되었다.

11 밑줄 친 '이 정책'은 신자유주의 정책이다. 신자유주의 정책은 정부의 경제 개입을 줄이고 무역의 자유화, 시장 개방, 국영 기업의 민영화 등을 지향한다.

12 미국 남부에서 1963년에 흑인들의 시민적·경제적 권리를 옹호하기 위해 전개된 워싱턴 행진은 흑인 민권 운동의 사례에 해당한다.

13 제시된 사건들은 독재 정권에 대항하여 일어난 민주화 운동의 사례로, 기성세대가 만든 권위주의적 질서와 체제에 저항하는 탈권위주의 운동의 성격을 띤다. ㄷ. 냉전 체제가 성립되면서 이념 대립이 심화된 것을 배경으로 탈권위주의 운동이 일어났다. ㄹ. 대공황 전후 파시즘 세력이 등장하였다.

14 1960년대 미국, 독일 등에서 전개된 학생 운동의 흐름은 1968년 '금지하는 모든 것을 금지하라.' 등의 구호를 외치며 정부의 실정과 사회 모순에 저항하였던 68 운동을 통해 전 세계적인 학생 운동으로 번졌다. ㅁ 1960년대 전개된 학생 운동은 반전 운동으로 확산되었다.

15 제시된 사례들은 여성 운동의 성과에 해당한다. 1960년대 이후 전개된 여성 운동의 결과 여러 국가에서 여성 인권을 보호하는 법과 제도가 신설되면서 여성의 권익이 점차 성장하였다.

16 제2차 세계 대전 이후 보통 선거가 확산되면서 민주주의가 발전한 것 등을 계기로 대중 사회가 등장하였고, 이러한 대중 사회의 출현을 배경으로 대다수 사람들이 쉽게 즐기고 접하는 대중문화가 등장하였다. ㄷ. 대중 사회는 불특정 다수의 대중이 주체가 되어 영향력을 행사하는 사회이다. ㄹ. 대중 사회는 대중 매체의 등장을 계기로 더욱 성장하였다.

17 인종, 종교상의 차이로 발생하는 박해나 분쟁 등을 피해 다른 지역으로 탈출하는 사람들을 난민이라고 한다. 시리아에서는 내전으로 수많은 사상자와 난민이 발생하고 있다.

18 ㉠은 신자유주의, ㉡은 남북문제이다. 신자유주의와 세계화가 확대되면서 국가 간 빈부 격차도 커졌다. 특히 선진국이 많은 북반구와 개발 도상국이 많은 남반구 사이의 경제적 차이로 발생하는 문제를 '남북문제'라고 한다.

19 중앙아시아의 아랄해는 농지 개간과 댐 건설 등의 영향을 받아 호수의 물이 줄어들면서 점점 사막으로 변하고 있다.

20 ⑤ 자본주의 진영의 집단 방어 체제인 북대서양 조약 기구(NATO)는 자본주의 진영의 군사 동맹을 강화하기 위해 결성되었다. 이는 인류가 당면한 문제를 해결해 나가는 사례로 볼 수 없다.

서술형 문제

1 (1) 트루먼

(2) 마셜 계획. 제2차 세계 대전 이후 미국과 소련은 서로 영향력을 확대하면서 대립하였다. 동유럽 여러 나라가 소련의 영향을 받아 공산화되자, 미국 대통령 트루먼은 공산주의 세력의 확대를 막겠다고 선언하고, 마셜 계획을 추진하였다.

구분	채점 기준
상	마셜 계획을 쓰고, 그 추진 배경을 서술한 경우
하	마셜 계획만 쓴 경우

2 예시답안 대중문화. 대중문화가 발달하는 과정에서 문화가 획일화되기도 하였으며, 지나치게 상업성을 추구하거나 문화 생산자에 의해 정보가 조작되기도 하는 등의 문제점이 발생하였다.

구분	채점 기준
상	대중문화를 쓰고, 대중문화의 발달 과정에서 나타난 문제점을 두 가지 이상 서술한 경우
중	대중문화를 쓰고, 대중문화의 발달 과정에서 나타난 문제점을 한 가지만 서술한 경우
하	대중문화만 쓴 경우

3 예시답안 빈곤 문제를 해결하기 위해 국제 사회는 국제 부흥 개발 은행(IBRD)을 통해 개발 도상국에 기술 및 자금을 지원하여 경제 성장을 돕고 있다. 개인은 기아와 빈곤에 시달리는 여러 지역을 돕는 기부에 동참할 수 있다.

구분	채점 기준
상	빈곤 문제를 해결하기 위한 국제 사회와 개인의 노력을 모두 서술한 경우
하	빈곤 문제를 해결하기 위한 국제 사회와 개인의 노력 중 한 가지만 서술한 경우

MEMO

한·끝·시·리·즈 필수 개념과 시험 대비를 한 권으로 끝! 역사 공부의 진리입니다.

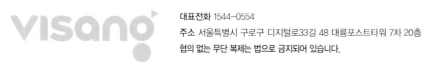

대표전화 1544-0554
주소 서울특별시 구로구 디지털로33길 48 대륭포스트타워 7차 20층
협의 없는 무단 복제는 법으로 금지되어 있습니다.

비상 누리집에서 더 많은 정보를 확인해 보세요.
http://book.visang.com/

15개정 교육과정

한끝 **시험 대비
문제집**

중 등 역 사

1·2

 책 속의 가접 별책 (특허 제 0557442호)

visang

우리는 남다른 상상과 혁신으로
교육 문화의 새로운 전형을 만들어
모든 이의 행복한 경험과 성장에 기여한다